U0920304

CLTPM

图解全面闭环化生产维护

刘大永◎编著

人民邮电出版社
北京

图书在版编目（CIP）数据

图解全面闭环化生产维护 / 刘大永编著. -- 北京 ：人民邮电出版社，2020.7（2024.7重印）
ISBN 978-7-115-53776-8

Ⅰ. ①图… Ⅱ. ①刘… Ⅲ. ①企业管理—生产管理 Ⅳ. ①F273

中国版本图书馆CIP数据核字(2020)第058187号

内容提要

本书在日本全员生产维护（Total Productive Maintenance，TPM）的基础上，结合中国企业尤其是设备密集型企业推行 TPM 的实践，总结提炼出适合中国国情的设备密集型企业的管理模式——全面闭环化生产维护（Closed Loop Total Productive Maintenance，CLTPM），并且阐述了如何在设备密集型企业里应用 CLTPM。本书分为 4 篇，共 28 章：第 1 篇简要介绍了日本 TPM 的发展过程、定义及特色；第 2 篇阐述了提出 CLTPM 的背景、CLTPM 的定义、CLTPM 的适用范围及总体框架；第 3 篇对 CLTPM 基本框架内的各项管理活动进行了详细的阐述；第 4 篇介绍了 CLTPM 的管理成熟度评价框架和 CLTPM 的推行两个方面的内容。

本书既可以作为设备密集型企业中从事设备管理、生产管理的各层级管理人员的培训教材，又可以作为设备密集型企业设备管理及生产管理升级、改善的工具书，还可以作为专科、本科院校师生的参考书或教材。

◆ 编　　著　刘大永
　责任编辑　赵　娟
　责任印制　彭志环

◆ 人民邮电出版社出版发行　　北京市丰台区成寿寺路 11 号
　邮编　100164　　电子邮件　315@ptpress.com.cn
　网址　https://www.ptpress.com.cn
　固安县铭成印刷有限公司印刷

◆ 开本：700×1000　1/16
　印张：17　　　　　　　　　　2020 年 7 月第 1 版
　字数：275 千字　　　　　　　2024 年 7 月河北第 2 次印刷

定价：79.00 元

读者服务热线：(010)53913866　印装质量热线：(010)81055316
反盗版热线：(010)81055315
广告经营许可证：京东市监广登字 20170147 号

Preface 前言

全员生产维护（Total Productive Maintenance，TPM）诞生于二十世纪六七十年代的日本，后来被传到包括中国在内的世界各地。笔者基于长期指导企业推行 TPM、资产管理及精益生产管理的亲身经验，在借鉴、消化、吸收、融合 TPM 的原理、原则与精髓的基础上，致力于解决 TPM 在中国企业推行时遇到的问题，探索出一条具有中国特色的、适合中国广大设备密集型企业的改善之路，总结提炼出全面闭环化生产维护（Closed Loop Total Productive Maintenance，CLTPM）的管理模式。

1. 如何解决在中国企业推行 TPM 遇到的问题

实践证明，在中国企业尤其是设备密集型企业中推行 TPM 是有效果的。但是中国企业的经营环境、经营模式与日本企业不同，再加上中日文化存在差异，这导致 TPM 在中国企业推行时遇到了许多问题。笔者将这些问题总结为 8 个方面，请详见“3.3　在中国企业推行 TPM 遇到的问题”。这 8 个方面的问题如下所述：

（1）先进的设备管理模式与落后的设备管理模式并存；

（2）企业急需设备管理的系统解决方案；

（3）企业员工的流动率较高；

（4）一些企业存在急功近利的思想；

（5）部分企业员工对规则的执行力较弱；

（6）TPM 改善的方法论与工具存在不足；

（7）如何结合中国企业的实际情况推行 TPM；

（8）如何结合工业发展的新趋势推行 TPM。

CLTPM 作为设备密集型企业中贯穿设备寿命周期的先进设备管理模式，是企业设备管理的系统解决方案，有效地解决了企业先进的设备管理模式与落后的设备管理模式并存的问题，请详见“第 5 章　5S 管理”至“第 27 章　管理成熟度评价”的相关内容。

CLTPM突出闭环管理的思想，即通过推行CLTPM建立设备寿命周期内各项管理活动的闭环管理机制，解决中国企业员工流动率较高、一些企业急功近利及员工对规则的执行力较弱的问题。

CLTPM作为设备密集型企业中全面改善的管理模式，以设备寿命周期管理全面改善为切入点，将精益生产与TPM有机融合，借鉴、融入精益生产的方法论与工具，弥补TPM方法论与工具的不足，对企业进行全方位的改善，请详见“第9章　创造价值”的相关内容。

由于TPM是基于日本的国情和日本企业的实际情况产生的，所以我们在中国企业里推行TPM时就不能全盘照搬，否则很难取得像日本企业推行TPM的同等效果。因此，我们提出了CLTPM管理模式。CLTPM管理模式是适合中国企业实际情况的TPM。

CLTPM的智能运维4.0能解决如何结合工业发展的新趋势推行TPM的问题，请详见“第26章　智能运维4.0”的相关内容。

2. 探索适合中国设备密集型企业的改善之路

CLTPM是基于中国的国情和中国企业的实际情况提出的先进管理模式，它有严谨的推行步骤与逻辑，如图I所示。

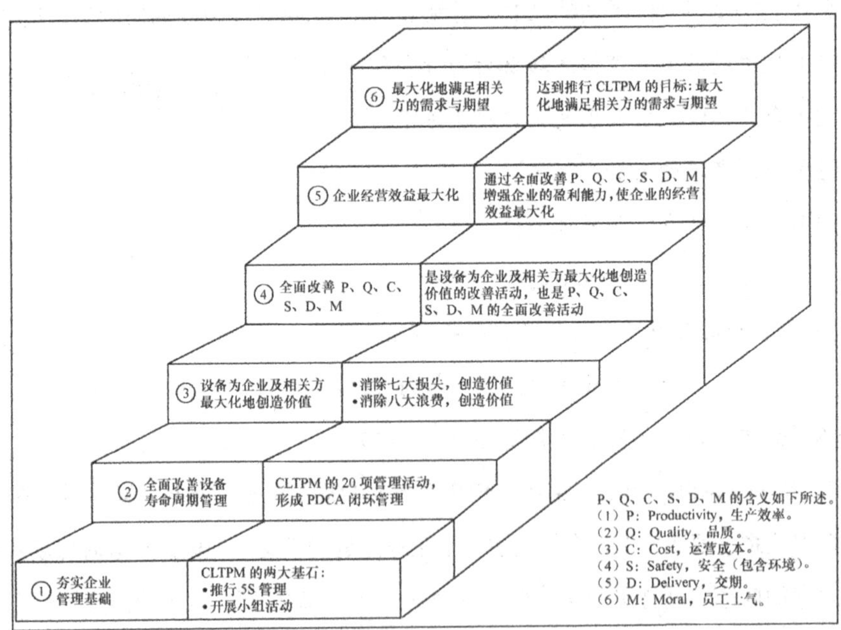

图I　推行CLTPM的步骤与逻辑

与图 I 有关的内容请详见“4.6　CLTPM 的总体框架”。

在图 I 中，从第 1 步“夯实企业管理基础”到第 6 步“最大化地满足相关方的需求与期望”的过程，就是具有中国特色的、适合中国广大设备密集型企业的改善之路。

由于 CLTPM 管理咨询项目合同中保密条款的限制，CLTPM 推行实践的案例未写入本书，笔者感到非常遗憾并向读者表达歉意。

在本书的编撰过程中，笔者参阅了大量有关 TPM 的书籍和文献资料，引用了一些专家及机构的观点，在此对书籍和文献的作者以及相关的专家和机构表示真挚的谢意。

感谢责任编辑赵娟老师对本书写作给予的悉心指导，同时也感谢我的夫人为笔者编撰本书创造的必要条件。

在本书的编写过程中，由于时间匆忙，加上笔者水平有限，书中难免有不足之处，敬请广大读者批评指正。

刘大永

2020 年 1 月于深圳

Contents 目录

第 1 篇　TPM 简介

第 1 章　TPM 的历史与发展 ……002

1.1　TPM 定义的发展过程 ……002

1.2　TPM 两个定义的对比 ……003

第 2 章　TPM 的精髓 ……005

2.1　TPM 的特色 ……005

2.2　TPM 的 3 个“全” ……005

2.3　对应关系 ……006

第 2 篇　CLTPM 简介

第 3 章　提出 CLTPM 的背景 ……008

3.1　推行 TPM 对企业设备管理有较大的改善 ……008

3.2　什么是闭环管理 ……009

3.3　在中国企业推行 TPM 时遇到的问题 ……010

第 4 章　CLTPM 的基础知识 ……016

4.1　CLTPM 的定义 ……016

4.2　CLTPM 的适用范围 ……016

4.3　英文缩写“CLTPM”的由来 ……017

4.4　CLTPM 与 TPM 的关系 ……018

4.5　CLTPM 与精益生产的关系 ……018

4.6　CLTPM 的总体框架 ……018

4.7　CLTPM 的 4 项原则 ……022

第 3 篇　CLTPM 的各项管理活动

第 5 章　5S 管理 ……026

5.1　什么是 5S ……026

5.2 企业推行 5S 的收益 ……026
5.3 5S 在企业里的推行过程 ……026
5.4 可视化标准 ……038

第 6 章 小组活动 ……041

6.1 CLTPM 是企业改善与提升的抓手 ……041
6.2 以组织架构为基础建立各级推进小组 ……042
6.3 QCC 小组与 CLTPM 推进小组的区别 ……044
6.4 各层级 CLTPM 推进小组的职责 ……046

第 7 章 方针目标 ……047

7.1 从企业经营方针目标到推行 CLTPM 的方针目标 ……047
7.2 方针目标的设定案例 ……047
7.3 涉及的目标指标举例 ……048
7.4 方针目标的 PDCA 闭环 ……050

第 8 章 机构职责 ……051

8.1 设备管理组织的形式 ……051
8.2 设备管理职责在集团公司与子公司之间的分配 ……053
8.3 设备管理部的岗位职责 ……055

第 9 章 创造价值 ……057

9.1 资产存在是为组织及其相关方提供价值 ……057
9.2 设备为企业及相关方最大化地创造价值 ……057
9.3 最大化地创造价值的进一步理解 ……058
9.4 创造价值的表现形式 ……058
9.5 创造价值的技术与方法 ……059
9.6 创造价值改善活动的 PDCA 循环 ……074

第 10 章 初期管理 ……078

10.1 缩短产品从开发到量产的时间 ……078
10.2 开展设备初期管理活动 ……078
10.3 打造自己设计和制造设备的能力 ……079

第 11 章 前期管理 ……081

11.1 前期管理的范畴 ……081
11.2 设备规划 ……081

11.3 设备选型……082
11.4 设备采购……082
11.5 安装调试……083
11.6 设备验收……085
11.7 设备试运行……085
11.8 设备选型欠妥的案例……086
11.9 设备前期管理工作流程举例……088

第 12 章 自主维护……090

12.1 什么是自主维护……090
12.2 企业推行自主维护活动的收益……090
12.3 推行自主维护的 7 个步骤……091
12.4 自主维护落地实施的 PDCA 闭环……102

第 13 章 点检管理……104

13.1 设备点检管理的定义……104
13.2 设备点检管理的目的与意义……104
13.3 点检的种类……105
13.4 点检管理的“九定”原则……105
13.5 对设备点检员的基本要求……107
13.6 点检的隐患管理与倾向管理……107
13.7 配备点检的工具……108
13.8 点检管理常用的考核指标……109
13.9 点检管理的职责分配……109
13.10 点检管理的信息化……109
13.11 点检管理的可视化……111
13.12 设备点检实施的 PDCA 闭环……112

第 14 章 状态监测……113

14.1 状态监测……113
14.2 设备健康管理……116

第 15 章 润滑管理……119

15.1 设备润滑管理包含的内容……119
15.2 目前企业润滑管理的状况……119
15.3 润滑管理的目的及收益……121
15.4 《合理润滑技术通则》简介……121

15.5 润滑管理的职责分配……122
15.6 润滑油脂的选择与采购……123
15.7 润滑油脂的入库验收……126
15.8 润滑油脂的储存……127
15.9 润滑标准……128
15.10 润滑实施的 PDCA 闭环……129
15.11 油品监测……130
15.12 漏油治理……132
15.13 防止污染……134
15.14 润滑设施管理……135
15.15 油的回收……139
15.16 废油再生……140
15.17 润滑管理的可视化……141
15.18 润滑油脂的“三过滤”……142

第 16 章 故障管理……145

16.1 设备故障的定义及发展规律……145
16.2 故障维修管理的 PDCA 闭环……145
16.3 设备事故处理工作流程……146
16.4 委外维修工作流程……147
16.5 开展零故障改善活动……148

第 17 章 专业维修……156

17.1 企业维修资源的配置……156
17.2 计划维修的基本概念……159
17.3 计划维修的类型（维修策略）……159
17.4 自主维护与计划维修的关系……161
17.5 维修策略的应用……163
17.6 开展计划维修活动的目标与指标……168
17.7 开展计划维修活动的种类……170

第 18 章 备件管理……171

18.1 备件的定义……171
18.2 设备备件管理的目的……171
18.3 备件管理职责分配……171
18.4 备件业务流程管理模型……172

18.5 备件的修旧利废……178
18.6 备件管理指标……179
18.7 备件 ABC 分类管理……181
18.8 设备备件管理机制执行的 PDCA 闭环……182

第 19 章 改造管理……183

19.1 设备寿命周期的 3 个时期……183
19.2 需要改造的设备……184
19.3 设备改造管理的工作流程……184
19.4 设备更新……185
19.5 设备改造管理的 PDCA 闭环……186

第 20 章 后期管理……187

20.1 设备封存管理……187
20.2 设备租赁管理……188
20.3 设备报废管理……189
20.4 设备后期管理的 PDCA 闭环……191

第 21 章 资财管理……192

21.1 设备资产的财务管理……192
21.2 设备管理与维修费用预算……195

第 22 章 团队成长……201

22.1 什么是 CLTPM 的团队成长……201
22.2 各层级人员的能力素质模型及说明……201
22.3 文化认同……202
22.4 业务能力……203
22.5 管理能力……209
22.6 改善能力……209

第 23 章 特种设备……212

23.1 什么是特种设备……212
23.2 特种设备管理的职责分配……213
23.3 特种设备管理的目标指标……214
23.4 特种设备管理的工作流程……215
23.5 特种设备的日常管理……216

第 24 章　档案管理······217
24.1　什么是设备档案······217
24.2　设备档案的归档范围······217
24.3　设备档案管理的职责分配······218
24.4　设备档案管理的工作流程······218
24.5　设备档案的保管、查询与借阅······219
24.6　设备档案管理的 PDCA 闭环······220

第 25 章　知识管理······221
25.1　显性知识与隐性知识······221
25.2　知识管理······221
25.3　知识产品······221
25.4　知识产品管理委员会······222
25.5　知识产品进入知识库的流程······222
25.6　知识产品的开发······223
25.7　编制车床设备常见故障代码······224
25.8　知识产品的使用······225
25.9　隐性知识显性化的主要手段 OPL······226
25.10　交互式电子维修手册······228

第 26 章　智能运维 4.0······230
26.1　设备管理信息化······230
26.2　什么是工业 4.0······231
26.3　工业 4.0 计划的三大主题······232
26.4　智能运维 4.0 的基础知识······233
26.5　传统运维存在的问题与智能运维 4.0 的解决方案······238
26.6　智能运维 4.0 的成果······240

第 4 篇　管理成熟度评价及 CLTPM 的推行

第 27 章　管理成熟度评价······244
27.1　没有度量，就没有管理······244
27.2　CLTPM 的管理成熟度评价框架······244
27.3　管理成熟度评价的目的及过程······246
27.4　评价的标准与配分······247
27.5　评价得分与等级对应······248
27.6　由谁来实施评价······249

27.7 评价的频度……251

第 28 章 CLTPM 的推行……252

28.1 CLTPM 的推行时间……252
28.2 CLTPM 的推行步骤……252
28.3 企业推行 CLTPM 的 3 年工作规划案例……254

参考文献……257

第 1 篇

TPM 简介

第 1 章 TPM 的历史与发展

1.1 TPM 定义的发展过程

TPM 定义的发展过程，见表 1-1。

表 1-1 TPM 定义的发展过程

序号	时间	国家	机构	英文缩写	英文组成	中文名称	说明
1	二十世纪五六十年代	美国	—	PM	Preventive Maintenance	预防性维护	1. 预防性维护是以设备专家为中心，通过设备设计制作及维护方式的改善，来追求设备效率的最大化 2. 欠缺的方面是，没有考虑通过高效、充分地使用设备来寻求总生产效率的最大化
2	1961 年	日本	日本电装	PM	Preventive Maintenance	预防性维护	生产汽车部件的日本电装于 1961 年引进 PM，取得丰硕成果
3	1969 年	日本	日本电装	—	—	全员参加的 PM	日本电装为了配合推行自动化，从 1969 年开始推行“全员参加的 PM（简称 TPM）”，在 1971 年获得 PM 奖，所以说 TPM 最初诞生于日本电装
4	1971 年	日本	JIPE	TPM	Total Productive Maintenance	全员生产维护	1. 日本设备工程师协会（Japan Institute of Plant Engineers，JIPE）是日本设备维护协会（Japan Institute of Plant Maintenance，JIPM）的前身 2. 以美国的 PM 为蓝本，加入日本的构想与理念，提出 TPM 的理念 3. JIPE 在 1971 年给 TPM 下的定义：Total Productive Maintenance，中文译为“全员生产维护” 4. TPM 主要在生产部推进实施，可以理解为“生产部的 TPM”
5	1989 年	日本	JIPM	TPM	Total Productive Management	全面生产管理	1. TPM 的新定义：Total Productive Management，中文译为“全面生产管理” 2. 在全公司范围内推进经营改革，可以将其理解为“全公司的 TPM”

1.2 TPM两个定义的对比

TPM的两个定义（“全员生产维护”与“全面生产管理”）的对比见表1-2。

表1-2 TPM两个定义的对比

全员生产维护（生产部的TPM）	全面生产管理（全公司的TPM）
以追求设备综合效率（Overall Equipment Efficiency，OEE）最大化为目标	以追求生产系统效率的极限和改善企业体质为目标
以设备全寿命周期为对象的PM体系	在现场现物架构下，以生产系统全体寿命周期为对象，追求“零灾害、零不良、零故障”，并对所有损失进行预防
涵盖设备设计部、设备使用部和设备保养部	从生产部开始，扩展到开发部、营业部、管理部等
从经营阶层到一线作业人员全员参与	从经营层到一线作业人员全员参与
属于动机式管理，也就是以小组自主活动来推动PM	利用重复的小组活动达成“零损失”的目标

全员生产维护之屋包含五大支柱，全面生产管理之屋包含八大支柱，二者的对比如图1-1所示。

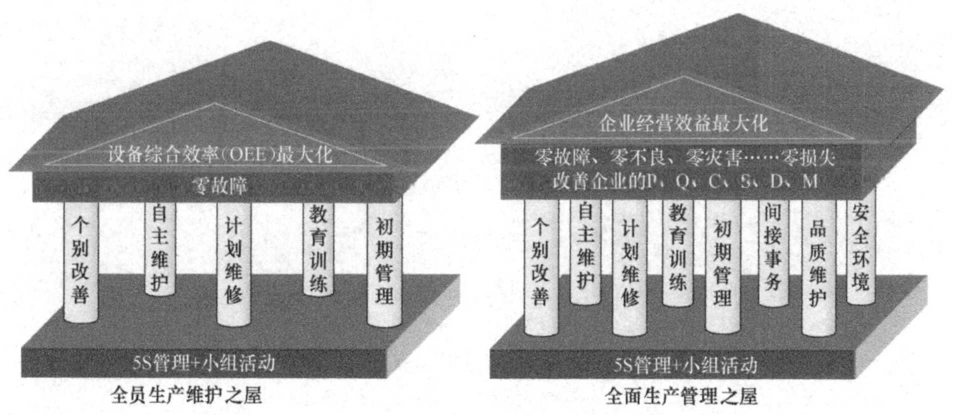

图1-1 TPM五大支柱与八大支柱的对比

图中P、Q、C、S、D、M的含义如下所述。

（1）P：Productivity，生产效率。

（2）Q：Quality，品质。

（3）C：Cost，运营成本。

（4）S：Safety，安全（包含环境）。

（5）D：Delivery，交期。

（6）M：Moral，员工士气。

第2章 TPM的精髓

2.1 TPM的特色

TPM有以下5个方面的特色：

（1）使设备综合效率（OEE）最大化，使生产系统效率最大化，追求“零损失”；

（2）在企业的整个系统中，以设备寿命周期为对象，建立彻底的预防性机制，追求“零故障、零灾害、零不良”；

（3）各个部门共同推进，一般从生产部开始推行，逐步推行到间接事物部（开发部、采购部、销售部、财务部、人事行政部等），也可以在所有部门同时推行；

（4）从最高领导到一线员工全员参与；

（5）通过循环的小组活动来推进。

2.2 TPM的3个“全”

TPM的3个“全”是指全效率、全系统和全员参与，如下所述。

（1）全效率

全效率是TPM活动的目标。

（2）全系统

全系统是TPM活动的范围，即在企业的整个系统中，建立防止问题发生的预防性机制。

（3）全员参与

全员参与是TPM活动开展的基础，即企业所有的部门、所有的人员都要参与改善活动。

TPM 的 3 个“全”之间的关系如图 2-1 所示

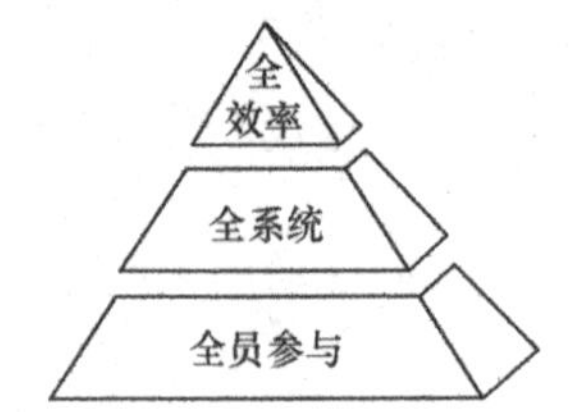

图 2-1　TPM 的 3 个“全”之间的关系

2.3 对应关系

TPM 的特色与 TPM 的 3 个“全”之间的对应关系见表 2-1。

表 2-1　TPM 的特色与 TPM 的 3 个“全”之间的对应关系

TPM 的特色	TPM 的 3 个“全”
使设备综合效率（OEE）最大化，使生产系统效率最大化，追求“零损失”	全效率
在企业的整个系统中，以设备寿命周期为对象，建立彻底的预防性机制，追求“零故障、零灾害、零不良”	全系统
各个部门共同推进，一般从生产部开始推行，逐步推行到间接事物部（开发部、采购部、销售部、财务部、人事行政部等），也可以在所有部门同时推行	全员参与
从最高领导到一线员工全员参与	
通过循环的小组活动来推进	

第 2 篇

CLTPM 简介

第3章 提出CLTPM的背景

3.1 推行TPM对企业设备管理有较大的改善

笔者所从事的工作是长期在各类中国企业里，通过推行TPM，辅导企业在设备管理方面取得进步，具体而言是按照TPM的改善体系，推行以下5个方面的工作。

1. 个别改善

通过推行个别改善，消除与设备相关的各类损失，消除企业管理中存在的各类损失，改善企业的P、Q、C、S、D、M等。

2. 自主维护

推行自主维护，发动操作人员参与设备维护保养，使操作人员做到会操作、会清扫点检、会维护保养、会排除小故障。

3. 计划维护

推行计划维护，运用不同的设备维修策略（定期维护、预知维护、事后维护、改良维护等），优化企业设备的计划维护，增强设备的可靠性。

4. 教育训练

推行教育训练，对设备的操作人员、维修人员、技术人员、管理人员等进行教育训练，提升他们的能力，从而有效地开展TPM活动、巩固TPM活动的成果。

5. 初期管理

通过推行初期管理，建立设备寿命周期成本（Life Cycle Cost，LCC）及维修预防（Maintenance Prevention，MP）的管理机制。

上述5个方面的推进经实践证明，对企业设备管理有较大的改善。

3.2 什么是闭环管理

3.2.1 闭环管理的定义

闭环管理是一个封闭的圆环，包含 P、D、C、A 4 个方面，PDCA 闭环如图 3-1 所示。

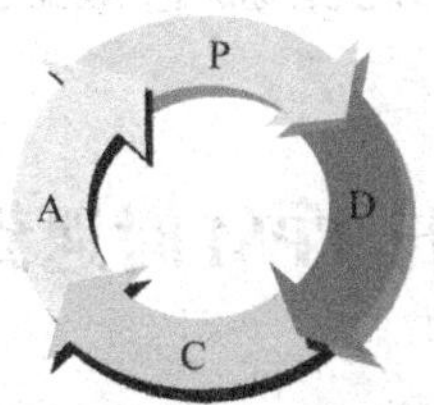

图 3-1 PDCA 闭环

P：英文单词“Plan”，译为“策划”，即明确某项工作或某项管理活动的目标和开展方式，明确开展的计划，建立该项工作或管理活动的管理机制。

D：英文单词“Do”，译为“执行”，即按计划执行已经建立的管理机制。

C：英文单词“Check”，译为“检查”，即检查管理机制是否被执行，评估执行的程度。

A：英文单词“Action”，译为“改善”，即处理检查的结果，肯定和推广取得的成果，改善发现的问题，跟踪改善的结果并将改善的结果标准化。

所以，P= 策划，D= 执行，C= 检查，A= 改善。

3.2.2 PDCA 闭环的阶梯式上升

PDCA 闭环的阶梯式上升，即从一个 PDCA 闭环提高到另一个更高的闭环，形成阶梯式上升。每上升一个阶梯就代表取得了一次提升，PDCA 闭环不断持续上升的过程就是持续改善的过程。PDCA 闭环的阶梯式上升过程如图 3-2 所示。

图 3-2 PDCA 闭环的阶梯式上升过程

3.3 在中国企业推行 TPM 时遇到的问题

在中国企业推行 TPM 的过程中，笔者也发现了一些问题并将其总结为 8 个方面。

3.3.1 先进的设备管理模式与落后的设备管理模式并存

中国的设备密集型企业主要有两类：一类企业由于生产工艺的要求，必须是设备密集型的，如钢铁、水泥、发电、石油冶炼等行业的企业；另一类企业由于近年来人力缺乏、人工成本的急剧上升，为了降低成本、稳定品质并提高生产效率，用自动化的设备取代人工，由人工密集型转为设备密集型。

在中国企业尤其是设备密集型企业里，它们中的大多数并不缺乏先进的设备，却缺乏与先进设备相匹配的设备管理模式。例如，深圳 ×× 高档无纺布生产企业拥有目前世界上最先进的德国公司生产的全自动化生产线，生产高档无纺布，但是 ×× 公司的设备管理与维修人员流动频繁，培训欠缺，采用事后维修的管理方式，设备故障频发，设备不能恒定发挥最大的产能，满足不了客户对高档无纺布产品的交期与质量的要求。企业主一度承认："这个投资（购买先进的全自动化无纺布生产线）有可能无济于事。"

随着企业的快速发展、设备的日益先进，企业缺乏独创的设备管理的系统理论、方法与工具，这导致先进的设备管理模式与落后的设备管理模式并存，在中国的企业尤其是设备密集型企业里，这并不是个别现象。

3.3.2 企业急需设备管理的系统解决方案

TPM 在中国企业推行时，确实可以让设备管理取得较大的改善。笔者发现企业急需这些改善，也迫切需要有关设备管理的系统解决方案。也就是说，企业希望 TPM 辅导专家从设备管理的方针目标、机构职责设置、前期管理、使用维护、点检管理、状态监测、润滑管理、故障管理、计划维修、备件管理、改造管理、后期（更新、调拨、租赁、报废、处置等）管理、资财（资产财务）管理等方面全方位地提供管理升级的方案并落地实施。

3.3.3 企业员工的流动率较高

就员工流动而言，国有企业稍好点，外资企业次之，民营企业员工的流动性最高。在一些情况较好的外资企业中，其人力资源部往往将每月员工的流动率低于 5% 作为工作目标。中国企业的员工流动率较高的原因较为复杂，有社会环境的因素（如城镇房价太高、城乡的二元结构等），有企业自身的因素（如待遇偏低、工作环境欠佳、企业文化不佳等），也有员工个人的因素（如敬业精神不强等），在此不做过多的分析。总之，中国企业的员工流动率较高是事实。

日本企业雇员多为终身制，雇员的命运与企业紧密相连，雇员的知识与经验能够在企业内部积累、运用与传承。在这样的环境里推行 TPM，好的机制与做法比较容易维持下去。

在《新 TPM 加工组立篇》（日本设备维护协会编著，中卫发展中心编译）一书中，有关自主维护的推行计划是这样表述的："基本进度因企业体质不同而异，一般而言，3 年左右是恰当的时间，有些公司希望在两年到两年半内完成，但太快了不易定著，5～6 年又嫌太长，体质改善恐有困难。如果包括准备期（事前教育），整体计划以 3～4 年最为恰当。"结合这段话的上下文，这段话阐述的意思就是，自主维护在企业的推行从建立样板机台到覆盖全部设备 3～4 年最合适。

可是中国企业的现实就是员工的流动率较高，可能不到一年，一线员工就换了一茬儿，这对推行 TPM 来说是一个挑战。刚在员工层面落地没多久的一些好的机制与做法，长久持续下去存在困难，这对员工的培训管理提出了较高的要求，也要求 TPM 的推行与维持必须特别注重按 PDCA 闭环进行。其中，C 环节与 A 环节应该是重中之重。

3.3.4 一些企业存在急功近利的思想

2008 年以前的中国制造业企业基本上是怎么做都能赚钱，而且利润可观，企业的管理异常粗放。2008 年以后，竞争激烈迫使企业重视内部挖掘与管理，于是企业通过各种方式改善体系（例如，精益生产、TPM 及瓶颈管理（Theory of Constraint，ToC））来寻求解决之道。

但是相当多的企业由于以前改善的根基（改善的理念、方法与措施）较弱，因此缺乏耐心耕耘的意愿，容易产生急功近利的思想，希望改善体系能够药到病除、立竿见影。

在“第 1 章　TPM 简介”里，我们知道 TPM 是美国的 PM 在日本电装推行后，以 PM 为基础融入日本的理念与做法后被日本提炼出来的一套管理方法。结合一些企业坚持推行 TPM 20 多年所获得的实践经验来看，理论提炼经历了由生产部的 TPM 到全公司的 TPM 的过程。从引进美国的 PM 到经过实践，再到提炼出全公司的 TPM，总共耗时 30 年左右。据此可以理解，企业推行 TPM 不可能一蹴而就。

从事 TPM 咨询业务的咨询公司去企业推介咨询业务时，企业往往会提出需要 3 ～ 6 个月才能见到效果，咨询公司也会答应这种短期见效的做法，其实这只是一种咨询公司无奈之下的商业运作模式，因为咨询公司为客户实施短期见效的项目是其为后续从客户那里拿到更多订单的策略。

用 3 ～ 6 个月见效是指咨询公司针对企业某个具体的点制订方案并与企业一起改善，产生改善效果。如果企业不能系统地、长期地贯彻实施 TPM，即使在某个点上有改善，也难以实现企业整体经营效益的最大化。况且有时针对企业的某个具体的点进行改善，做的也是无用功。例如，虽然提高了某道工序的生产效率，但该工序如果不是企业的瓶颈工序，效率越高，由该工序生产的在制品就会越多，浪费也就越大，这样的改善其实对企业的整体效益是有反作用的。

所以，推行 TPM 不能急功近利，要有短期、中期、长期的规划，全方位地系统推进。一般来说，企业应制订 3 年规划并坚持 PDCA 循环改进。

3.3.5 部分企业员工对规则的执行力较弱

所谓规则，就是规定和法则。在执行规定方面，部分企业员工刚开始能认真执行规则，不久之后就会打折扣执行。久而久之，如果没有检查、督促、处罚，他们就会放弃执行。所以，在中国企业推行 TPM 建立的好规则，要特别在 PDCA 的 C 环节与 A 环节上下功夫，让员工持续执行。

3.3.6 TPM 改善的方法论与工具存在不足

笔者在企业长期推行 TPM 的实践中发现，TPM 改善的方法论与工具在支撑目标的实现方面存在着一定的不足。表 3-1 是对比全员生产维护与全面生产管理的改善方法论与工具。我们根据此表得出的结论是，在进行企业经营效益最大化的改善中，改善的方法论与工具存在着一定的不足。

表 3-1 TPM 改善的方法论与工具对比

角度	全员生产维护（TPM）	全面生产管理（TPM）
目标	OEE 最大化	企业经营效益最大化
	零故障	零故障、零不良、零灾害、零损失等
改善的对象	OEE	P、Q、C、S、D、M
改善的方法论与工具	五大支柱：个别改善、自主维护、计划维修、教育训练、初期管理	八大支柱：个别改善、自主维护、计划维修、教育训练、初期管理、间接事务、品质维护、安全环境
实践后的结论	改善的方法论与工具足以支撑目标的实现	改善的方法论与工具在支撑目标实现方面，存在着一定的不足

从企业经营的角度来看，企业经营效益最大化的改善包括产品的各个环节，如市场营销、产品规划、设计开发、采购、制造、品质、仓储、物流、安全、环保、行政人事、售后服务等。但是 TPM 阐述的改善方法论与工具在进行企业经营效益最大化的改善方面存在着一定的不足。这个话题牵涉的面比较广，需要系统地将 TPM 与精益管理、瓶颈管理、六西格玛等管理模式进行对比研究。这里仅举两个例子予以简单说明。

1. 没有涉及价值流分析

为了使企业局部的改善对整体效益的提升产生良好的影响，运用价值流分析（Value Stream Mapping，VSM）是较为理想的方法，即：

（1）企业从整个价值链（供应商、企业本身、客户）的角度来分析自己的现状，从而找出改善点；

（2）企业从整个价值链的角度规划企业的未来状况。

TPM 不涉及价值流分析的理论与工具。

2. 提升 P、Q、C、D 的改善理论与工具欠缺

例如，实行整流化生产（又称小批量生产或单件流）、均衡化生产、自动化等改善企业的 P、Q、C、D，TPM 中没有类似的改善方法论与工具。

3.3.7 如何结合中国企业的实际情况推行 TPM

南橘北枳这个成语出自《晏子春秋·内篇杂下》：“橘生淮南则为橘，生于淮北则为枳，叶徒相似，其实味不同。所以然者何？水土异也。”成语的本意是淮南的橘树移植到淮河以北就变为枳树，说明同一物种的生长情况因环境条件不同而发生变化。

南橘北枳在现代汉语的使用中多含贬义的成分，形容某种事物因为环境的变化而“异化”或者“变质”。TPM 的推行也要因时因地发生变化，否则会“水土不服”。

TPM 毕竟是基于日本的国情和日本企业的实际情况产生的企业改善体系，我们在应用时不能“照葫芦画瓢”，否则不会取得跟日本企业推行 TPM 一样的效果。因此在引进应用 TPM 的时候，我们主张依据中国国情和企业的实际情况做相应的变化、完善和补充。也就是说，要消化吸收 TPM 的原理、原则与精髓，找出适合中国企业的 TPM 推进的做法，而不是全盘照搬。只有结合中国的国情与中国企业的实际情况，将 TPM 改善体系转化为适合中国企业的改善体系，TPM 的推行才会取得成功。

3.3.8 如何结合工业发展的新趋势推行 TPM

社会在不断地向前发展，工业也是如此。工业正在从工业 1.0 阶段，经过工业 2.0 阶段、工业 3.0 阶段向工业 4.0 阶段发展（请详见“26.2.2　工业革命的 4 个阶段”），随之而来的是智能工厂、智能制造、智能物流（请详见“26.3　工业4.0计划的三大主题”），以及为适应智能制造发展起来的智能运维的快速发展。

面对这些新的发展，企业在推行TPM时会遇到很多新的挑战。企业对新的挑战要有相应的解决方法。例如，在智能制造的条件下，人与机器的关系被改变，操作人员从管理机器的工作中解脱出来，他们在几乎无人值守的工厂中工作时需要掌握哪些新的知识与技能？他们的能力结构模型应该是怎样的？在推行TPM的“教育训练”支柱时，如何提出相应的解决方案？

再如，在智能制造的条件下，让设备管理组织从传统的直线职能制转变为扁平化，设备管理组织中各个岗位的职责如何被重新划分与定义？

笔者在“第26章　智能运维4.0”中就传统运维存在的问题与智能运维的解决方案进行了初步探讨，请详见“第26章　智能运维4.0”中的相关章节。

第 4 章 CLTPM 的基础知识

基于在中国企业推行 TPM 时遇到的问题和要解决这些问题的想法，基于要结合中国企业的实际情况使用 TPM 以及要结合工业发展的新趋势推行 TPM 的观念，我们提出了 CLTPM 的理念。

4.1 CLTPM 的定义

CLTPM 是一种管理模式，它以 5S 管理及小组活动为基础，以企业设备寿命周期管理为改善对象，通过建立设备寿命周期内各项管理活动的闭环管理机制全面改善设备寿命周期管理，OEE 被持续提升至最大化。

企业在全面改善设备寿命周期管理的基础上进一步推行设备为企业及相关方最大化地创造价值的改善活动，即全面推行 P、Q、C、S、D、M 的改善活动，使企业经营效益最大化，实现满足相关方的需求与期望的目标。

CLTPM 既是设备密集型企业的设备管理模式，也是设备密集型企业全面改善的管理模式，它的核心思想是闭环管理。

4.2 CLTPM 的适用范围

4.2.1 适用范围

CLTPM 主要适用于设备密集型企业。在这类企业中，设备是最重要、最关键的资产。

4.2.2 设备密集型企业的特点

1. 设备是企业最主要、最关键的资产

由于生产工艺的要求，不少企业必须是设备密集型的，如钢铁、水泥、发电、石油冶炼等行业的企业。近年来，由于人力缺乏、人力成本急剧上升，许多企业用自动化设备取代人工，将人工密集型转变为设备密集型，以求降低成本、稳定品质并提高效率。

设备密集型企业的资产就其存在的形态分类，大致可以分为3类，见表4-1。

表4-1 设备密集型企业的资产分类

资产分类	举例
实物资产	土地、建筑物、设备、物资、物料等
无形资产	专利、著作权、商标、技术、资信、数据等
金融资产	现金、股权、投资、债券、应收账款等

在设备密集型企业，相较于其他资产，毫无疑问，设备是企业最主要、最关键的资产。

2. 企业经营绩效严重依赖于设备

在设备密集型企业中，设备是最重要、最关键的资产，设备是P、Q、C、S、D、M改善的主要承载体，所有的改善基本上都是以设备为基础展开的，企业的经营绩效严重依赖于设备。

4.3 英文缩写“CLTPM”的由来

汉语词汇“闭环”的英文翻译是“Closed Loop”，TPM的英文全称是“Total Productive Maintenance ”。我们把“Closed Loop”与“Total Productive Maintenance ”两个部分组合在一起形成“Closed Loop Total Productive Maintenance”，译为“全面闭环化生产维护”，然后取“Closed Loop Total Productive Maintenance”这个句子中各个英文单词的首字母，组成“CLTPM”，作为“全面闭环化生产维护”的英文缩写。

4.4 CLTPM与TPM的关系

CLTPM是在TPM的基础上发展起来的，它消化、吸收了TPM的精髓，生成全面闭环化管理的思想以及设备为企业及相关方最大化地创造价值的思想，解决了TPM在中国企业尤其是设备密集型企业推行时遇到的问题，是具有中国特色的、适合中国企业尤其是设备密集型企业的管理模式。

4.5 CLTPM与精益生产的关系

4.5.1 两个都是企业管理改善的管理模式

CLTPM与精益生产都是企业管理改善的管理模式。CLTPM与精益生产的简单对比见表4-2。

表4-2　CLTPM与精益生产的简单对比

序号	管理模式名称	改善的主要内容	目的
1	精益生产	企业的P、Q、C、S、D、M	使企业管理水平提升，打造卓越的企业
2	CLTPM	1. 企业的设备寿命周期管理 2. 企业的P、Q、C、S、D、M	1. 设备寿命周期的各项管理活动全面形成PDCA闭环管理，设备寿命周期管理全面改善 2. 提升企业的管理水平，打造卓越的企业

4.5.2 CLTPM借鉴了一些精益生产的方法论与工具

为了改善P、Q、C、S、D、M，使企业经营效益最大化，最终达到最大化地满足相关方的需求与期望的目的，CLTPM借鉴了一些精益生产的方法论与工具，例如，八大浪费的理念、价值流分析的方法论与工具、准时化生产的技术框架等，请详见“第9章　创造价值”的相关内容。

4.6 CLTPM的总体框架

CLTPM的总体框架包含两个部分：第一个部分是CLTPM的基本框架，第二个部分是CLTPM的管理成熟度评价框架。

4.6.1 CLTPM 的基本框架

1. CLTPM 的基本框架

CLTPM 的基本框架如图 4-1 所示。对 CLTPM 基本框架的说明如下所述。

（1）CLTPM 的核心思想是闭环管理。

（2）CLTPM 有两大基石：5S 管理和小组活动。推行 CLTPM，首先要使企业的 5S 管理及小组活动形成闭环管理，夯实企业管理的基础。

（3）CLTPM 包含 20 项管理活动。CLTPM 的 20 项管理活动见表 4-3。开展设备寿命周期管理全面改善的活动，就是要使上述的 20 项管理活动形成 PDCA 闭环管理。

（4）CLTPM 之屋。CLTPM 之屋如图 4-2 所示。

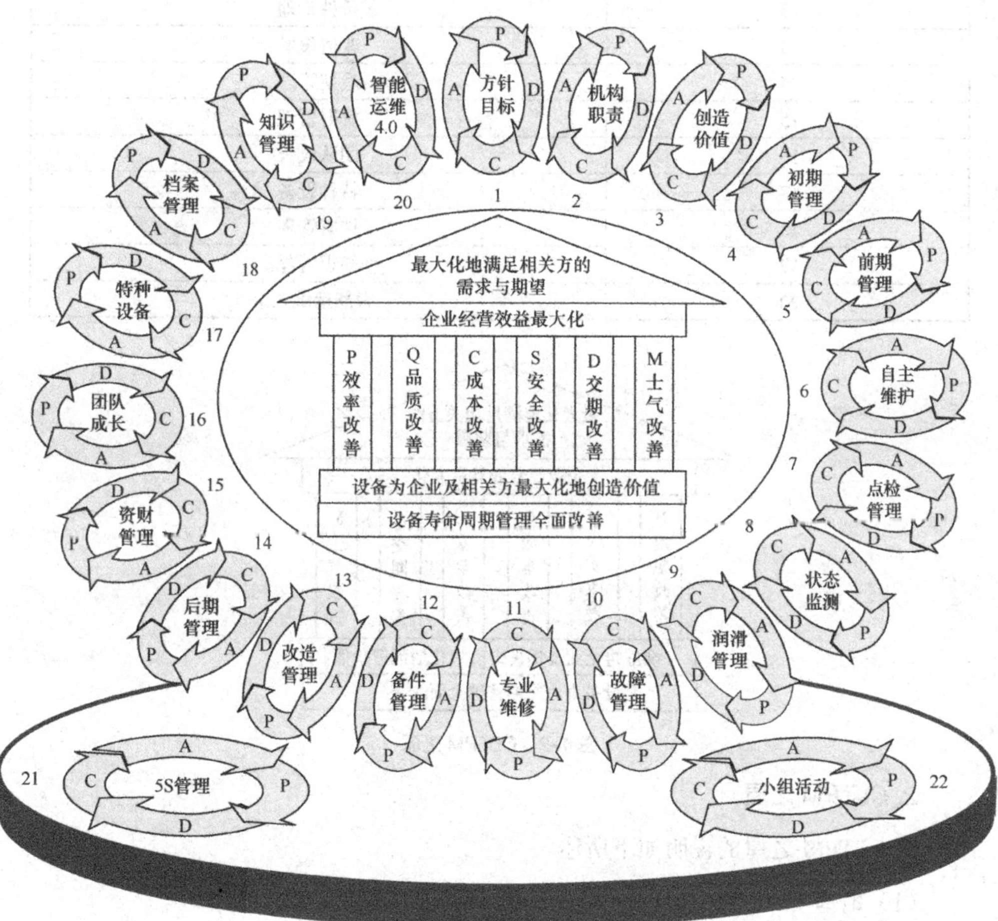

图 4–1 CLTPM 的基本框架

表 4-3　CLTPM 的 20 项管理活动

序号	管理活动名称
1	方针目标
2	机构职责
3	创造价值
4	初期管理
5	前期管理
6	自主维护
7	点检管理
8	状态监测
9	润滑管理
10	故障管理
11	专业维修
12	备件管理
13	改造设备
14	后期管理
15	资财管理
16	团队成长
17	特种设备
18	档案管理
19	知识管理
20	智能运维 4.0

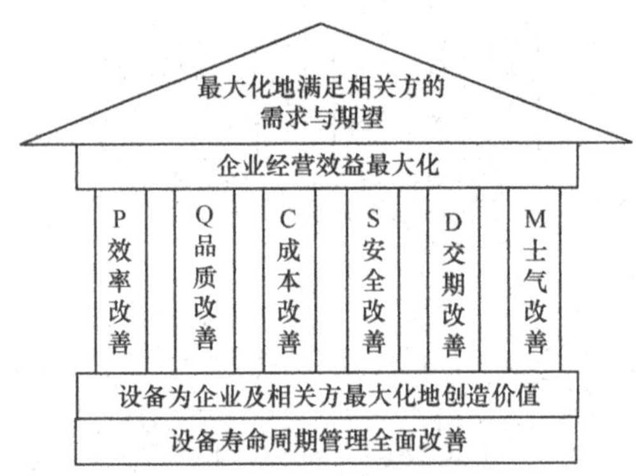

图 4-2　CLTPM 之屋

2. CLTPM 之屋

对 CLTPM 之屋的说明如下所述。

(1）地基

推行设备寿命周期内各项管理活动的闭环化管理，使设备寿命周期管理得到全面改善。设备寿命周期管理得到全面改善是CLTPM之屋的地基。

（2）圈梁与柱子

在设备寿命周期管理得到全面改善的基础上，为了使设备为企业及相关方最大化地创造价值，应推行P、Q、C、S、D、M的改善活动。

设备为企业及相关方最大化地创造价值是CLTPM之屋的圈梁。设备为企业及相关方最大化地创造价值的具体内容请详见“第9章　价值创造”。

P、Q、C、S、D、M的改善活动是CLTPM之屋的6根柱子。

一般来说，企业的相关方包括：内部相关方，例如，员工、各职能部门、股东、各管理人员、资产所有者等；外部相关方，例如，客户、供应商、服务提供商、承包商、贷方、行业监管者、行业协会、工会、邻居、特殊利益团体等。

（3）屋檐

企业经营效益最大化是CLTPM之屋的屋檐，它是最大化地满足企业相关方的需求与期望的必要条件。

（4）屋顶

最大化地满足企业相关方的需求与期望是CLTPM之屋的屋顶，是推行CLTPM的目标。企业相关方的需求与期望举例见表4-4。

表4-4　企业相关方的需求与期望举例

序号	组织及其相关方	需求或期望举例
1	客户	享受优质的产品或服务，成本要低廉，要有好的印象与体验
2	投资者	自己的投资有财务回报，组织的抗风险能力强
3	贷方	按时偿还债务，有期望的利息
4	雇员	合理的薪水，安全舒适的工作环境，职业的自豪感，发展空间
5	监管机构（政府）	职业病和安全事故减少或为零，依法纳税，依法经营
6	供应商	稳定的销售额，持续稳定的利润
7	承包商	有合理的利润，对承包商的技术保密

（续表）

序号	组织及其相关方	需求或期望举例
8	社区	尽可能多地雇佣当地的居民，对环境不造成破坏
9	工会	遵循与雇工相关的法律法规，如遵循《劳动法》
10	公众	有好的公众形象
11	其他社会团体	慈善募捐

企业相关方的需求与期望是多种多样的，企业要最大限度地满足他们，所以我们推行 CLTPM 的目标是“最大化地满足相关方的需求与期望”。企业要将相关方的需求与期望转化为一系列的企业目标。

4.6.2 CLTPM 的管理成熟度评价框架

1. 管理成熟度评价框架及简单说明

对 CLTPM 的管理成熟度评价框架的说明如下所述。

（1）管理成熟度评价的对象是 CLTPM 基本框架中的 20 项管理活动、5S 管理及小组活动。

（2）定期评价这 22 项管理活动是否在按 PDCA 闭环管理的要求持续开展，开展的程度如何。

（3）评价的结果用 0 ~ 5 级表示，0 ~ 5 级分别代表设备管理水平的空白、已有意识、正在开展、合格、优秀及卓越。

请详见“第 27 章　管理成熟度评价”的相关内容。

2. 管理成熟度评价的目的

在推行 CLTPM 的过程中建立管理成熟度评价机制，目的是推动企业设备管理由 0 ～ 5 级持续进步，请详见“第 27 章　管理成熟度评价”的相关内容。

4.7 CLTPM 的 4 项原则

CLTPM 的 4 项原则如下所述。

1. 创造价值

设备为企业及相关方最大化地创造价值。

2. 全员

从最高领导到一线员工，通过小组活动全员参与。

3. 全过程

CLTPM 的改善包含设备寿命周期的全部管理活动，是企业设备寿命周期管理的一揽子方案或系统解决方案。同时，推行 CLTPM 的改善也包括产品形成的各个环节，如营销、设计开发、采购、制造、品质、仓储物流、安全环保、售后服务等。

4. 闭环管理

在推行 CLTPM 的过程中，要使企业的 5S 管理与小组活动形成闭环管理，使企业设备寿命周期的各项管理活动形成闭环管理，使 P、Q、C、S、D、M 的改善活动形成闭环管理。

第 3 篇

CLTPM 的各项管理活动

5S 管理

5.1 什么是 5S

5S 是指整理（Seiri）、整顿（Seiton）、清扫（Seiso）、清洁（Seiketsu）及素养（Shitsuke）。因为这 5 个词的日文均以“S”开头，故简称 5S。5S 的含义见表 5-1。

表 5-1　5S 的含义

5S	含义	备注
整理（Seiri）	区分留弃，处理弃物	区分要与不要的物品，处理不要的物品
整顿（Seiton）	定位标识，取用快捷	定位标识摆放整齐、一目了然，便于识别或拿取
清扫（Seiso）	常做清扫，保持整洁	清扫现场中的设备、环境等各种生产要素的脏污部位，保持干净。清扫的过程也是点检的过程
清洁（Seiketsu）	形成规范，保持成果	将前面的 3S 工作规范化，维持 3S 的成果
素养（Shitsuke）	自动自发，有好习惯	依规定行事，养成好习惯

5.2 企业推行 5S 的收益

5S 管理适用于任何行业、任何企业。企业通过推行 5S 管理，将有以下 4 个方面的收益：

（1）企业从里到外，从生产区域到办公区域，现场发生根本变化；

（2）通过打造井然有序的现场，创造洁净、舒适、安全的工作环境，获得客户及上级领导机关的满意评价；

（3）现场管理规范有序，产品品质稳定，成本降低，工作效率提高；

（4）使员工养成良好的工作及生活习惯，提升员工素质，培养一批 5S 管理人才。

5.3 5S 在企业里的推行过程

5S 在企业里的推行过程如图 5-1 所示。

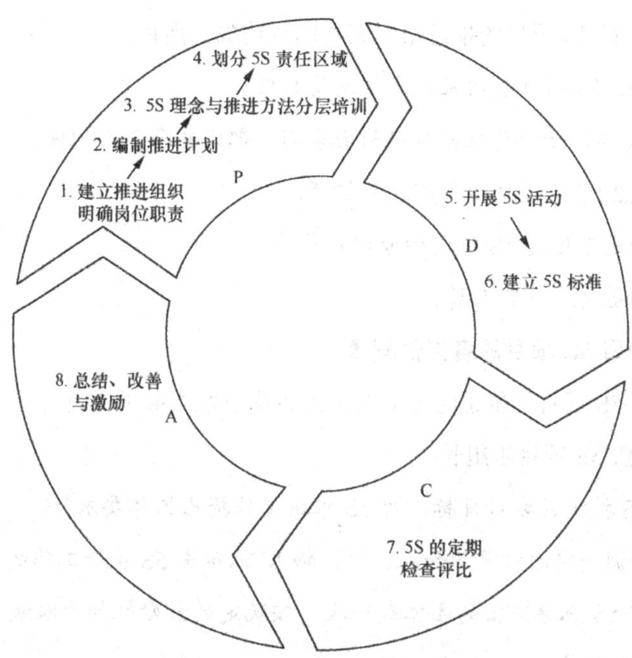

图 5-1　5S 在企业里的推行过程

5.3.1　建立推进组织，明确岗位职责

“建立推进组织，明确岗位职责”是 5S 推进工作的组织保障。下面的案例是 ×× 公司 5S 项目的推进组织架构及各岗位职责。

1. ×× 公司 5S 项目的推进组织架构

×× 公司 5S 项目的推进组织架构如图 5-2 所示。

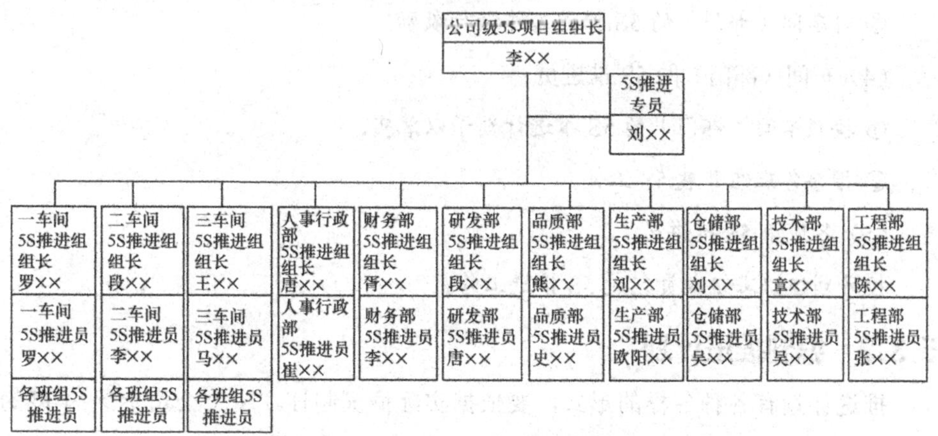

图 5-2　×× 公司 5S 项目的推进组织架构及各个岗位职责

对××公司5S项目的推进组织架构的说明如下所述：

（1）公司级5S项目组组长由生产副总担任；

（2）车间、部门的5S推进组组长由车间、部门的负责人担任；

（3）各班组5S推进员由各班组长担任；

（4）5S推进专员是5S推进的专职人员；

（5）5S推进员是兼职人员。

2. ××公司5S项目的各岗位职责

××公司5S项目的推进组织架构中的各岗位职责如下所述。

（1）公司级5S项目组组长

① 确定5S推进的方针目标，对5S推进工作提出工作要求。

② 负责协调必要的资源（如人、财、物），以确保5S推进工作的开展。

③ 对推进5S成绩突出的团体或个人，按既定的激励机制予以激励。

（2）5S推进专员

① 编制公司的5S推进主计划，督促各车间或部门予以落实。

② 指导各车间或部门开展5S工作。

③ 建立5S活动开展的激励机制。

（3）车间（部门）级5S项目组组长

① 全面负责车间（部门）5S推进工作的开展。

② 调动车间（部门）的资源完成5S推进工作。

③ 对车间（部门）的5S推进工作进行激励。

（4）车间（部门）的5S推进员

① 按照车间（部门）的5S推进计划予以落实。

② 指导各班组开展5S工作。

（5）各班组5S推进员

按计划组织班组成员完成5S推进工作。

5.3.2 编制推进计划

推进计划有各种各样的形式，要依据实际情况制订。××公司××年度的5S推进计划见表5-2。

表 5-2　×× 公司 ×× 年度的 5S 推进计划

图例：计划 ☆　　已实施 ★

序号	工作内容	×× 年度												备注
		1 月	2 月	3 月	4 月	5 月	6 月	7 月	8 月	9 月	10 月	11 月	12 月	
1	5S 基本知识培训	☆												
2	建立微信群	☆												
3	5S 的看板、横幅及标语	☆	☆											
4	建造物外墙的文字		☆											
5	大门口及办公楼门口的显示屏		☆											
6	规划厂区内外的车位		☆											
7	美化工厂道路		☆											
8	厂房内墙壁上的宣传文字		☆											
9	营造办公楼走廊的宣传氛围		☆											
10	建造工厂模型		☆											
11	规划客户参观线路		☆											
12	划分 5S 责任区域	☆												
13	车间各班组 5S 推进		☆	☆	☆	☆	☆	☆	☆	☆	☆	☆		
14	建立各班组区域的 5S 标准		☆	☆	☆	☆	☆	☆	☆	☆	☆	☆		
15	办公室 5S 推进							☆	☆	☆	☆	☆		
16	建立办公室各区域的 5S 标准							☆	☆	☆	☆	☆		
17	建立 5S 检查评比机制并实施												☆	
18	推进成果展示												☆	
19	结题会议												☆	

5.3.3 5S 理念与推进方法分层培训

1. 中层干部以上人员的 5S 培训

中层干部以上人员的 5S 培训侧重于以下内容：

（1）5S 的基本概念；

（2）企业推行 5S 的收益；

（3）企业推行 5S 所需的资源；

（4）同行业企业推行 5S 的效果；

（5）去推行 5S 的优秀企业参观考察。

2. 基层班组长及员工的 5S 培训

基层班组长及员工的 5S 培训侧重于以下内容：

（1）5S 的基本概念；

（2）企业推行 5S 的收益；

（3）如何具体推进 5S。

5.3.4 划分 5S 责任区域

把整家公司各区域的 5S 推行与维持的责任分派给不同的车间（部门）负责。×× 公司 5S 责任区域划分如图 5-3 所示。

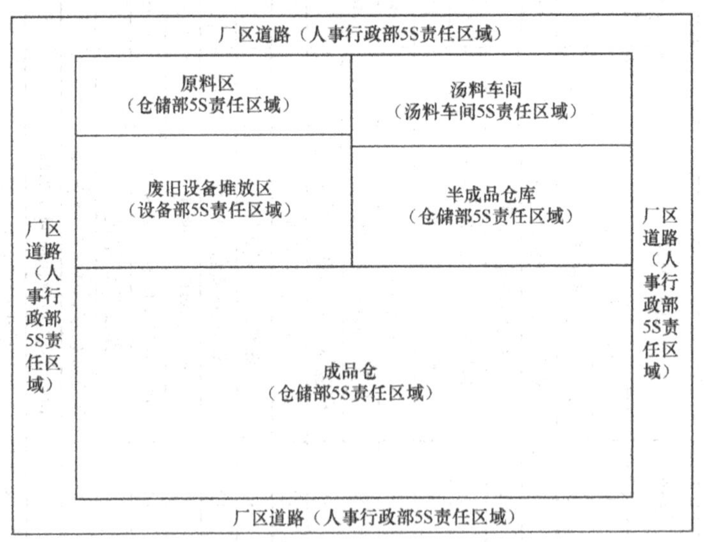

图 5-3 ×× 公司 5S 责任区域划分

车间（部门）内的区域可以采用类似的方法，将各区域 5S 推行与维持的责任分派给各个班组负责。

在每个区域的适当位置悬挂一块 5S 责任区域挂牌。5S 责任区域挂牌举例如图 5-4 所示。

5S责任区域挂牌			
区域	半成品仓库		
标准	1. 地面随时清扫，保持地面整洁无杂物		
	2. 通道保持畅通，无物品占用		
	3. 产品堆放整齐美观，标识清楚，防护到位		
	4. 区域内无安全隐患及违规行为		
	5. 产品按“先进先出”的原则管理		
责任部门	仓储部	负责人	李××，杨××

图 5-4　5S 责任区域挂牌举例

5.3.5　开展 5S 活动

对于 5S 活动的开展，现场不一样，开展的方式也不一样，但有一些基本的方法可以遵循。

1. 开展 5S 活动之前要做的工作

开展 5S 活动之前要做好以下 3 个方面的工作。

（1）培训

开展 5S 活动之前要对员工进行 5S 理念与推进方法分层培训。

（2）宣传

利用看板、横幅、标语等进行宣传。图 5-5 是 ×× 公司 5S 管理看板设计草图。

（3）定点照相或摄影

定点照相或摄影的目的是便于对比 5S 推进中改善前后的变化。×× 公司道路改善前后对比如图 5-6 所示。

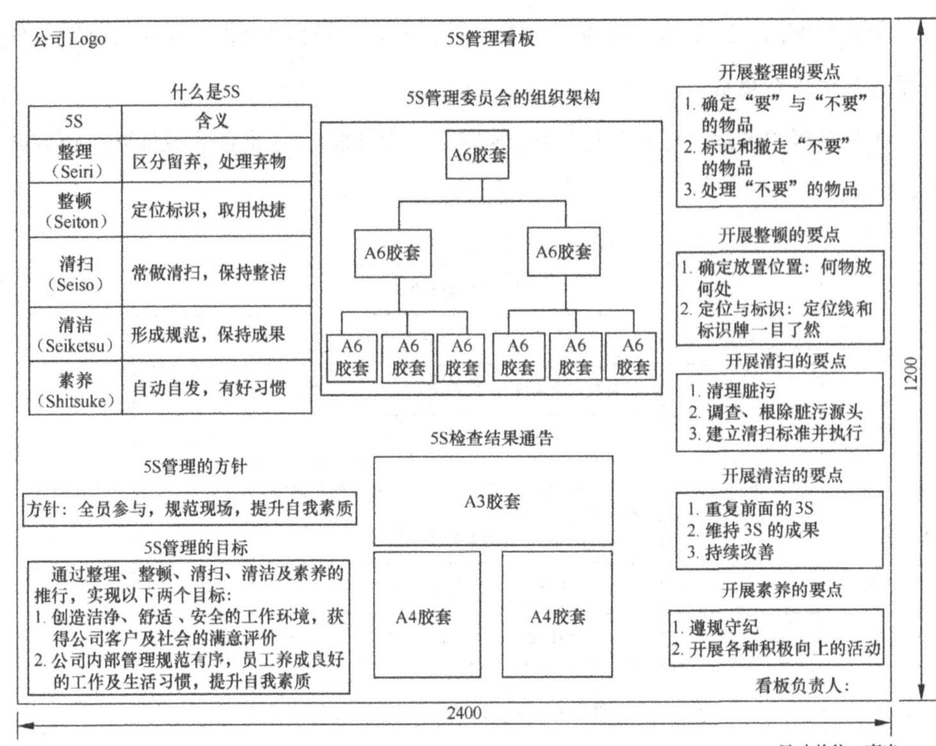

图 5-5　××公司 5S 管理看板设计草图

图 5-6　××公司道路改善前后对比

2. 整理

区分“要”与“不要”的物品，将“不要”的物品清理出现场，使工作空间变得宽敞。

3. 整顿

将现场需要的物品定点放置并予以标识，让每一个在现场的物品都有一个属于自己的“家”。×× 公司在现场要使用的叉车、毛巾的定点放置及标识分别如图 5-7、图 5-8 所示。

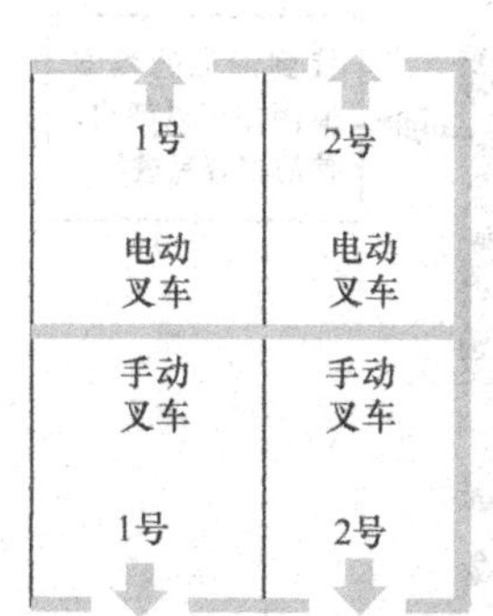

图 5-7　叉车的定点放置及标识

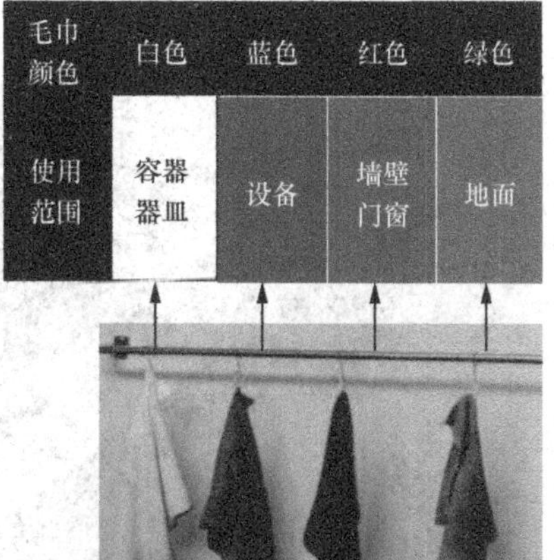

图 5-8　毛巾的定点放置及标识

在整理的过程中，用多层货架收纳物品是一个释放空间的好办法，如图 5-9 所示。

图 5-9　用多层货架收纳物品释放空间

4. 清扫

对现场及物品进行定期清扫，去除灰尘、油污等，创造清洁明亮的工作环境。清扫的过程也是点检的过程，清扫时对发现的跑、冒、滴、漏等异常情况予以记录，找到跑、冒、滴、漏的根源并予以解决，否则会让清扫工作难以持续。例如，若现场存在如图 5-10 所示的漏油现象，则必须找到漏油的根本原因并予以解决。

图 5-10 现场存在漏油的现象

对不容易清扫的位置，如太高的地方、太低的地方、高温的地方、犄角旮旯等，可以设计开发一些专门的清扫工具，使清扫变得容易进行。图 5-11 所示的是一些员工自己设计制作的清扫工具，专门用于清扫生产线上的犄角旮旯。

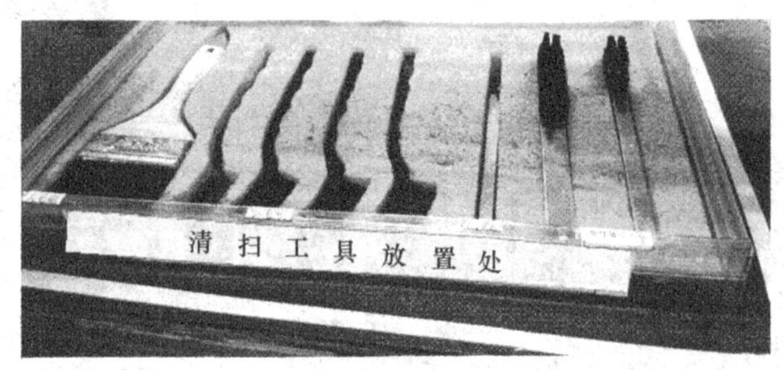

图 5-11 员工自己设计制作的清扫工具

5. 清洁

坚持整理、整顿及清扫的做法，形成制度，即建立 5S 标准。

5.3.6 建立 5S 标准

视具体情况建立公司各个岗位或各个区域的 5S 标准，方便责任人员对照执行，并且在检查人员检查时也有对照的标准。图 5-12 是 ×× 公司会议室的 5S 标准。

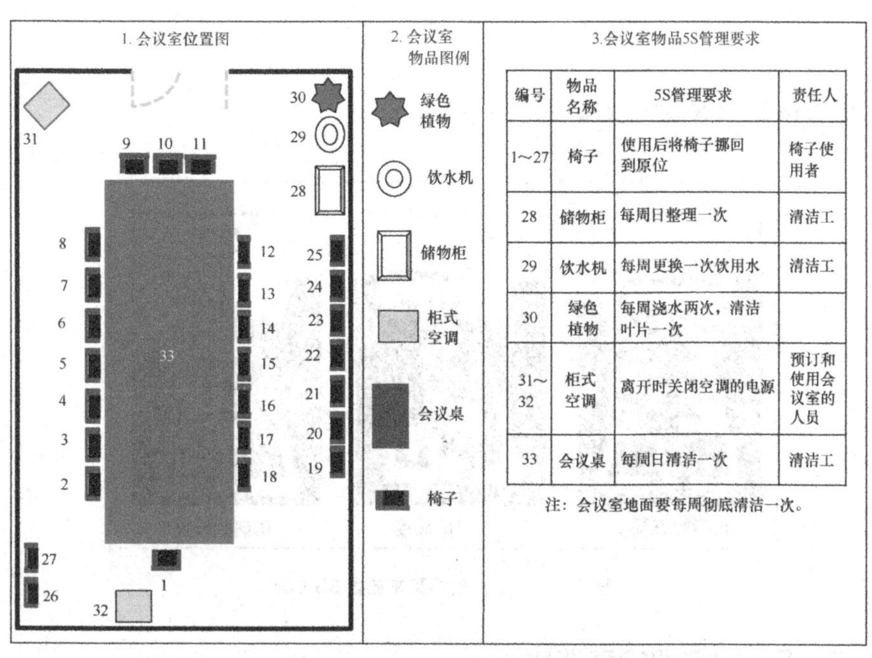

编号	物品名称	5S管理要求	责任人
1～27	椅子	使用后将椅子挪回到原位	椅子使用者
28	储物柜	每周日整理一次	清洁工
29	饮水机	每周更换一次饮用水	清洁工
30	绿色植物	每周浇水两次，清洁叶片一次	
31～32	柜式空调	离开时关闭空调的电源	预订和使用会议室的人员
33	会议桌	每周日清洁一次	清洁工

注：会议室地面要每周彻底清洁一次。

图 5–12　× × 公司会议室的 5S 标准

图 5-13 是 ×× 公司清洁工具放置的 5S 标准。

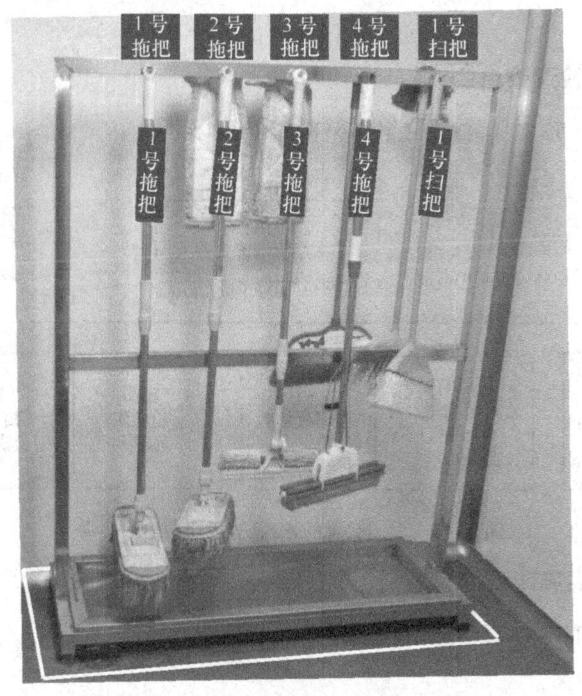

图 5–13　× × 公司清洁工具放置的 5S 标准

图 5-14 是 ×× 公司叉车放置 5S 标准。

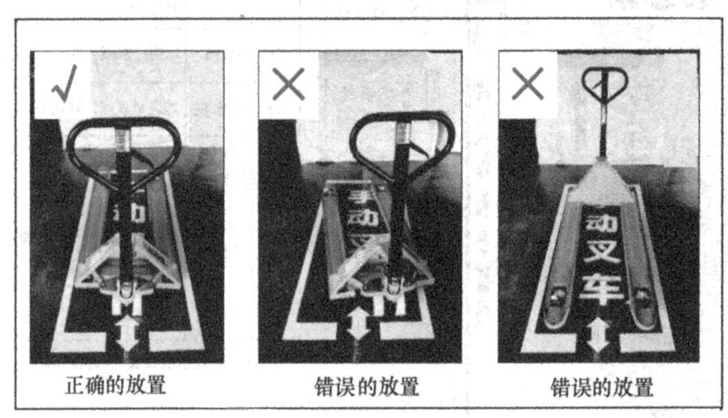

图 5-14 ×× 公司叉车放置 5S 标准

5.3.7 5S 的定期检查评比

5S 的定期检查评比须明确 5S 检查委员会中各个岗位的基本职责和 5S 检查的路线。

1. 成立 5S 检查委员会

×× 公司的 5S 检查委员会组织架构如图 5-15 所示。

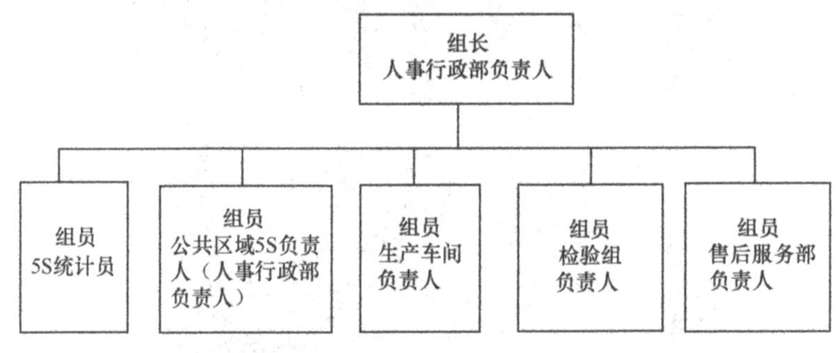

图 5-15 ×× 公司的 5S 检查委员会组织架构

2. 5S 检查实施流程

×× 公司的 5S 检查实施流程如图 5-16 所示。

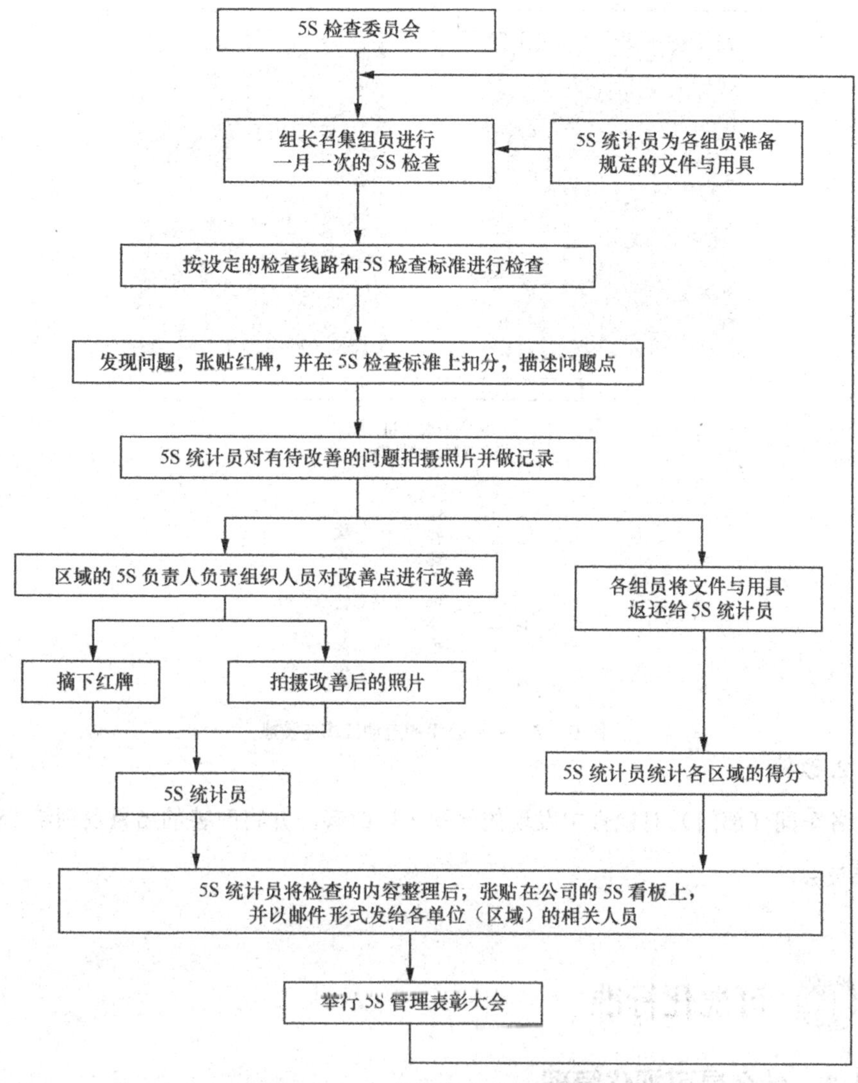

图 5-16　×× 公司的 5S 检查实施流程

5.3.8　总结、改善与激励

1. 交流

在表彰总结大会上，给检查得分前 2 名的车间（部门）颁发流动红旗以示表彰，给检查得分最低的车间（部门）授予黄旗以示警告。×× 公司的流动红旗与黄旗如图 5-17 所示。

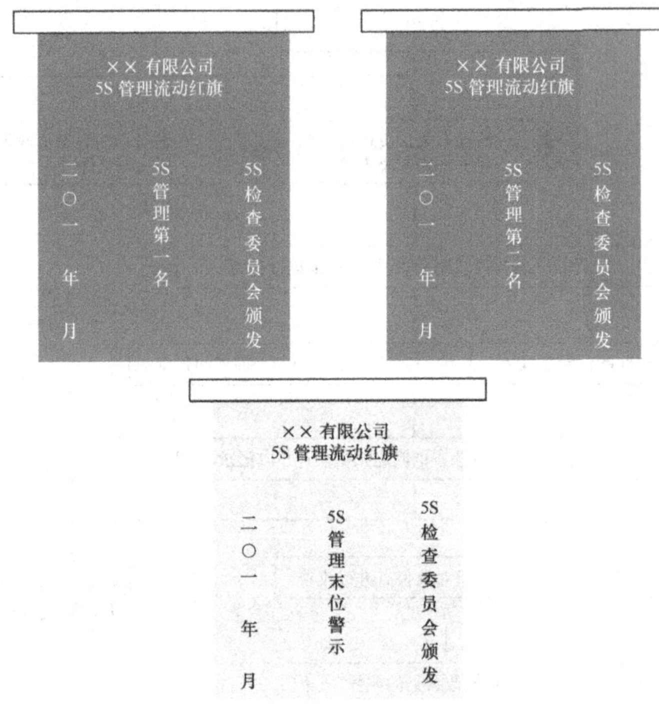

图 5-17 ×× 公司的流动红旗与黄旗

2. 改善

各车间（部门）对检查中发现的问题予以改善，并将改善的结果反馈给 5S 检查委员会。

5.4 可视化标准

5.4.1 什么是可视化管理

可视化管理就是为了使管理变得简单、透明、有效率，将管理对象以形象、直观的视觉信号予以表现，让人们一看就明白的管理方式。可视化管理又叫一目了然的管理或看得见的管理。

5.4.2 可视化标准

1. 必须有统一的可视化标准

在推进 5S 时，企业必须进行可视化管理，必须要有可视化标准。叉车的定点放置如果没有可视化标准，就会出现在同一个公司里叉车定点放置标识不统一的情况，如图 5-18 所示。

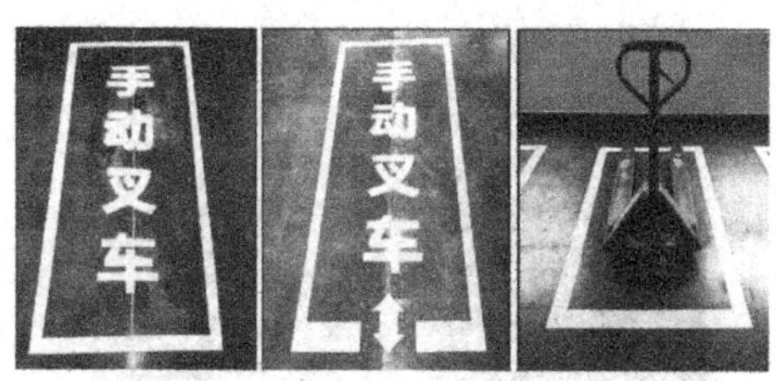

图 5-18　叉车定点放置标识不统一的情况

2. 可视化标准须遵循的原则

可视化标准须遵循的原则如下所述：有国家标准的采用国家标准；没有国家标准的采用行业标准；没有行业标准的企业自己制订标准。

符合 GB 2894—2008《安全标识及其使用导则》的“当心触电”警告标识，如图 5-19 所示。

编号	图形标识	名称	标识种类	设置范围和地点
2-7		当心触电 Warning Electric Shock	J	有可能发生触电危险的电器设备和线路，如配电室、开关等

图 5-19　“当心触电”警告标识的国家标准

×× 公司自己制订的油位可视化标准如图 5-20 所示。

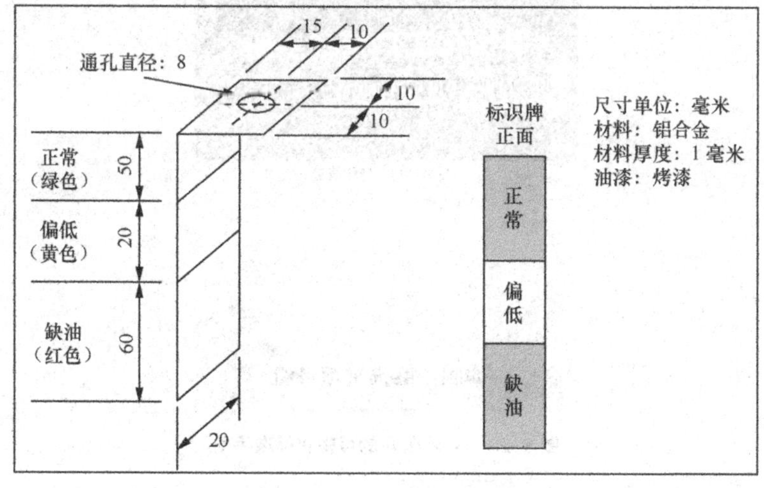

图 5-20　×× 公司自己制订的油位可视化标准

油位可视化标准应用图例如图 5-21 所示。

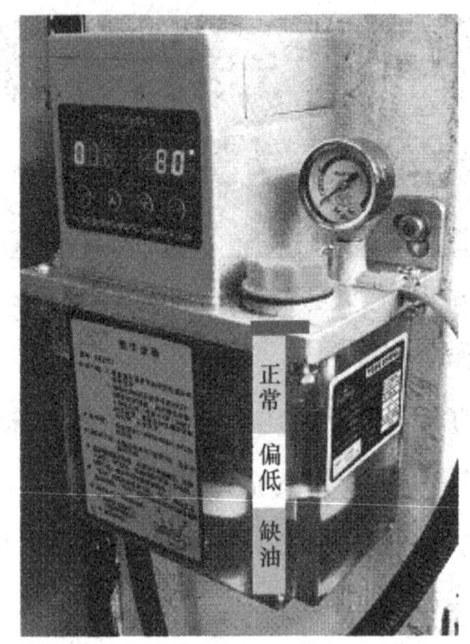

图 5-21　油位可视化标准应用图例

3. ×× 公司的可视化标准

×× 公司在 5S 的推进过程中建立的可视化标准手册如图 5-22 所示。

图 5-22　×× 公司的可视化标准手册

6.1 CLTPM是企业改善与提升的抓手

CLTPM的理论、方法与工具是企业改善与提升的抓手。CLTPM的基本方针、年度目标及重点改善项目与企业的战略目标、年度经营方针目标的关系如图6-1所示。

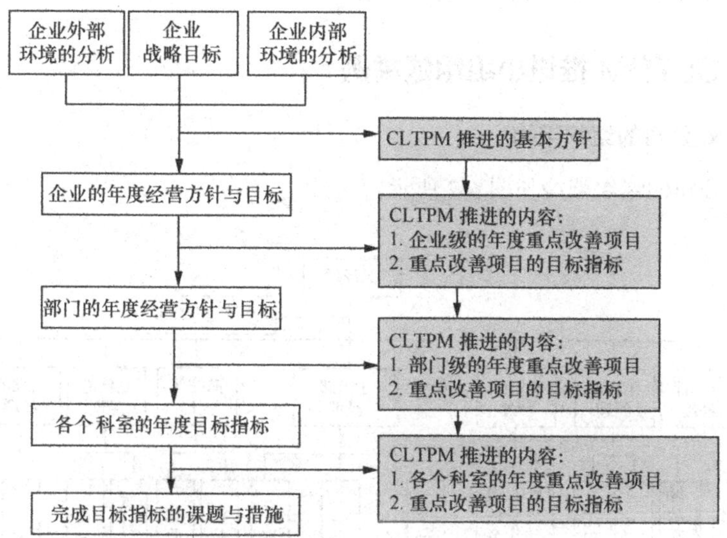

图6-1 CLTPM的方针目标支持企业的方针目标

从图6-1中可以看出以下3个方面的信息。

1. CLTPM推进的基本方针的来源

企业结合自身的战略目标，在分析自身内外部环境的基础上提出年度经营方针与目标及CLTPM推进的基本方针。

2. 企业级年度重点改善项目的来源

CLTPM推进的企业级的年度重点改善项目及目标指标来自企业的年度经营方针与目标。

3. 部门级年度重点改善项目的来源

CLTPM 推进的部门级的年度重点改善项目及目标指标来自部门的年度经营方针与目标。

6.2 以组织架构为基础建立各级推进小组

CLTPM 作为企业改善与提升的抓手，支持企业战略目标及年度经营方针与目标的实现，这一点决定了 CLTPM 的各级小组只能以企业的组织架构为基础建立，CLTPM 推进工作是各部门日常工作的一部分。

6.2.1 CLTPM 推进小组组建举例

1. ×× 公司的组织架构

×× 公司的组织架构如图 6-2 所示。

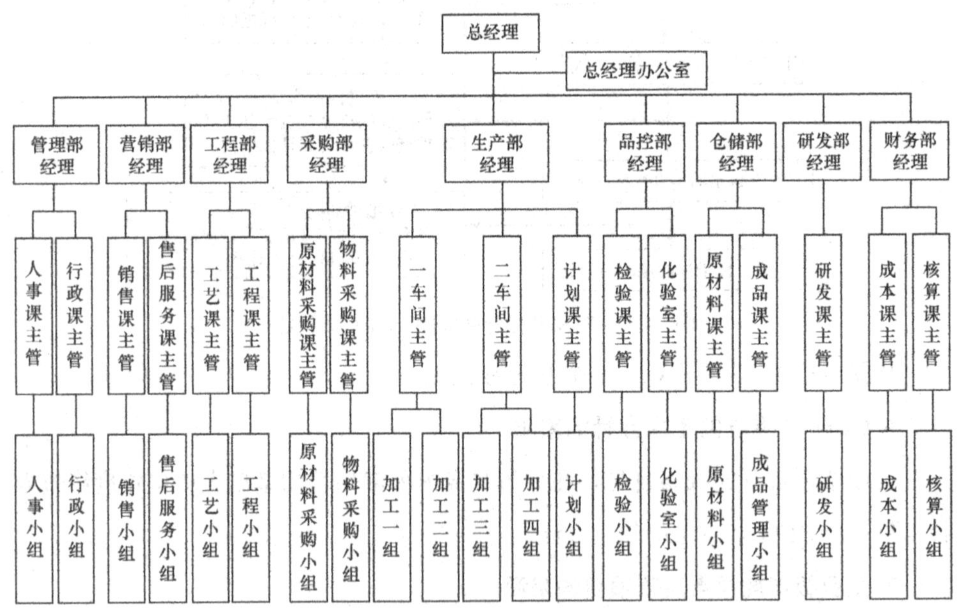

图 6-2 ×× 公司的组织架构

2. 公司级的 CLTPM 推进小组

×× 公司建立的公司级的 CLTPM 推进小组如图 6-3 所示。

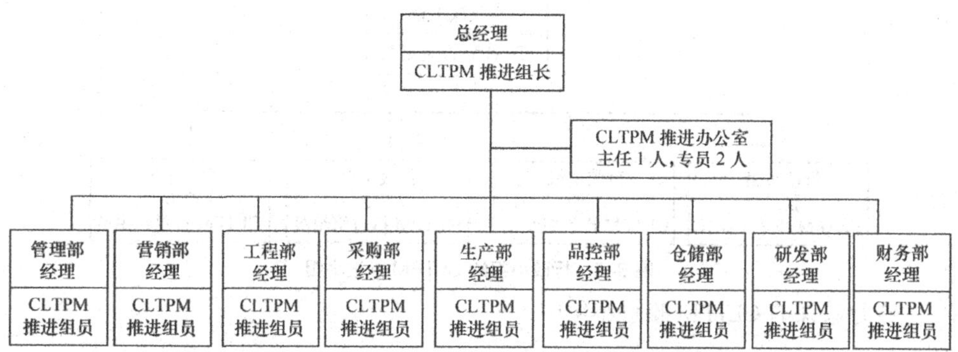

图 6–3 ××公司建立的公司级的 CLTPM 推进小组

在公司级的 CLTPM 推进小组中：

（1）设有一个 CLTPM 推进办公室，这是 CLTPM 推进的专职部门，其人员是专职人员；

（2）管理部经理是组员，其他部门经理也是组员。

3. 管理部的 CLTPM 推进小组

管理部的 CLTPM 推进小组如图 6-4 所示。

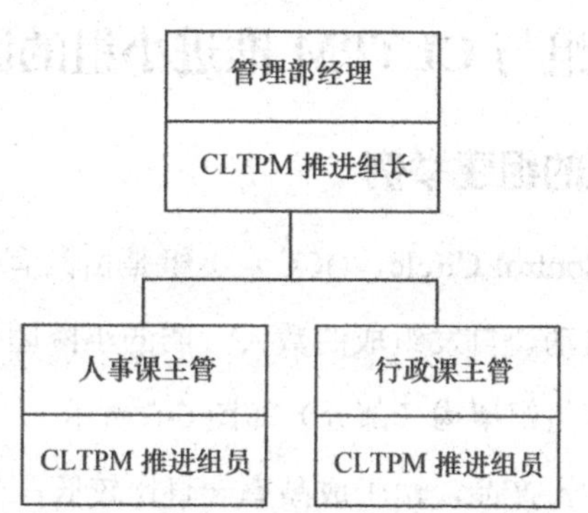

图 6–4 管理部的 CLTPM 推进小组

在管理部的 CLTPM 推进小组中：

（1）管理部经理是小组的组长；

（2）行政课主管是小组的组员。

其他部门的 CLTPM 推进小组也像管理部一样，按组织架构分级建立。

4. 行政课的 CLTPM 推进小组

行政课的 CLTPM 推进小组如图 6-5 所示。

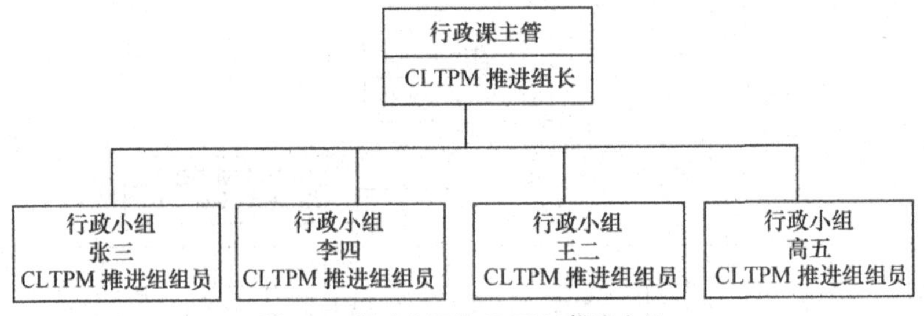

图 6–5 行政小组的 CLTPM 推进小组

在行政课的 CLTPM 推进小组中：

（1）行政课主管是组长；

（2）其他成员是小组的组员。

其他课的 CLTPM 推进小组也像行政课一样，按组织架构建立。

6.2.2 CLTPM 推进小组的特点

CLTPM 推进小组的特点是，上一级 CLTPM 推进组织的组员是下一级 CLTPM 推进组的组长。

6.3 QCC 小组与 CLTPM 推进小组的区别

6.3.1 QCC 小组的组建举例

品管圈（Quality Control Circle，QCC）小组是由具有相同、相近或有互补性质的工作场所的人们自动、自发组成的数人一圈的小圈团体。×× 公司加工一组负责 A 产品的生产，其组织架构（部分）如图 6-6 所示。

加工一组负责生产 A 产品，由于成品率一直比较低，公司要求解决这个问题，提升成品率。

如果组建 QCC 小组来解决此问题，QCC 小组的人员组成如下所述。

工程小组：1 人。

工艺小组：1 人。

加工一组：1 人或多人。

检验小组：1 人。

研发小组：1 人。

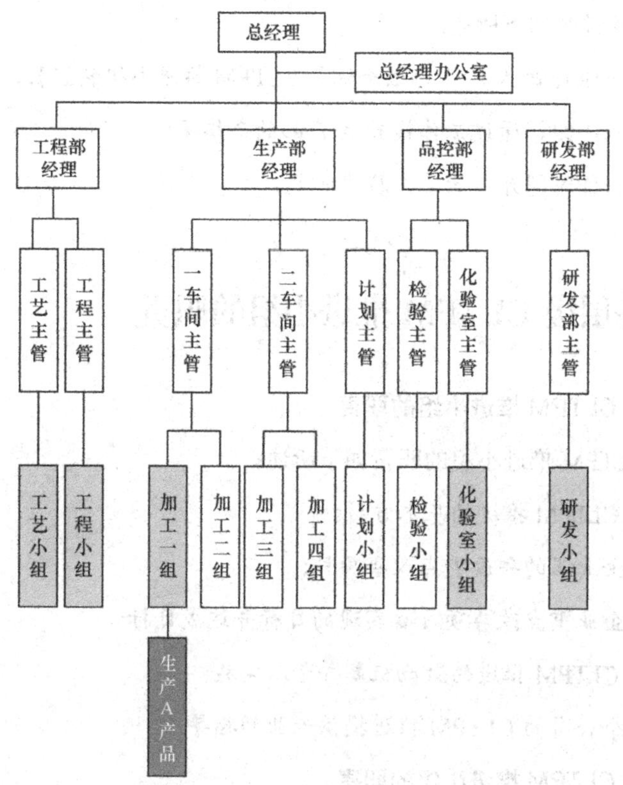

图 6–6 ××公司的组织架构（部分）

QCC 小组成员来自不同的部门，大家自愿参加并选出组长，一般利用业余时间开展活动，实现目标后解散小组。

6.3.2 CLTPM 小组的组建举例

在“6.3.1 QCC 小组的组建举例”中，如果组建 CLTPM 小组来解决 A 产品成品率比较低的问题，那么 CLTPM 小组的人员组成如图 6-7 所示。

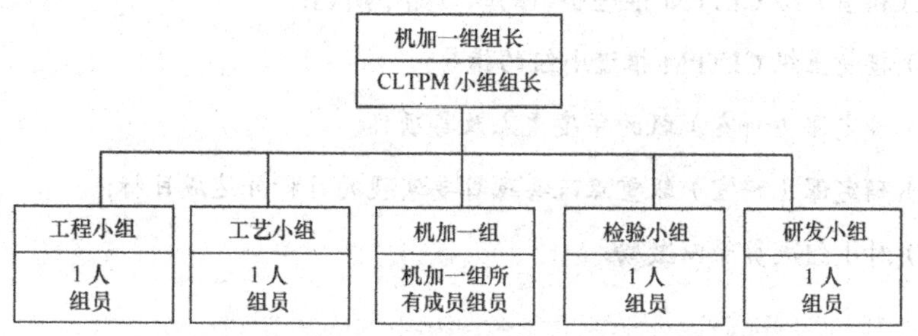

图 6–7 解决 A 产品成品率偏低问题的 CLTPM 小组

对图6-7的说明如下所述：

（1）加工一组负责A产品的组长就是CLTPM推进小组的组长，其通过行政指令召集大家成立小组，通过工作提升A产品的合格率；

（2）利用工作时间开展活动，解决问题。

6.4 各层级CLTPM推进小组的职责

1. 企业级CLTPM推进小组的职责

企业级CLTPM推进小组的职责如下所述：

（1）提出CLTPM推进的基本方针；

（2）确定企业级的年度重点改善项目；

（3）确定企业重点改善项目要实现的目标并达成目标；

（4）建立CLTPM推进的激励机制并予以实施；

（5）为整个公司的CLTPM推进提供专业的指导。

2. 部门级CLTPM推进小组的职责

部门级CLTPM推进小组的职责如下所述：

（1）接受上级CLTPM推进小组的指导；

（2）确定部门的年度重点改善项目；

（3）确定部门重点改善项目要实现的目标并达成目标；

（4）对小组成员予以激励。

3. 课（科室）级CLTPM推进小组的职责

课（科室）级CLTPM推进小组的职责如下所述：

（1）接受上级CLTPM推进小组的指导；

（2）确定课（科室）级的年度重点改善项目；

（3）确定课（科室）级重点改善项目要实现的目标并达成目标；

（4）对小组成员予以激励。

第 7 章 方针目标

7.1 从企业经营方针目标到推行 CLTPM 的方针目标

推行 CLTPM 是达成企业经营方针目标的手段，推行 CLTPM 方针目标的设定必须遵循以下基本原则：

（1）要对企业的内外部环境进行分析；

（2）方针目标的设定须对企业的经营理念、长期经营方针目标及年度经营方针目标形成支撑，或者从企业的长期经营方针目标及年度经营方针目标中分解出推行 CLTPM 的方针目标；

（3）在 P、Q、C、S、D、M 中，找出企业亟须改善的项目作为重点内容进行改善；

（4）方针目标的设定必须让全员了解。

7.2 方针目标的设定案例

×× 公司方针目标的设定过程如图 7-1 所示。

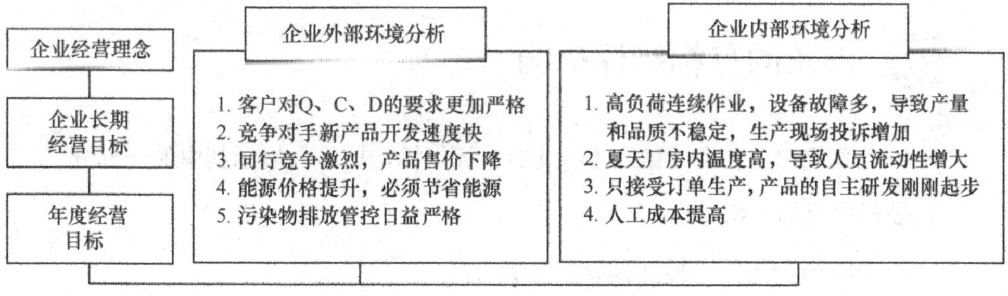

图 7-1　×× 公司方针目标的设定过程

年度CLTPM推行的基本方针

1. 全员参加推进CLTPM，通过开展改善活动，以实现OEE最大化、零故障、零不良、零灾害为目标
2. 通过这些改善活动谋求全员的意识革新，提升改善活力

年度重点项目

1. 减少设备与模具的故障
2. 缩短换线的时间
3. 厂房安装中央空调系统
4. 推进省人化
5. 推进能源节省
6. 导入产品研发体系

年度CLTPM推行目标	现状	目标
1. 减少设备故障率	1.5%	0.5%
2. 设备稼动率	85%	95%以上
3. 生产性的向上（产能）	100%	130%（增加30%）
4. 产品不良率	3.5%	1.5%
5. 能耗	100%	75%以下
6. 直接生产人数	500（年·人）	400（降低20%）
7. 改善提案率	3件/（年·人）	10件/（年·人）以上
8. 工伤事故	10件/年	3件/年
9. 换线的时间	100分钟/次	30分钟/次
10.产品研发	周期40天	周期30天
11.车间中央空调系统	用电扇降温	安装一套中央空调系统

图 7–1　×× 公司方针目标的设定过程（续）

7.3 涉及的目标指标举例

×× 公司列出了推行 CLTPM 涉及的目标指标，这里只展示其中的一部分。

1. 公司级目标（部分）

×× 公司的公司级目标（部分）见表 7-1。

表 7-1　×× 公司的公司级目标　（部分）

序号	项目	指标名称	目标值	评价方式	评价周期	统计责任部门
1	安全	安全事故发生次数	0	造成安全的质量事故	年度	质管部
		终产品安全指标抽样检测合格率	100%	送检检验合格次数 / 总次数	年度	质管部

（续表）

序号	项目	指标名称	目标值	评价方式	评价周期	统计责任部门
2	质量方面	客户综合满意度	≥ 95%	满意度调查结果	年度	销售部
		退货率	≤ 1%	退货数 / 总产量	月度	质管部
		终产品出厂检验合格率	≥ 99%	不合格品数 / 总产量	月度	质管部
		客户投诉次数	≤ 7 次	实际投诉次数	月度	销售部
3	成本方面	产品报废率	0	报废产品数 / 总产量	月度	生产部
		单位产出率	95%	产出 / 投入	年度	生产部
		单位生产成本	—	总生产成本 / 总产量	年度	财务部
4	交期方面	交货及时率	100%	及时发货次数 / 总发货次数	月度	生产部
5	安全生产	重大安全生产事故	0	全年重大安全生产事故	年度	安环部
		轻伤事故次数	≤ 3 次	统计轻伤事故的记录	月度	安环部

2. 部门级目标（部分）

××公司的部门级目标（部分）见表 7-2。

表 7-2　××公司的部门级目标　（部分）

部门名称	项目	指标名称	目标值	评价方式	评价周期	统计责任部门
研发部	安全	配方违反法规的次数	0	收集记录	年度	质管部
	质量	重大质量事故（研发原因）	0	统计质量事故报告	年度	质管部
		配方工艺发放错误次数	0	收集生产事故报告	年度	质管部
	工作效率	新品开发任务完成率	≥ 90%	新品开发完成数 / 新品开发计划数	月度	质管部
		配方工艺更新及时性	≥ 99%	工艺卡 / 工艺文件的制订是否及时	月度	生产部
质管部	安全	安全质量事故次数	0	造成质量事故次数	月度	公司领导
	质量	终产品检验合格率	95%	产品抽样合格数 / 抽样数	月度	生产部
		检验人员持证上岗率	100%	持证人数 / 检验人员总数	月度	人资部
		关键仪器校验率	100%	校验台数 / 关键仪器总台数	季度	设备部
		市场监督检查合格率	100%	抽查合格次数 / 总抽查数	年度	质管部

（续表）

部门名称	项目	指标名称	目标值	评价方式	评价周期	统计责任部门
质管部	质量	外部方审核不符合性改善率	80%	外部审核不符合项改善数 / 不符合项总数	半年	质管部
		内部方审核不符合性改善率	90%	内部审核不符合项改善数 / 不符合项总数	半年	质管部
	工作效率	客户投诉处理不及时的次数	≤ 1	投诉处理、回复客户延误或客户不满意	月度	销售部
一车间	安全	关键限值偏离次数	≤ 1	CCP 关键限值偏离的次数	月度	质管部
		接触面微生物检测达标率	≥ 99%	检测达标量 / 检查总量	月度	质管部
		一级种子罐染菌率	≤ 20%	染菌罐数 / 发酵罐数	月度	质管部
	成本	发酵罐倒罐率	≤ 2%	倒罐数 / 发酵罐总数	月度	质管部
	交期	生产计划完成率	100%	实际产量 / 计划产量	月度	生产部
	安全生产	全年全车间重大安全事故	0	统计重大事故记录	月度	安环部
		轻伤次数	≤ 3 次	统计轻伤事故记录	月度	安环部
		安全检查得分	≥ 98%	统计综合检查结果	月度	安环部

7.4 方针目标的 PDCA 闭环

CLTPM 方针目标的 PDCA 闭环如图 7-2 所示。

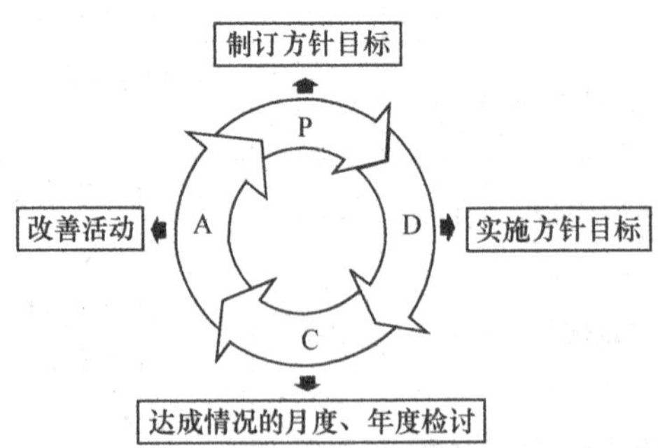

图 7-2　CLTPM 方针目标的 PDCA 闭环

第 8 章 机构职责

8.1 设备管理组织的形式

设备密集型企业设备管理组织架构的组建，一般有集中式、分散式和混合式 3 种，下面分别介绍这 3 种组织形式及其优缺点。

8.1.1 集中式设备管理组织架构

集中式设备管理组织架构举例如图 8-1 所示。

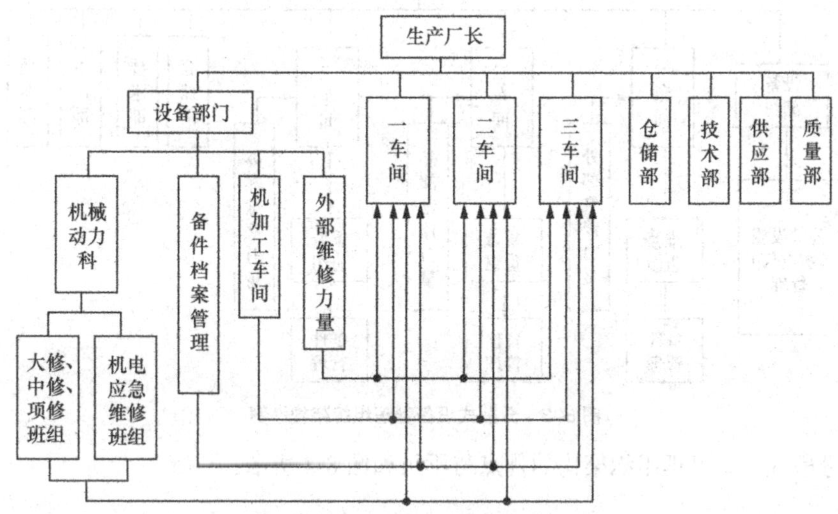

图 8-1 集中式设备管理组织架构举例

集中式设备管理组织架构的优点与不足如图 8-2 所示。

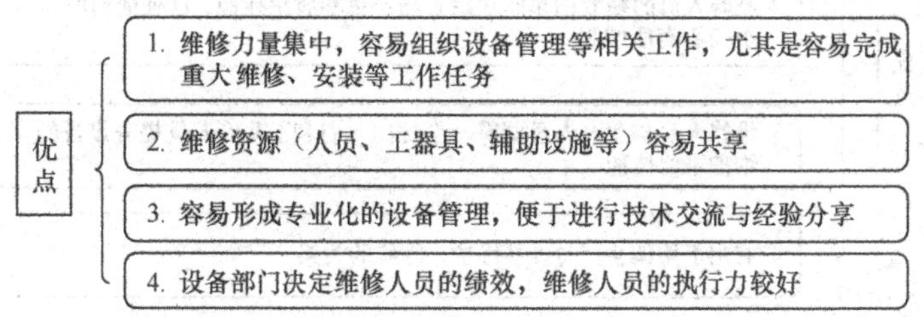

图 8-2 集中式设备管理组织架构的优点与不足

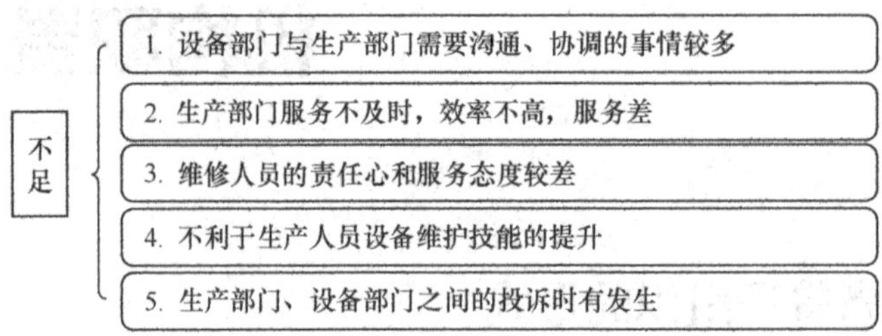

图 8-2 集中式设备管理组织架构的优点与不足（续）

8.1.2 分散式设备管理组织架构

分散式设备管理组织架构举例如图 8-3 所示。

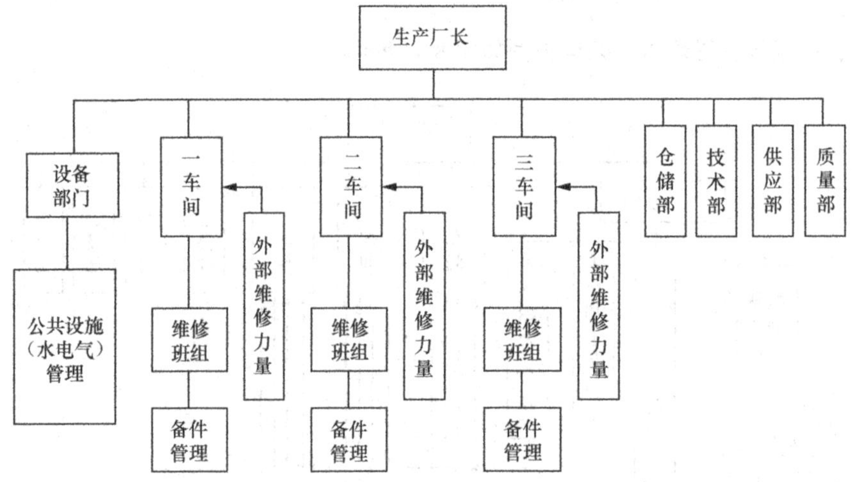

图 8-3 分散式设备管理组织架构举例

分散式设备管理组织架构的优点与不足如图 8-4 所示。

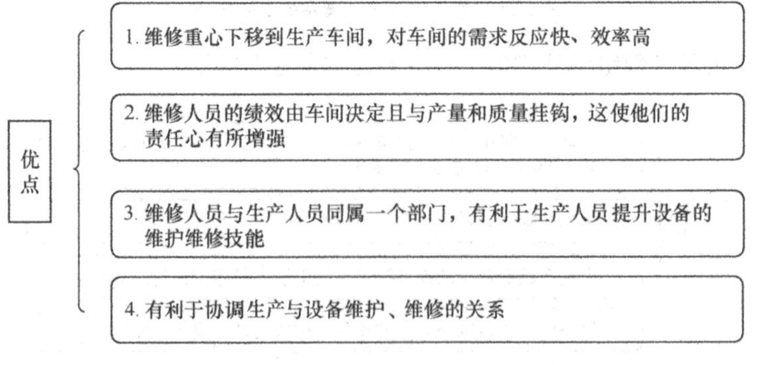

图 8-4 分散式设备管理组织架构的优点与不足

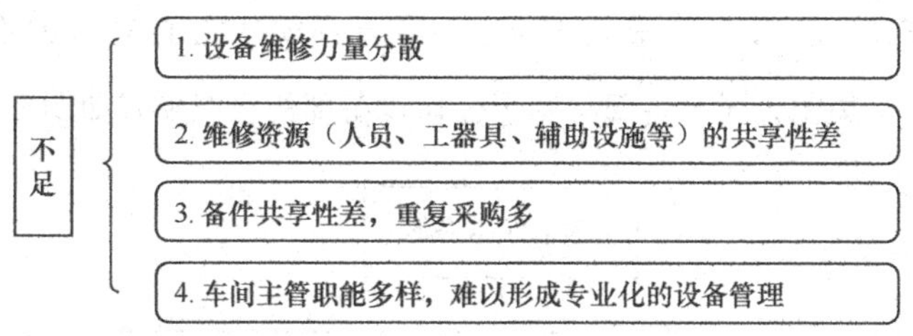

图 8-4　分散式设备管理组织架构的优点与不足（续）

8.1.3　混合式设备管理组织架构

混合式设备管理组织架构举例如图 8-5 所示。

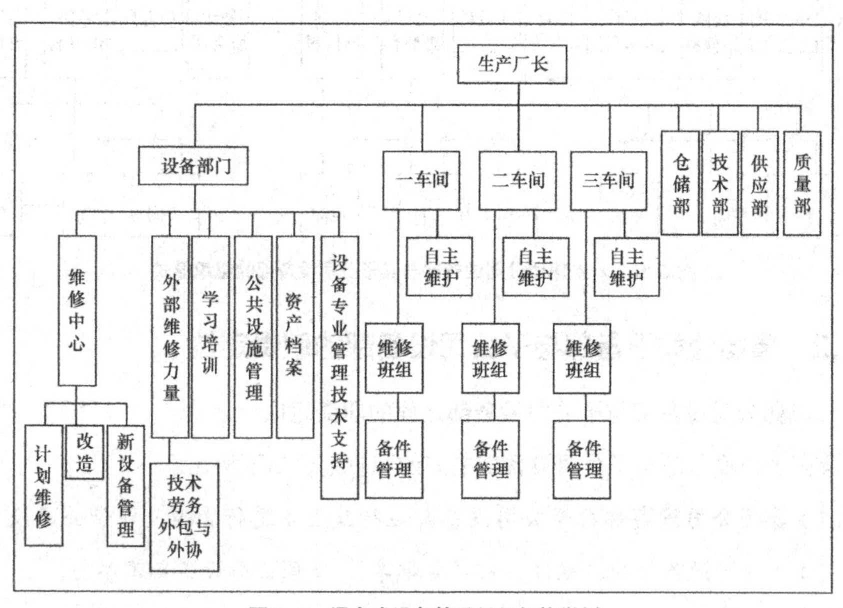

图 8-5　混合式设备管理组织架构举例

混合式设备管理组织架构具有集中式与分散式的优点，在设备密集型企业里被广泛采用。设备管理的实践证明，混合式设备管理组织架构是较为理想的一种设备管理组织架构。

8.2　设备管理职责在集团公司与子公司之间的分配

8.2.1　集团公司设备部与子公司设备部的组织形式

越来越多的公司在全国各地甚至其他国家开设子公司，形成集团公司管理子公司的管理模式。广东××著名家电公司在全国就建立了56家制造厂，还拥有国外工厂。××集团公司设备部与其子公司设备部的组织形式如图8-6所示。

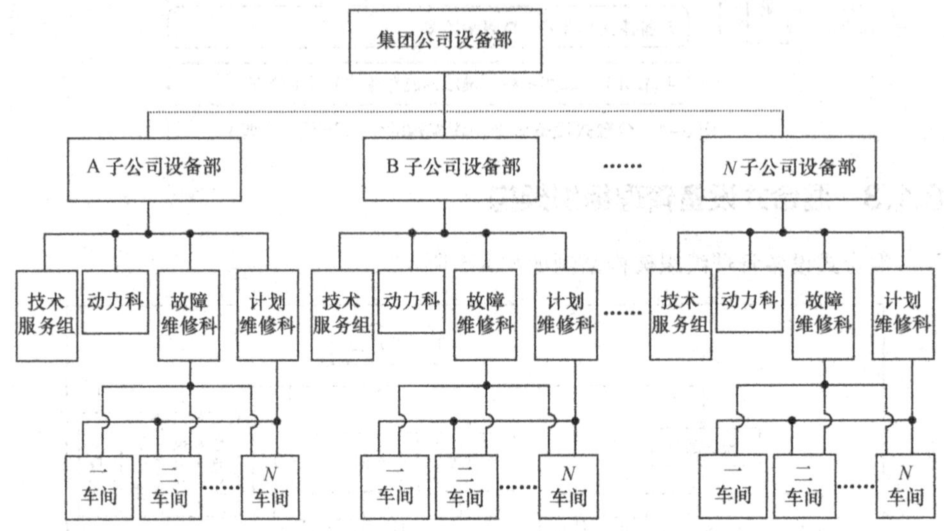

图8-6　××集团公司设备部与其子公司设备部的组织形式

8.2.2　集团公司设备部与子公司设备部的职责定位

1. 集团公司设备部与子公司设备部之间的职责定位

集团公司设备部与子公司设备部之间的职责定位如下所述。

（1）集团公司设备部对子公司设备部在行政上不进行管理，即子公司设备部的日常工作（如设备维护、维修、人事安排等），集团公司设备部不参与。

（2）集团公司设备部对子公司设备部在业务上进行指导，为子公司设备部提供支持与服务，对管理工作进行定期的监督与检查。

2. 案例

××集团公司设备部与子公司设备部之间的职责如下所述。

（1）集团公司设备部的主要职责

××集团公司设备部的主要职责如下所述。

① 指导子公司设备部制订设备管理的方针、目标，明确考核指标，定期监督、检查实施的情况。

② 指导子公司设备部建立设备管理体系及设备管理的评价体系，定期监督、

检查体系的执行情况。

③ 在内部培训上对各子公司给予支持，例如，建立设备培训中心，对各子公司进行可编程序控制器、数控系统、机械制图、液压技术、设备管理等方面的培训，各子公司的设备管理与技术人员按计划参与培训与考核。

④ 引进外部技术与培训资源，对各子公司的设备管理与技术人员进行培训。

⑤ 统筹安排和实施设备管理的信息化工作。

⑥ 组织评审各子公司设备采购的大宗合同。

⑦ 负责新项目的设备规划、采购、安装、调试及验收，验收后移交子公司设备管理部进行日常管理。

（2）子公司设备部的主要职责

子公司设备部的主要职责如下所述。

① 接受集团公司设备部在业务上进行指导、监督与检查。

② 确保子公司的设备正常运行，满足生产需要。

8.3 设备管理部的岗位职责

虽然企业不同，其设备管理部的组织机构及人员岗位各不相同，但是设备管理部的职责具有共通性。×× 公司为设备管理部部长制订的岗位职责如下所述。

（1）在生产副总的领导下，负责对公司的所有设备及设备部人员的管理工作。

（2）设备使用、运行等方面的管理工作符合国家和当地政府制订的法律、法规的要求。

（3）组织设备使用部管好、用好、维护好设备，使操作人员做到会操作、会检查、会保养、会排除小故障；制订设备安全使用操作规程，对操作人员进行培训与考核，监督并定期检查操作规程的执行情况。

（4）组织开展设备档案管理工作，建立设备台账，收集、整理、管理好设备的各种文件资料、相关图纸及维护保养记录。

（5）组织实施设备的三级保养制度，建立设备三级保养机制，并对实施过程进行督导、检查与指导。

（6）组织实施设备的计划性维修，对老设备有计划地进行更新改造。

（7）组织对设备事故进行鉴定、分析、修复、预防等。

（8）组织实施设备的故障维修，对故障维修进行定期统计、分析及改善。

（9）组织实施设备的规划、购买、安装、调试、验收移交、运行、技改、封存、租赁、报废等方面的管理工作。

（10）组织做好设备备品备件的管理工作，确定正常的储备量，保证需求供应，既要防止因备件缺乏而停机，又要实现备件管理的经济性。

（11）对设备部的人员进行管理，包括工作协调、培训、绩效考核、团队建设、安全管理等。

（12）对外部维修资源，如特种设备管理、电力设备管理、委外维修等进行统筹协调。

（13）协助环境部、职业安全健康部等部门的工作。

（14）完成上级交办的其他工作任务。

第 9 章 创造价值

9.1 资产存在是为组织及其相关方提供价值

国家标准 GB/T 33172—2016/ISO 55000:2014《资产管理综述、原则和术语》“2.4.2　基础”中有关资产与价值的内容如下所述。

> **2.4.2　基础**
>
> 资产管理基于以下基础：
>
> （1）价值：资产的存在是为组织及其相关方提供价值。
>
> 资产管理关注资产为组织提供的价值，而不仅仅是关注资产本身。价值（无论有形或无形、财务或非财务）将由组织及其相关方根据组织目标确定。
>
> 这包括：
>
> 1）对协调资产管理目标与组织目标的方式进行明确的描述；
>
> 2）使用寿命周期管理的方法实现资产的价值；
>
> 3）建立反映相关方需求并确定价值的决策过程。
>
> ……

9.2 设备为企业及相关方最大化地创造价值

笔者在“4.2.2　设备密集型企业的特点”中已经阐述过，在设备密集型企业中，由于设备是最主要、最关键的资产，设备是 P、Q、C、S、D、M 改善的最主要的承载体，所有的改善基本都是以设备为基础展开的，企业经营绩效严重依赖设备。所以，在设备密集型企业中，“资产的存在是为组织及其相关方提供价值”这句话的真正含义实际上就是“设备的存在是为组织及其相关方提供价值”。而我们推行 CLTPM，是使“设备为企业及相关方最大化地创造价值”，这高度符合设备密集型企业的运营需求。

设备密集型企业持续改善设备寿命周期管理及P、Q、C、S、D、M的过程，就是设备为企业及相关方持续创造价值的过程。设备要为企业及相关方最大化地创造价值，把设备寿命周期管理及P、Q、C、S、D、M改善做到极致。

9.3 最大化地创造价值的进一步理解

围绕设备为企业及相关方最大化地创造价值，可以从以下3个方面进一步理解。

1. 设备本身保值增值

开展设备寿命周期管理的全面改善活动，使设备保值增值。即便以后出售，也保证设备本身不贬值。

2. 创造价值

以设备寿命周期管理全面改善活动为切入点，全面开展消除企业损失与浪费的改善活动，以企业的P、Q、C、S、D、M为改善对象持续改善，使企业的经营效益最大化，满足企业及其相关方的各种需求。请详见“图4-2　CLTPM之屋”的相关内容。

3. 价值观

价值观是指导组织的人的行为准则。开展设备寿命周期管理的改善活动，并以此为切入点，开展P、Q、C、S、D、M的改善活动；打造企业文化，作为组织成员思想和行为的导向；增强组织的向心力与凝聚力，作为组织整体价值的取向和组织经营管理的导向。

9.4 创造价值的表现形式

设备为企业及相关方创造的价值的表现形式可以是有形的，也可以是无形的；可以是财务的，也可以是非财务的。

9.4.1 可以是有形的，也可以是无形的

设备为企业及相关方创造的价值可以是有形的，也可以是无形的。

1. 有形的价值

例如，设备的故障率降低、利用率提升、OEE 提升及企业的 P、Q、C、S、D 得到改善等；再如，符合法律法规的要求，职业安全健康达到相关的要求等。

2. 无形的价值

例如，推行 CLTPM，打造良好的工作现场，为员工创造洁净、舒适、安全的工作环境，使员工的工作士气及素养提升、获得客户的满意评价等。

9.4.2 可以是财务的，也可以是非财务的

设备为企业及相关方创造的价值可以是财务的，也可以是非财务的。

1. 财务的价值

推行赚钱的 CLTPM，使 CLTPM 的推行成果在财务数字层面反映出来。

2. 非财务的价值

例如，为客户提供服务的水平得到提升，获得社会各界包括客户及企业所在社区的好评，企业以开展设备寿命周期管理活动为切入点打造企业文化。

9.5 创造价值的技术与方法

设备为企业及相关方创造价值的技术与方法，主要有完善设备寿命周期管理、消除七大损失创造价值、消除八大浪费创造价值等。

9.5.1 完善设备寿命周期管理

完善设备寿命周期管理就是要让设备寿命周期管理的各项管理活动形成 PDCA 闭环管理，其理念如图 9-1 所示。

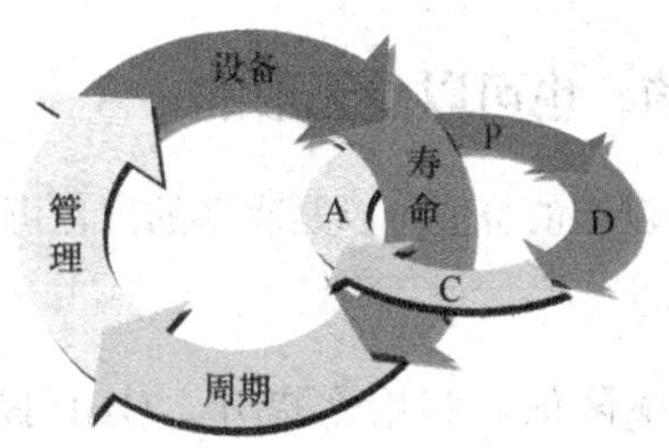

图 9-1 完善设备寿命周期管理的理念

9.5.2 消除七大损失，创造价值

1. OEE

OEE 是一个衡量设备实际生产效率及运行情况的指标。它是针对设备各个方面存在的损失而设定的一个指标。

OEE 的计算公式：

$$OEE = 时间稼动率 \times 性能稼动率 \times 良品率$$

2. 影响 OEE 的七大损失

影响 OEE 的七大损失见表 9-1。

表 9-1 影响 OEE 的七大损失

序号	损失的种类	损失简介
1	故障损失	设备故障导致停机或产出不良品所造成的时间损失
2	生产中的准备、调整损失	生产线或设备的产品切换及调整导致的时间损失
3	刀具损失	刀的定期更换或由于刀的损坏而临时更换所导致的时间损失
4	暖机损失	从启动设备到预热，到能正常生产这个时间段内的时间损失
5	短暂停机（空转）损失	如物料输送不顺畅，经过简单处置让物料顺利进入设备进行加工所损失的时间；再如，取下已完成加工的零件，再放上待加工的零件所损失的时间
6	速度降低损失	设备实际加工产品的速度达不到设计的额定速度所造成的时间损失
7	品质不良损失	设备生产出不良品并将不良品返工导致的时间损失

上表所列的 7 种损失，是针对某些行业总结出来的一般情况。实际上，由于行业不同、设备类别及产品不同，影响 OEE 的损失种类各不相同。×× 机械加工厂对车床损失的归类如图 9-2 所示。

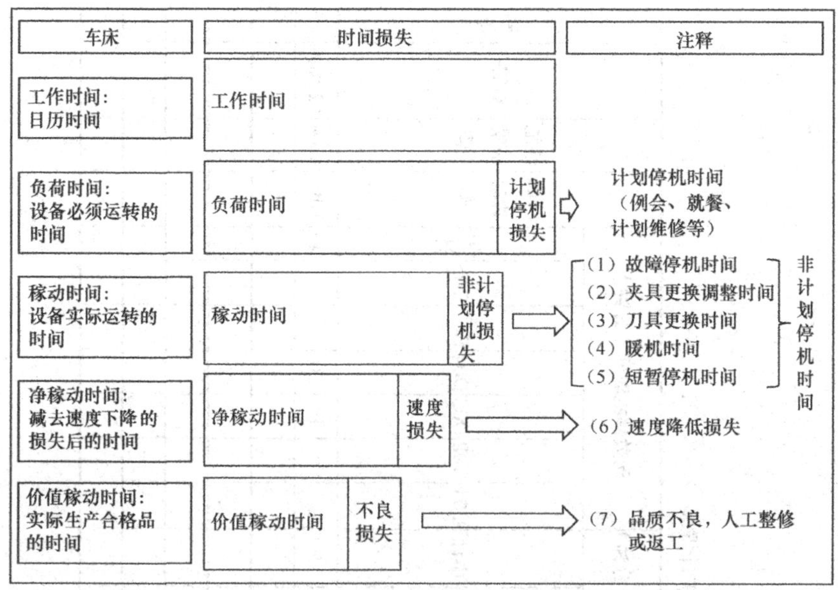

图 9-2　×× 机械加工厂对车床损失的归类

从图 9-2 中可以看出，降低或消除设备的计划停机损失、非计划停机损失、速度降低损失及不良损失可以让设备的生产能力最大化。

×× 机械加工厂对车床 OEE 的计算公式如图 9-3 所示。

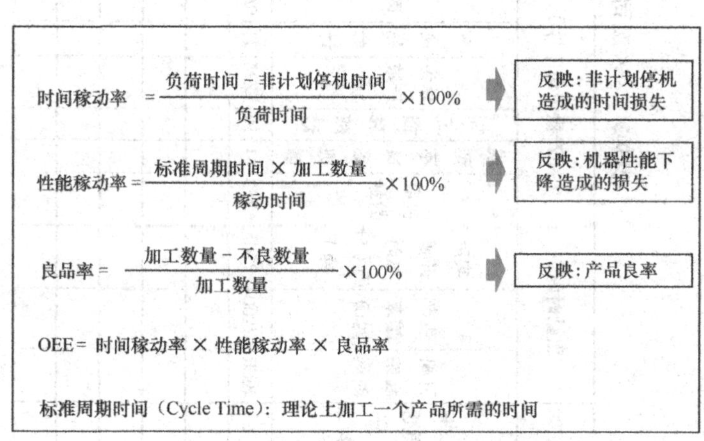

图 9-3　×× 机械加工厂对车床 OEE 的计算公式

从图 9-3 中可以看出，改善设备的时间稼动率、性能稼动率及设备生产出产品的良品率，可以提升 OEE。

3. OEE 统计报表举例

×× 公司注塑机每日 OEE 统计报表见表 9-2。

表 9-2 ××公司注塑机每日 OEE 统计报表

日期	机号	生产任务单		标准工时		出勤时间			产量记录（件）						计划停机时间（分钟）				无效停机时间（分钟）							时间稼动率	性能稼动率	OEE	备注
		任务单号码	模具号码	模穴数量	标准周期（分钟）	开机起始时间	生产结束时间	实际开机总时间（分钟）	良品数量	成型不良品数量	加工损耗数量	总生产数量	不良品合计	良品率	C01	C02	C03	小计	D01	D02	D03	D04	D05	D06	小计				
6月1日	1	11	10	2	1	8:00	20:00	720	1253	31	10	1294	41	96.80%	5			5			10	30			40	94%	90%	82.10%	

4. 使用 OEE 的注意事项

依据高德拉特博士的 TOC 理论，改善应该从瓶颈环节开始。只有当瓶颈环节的效率提升了，整个价值流的效率才会提升。所以对于由多台（套）设备组成的连续生产线，首先应该对瓶颈设备的 OEE 进行改善，然后提升整线的效率。

9.5.3　消除八大浪费，创造价值

1. 浪费与价值的基本定义

（1）浪费的定义

在企业满足客户需求的生产经营活动中，存在以下两类浪费：

① 消耗了资源而不增加价值的活动；

② 尽管价值增加了，但过程中所用的人、原材料、设备、时间、信息等资源不是最少的。

（2）价值的定义

能够满足客户的需求，被客户接受并愿意花钱购买的产品或服务才是有价值的。

2. 八大浪费

大野耐一先生将企业存在的浪费归为七大类，如下所述：

（1）库存的浪费；

（2）制造过多（早）的浪费；

（3）等待的浪费；

（4）过分加工的浪费；

（5）搬运的浪费；

（6）制造不良的浪费；

（7）动作的浪费。

后来又有人在大野耐一先生的归类上总结出企业存在的第八类浪费，即“未被使用的员工创造力的浪费”。所以在目前的企业里，大家都习惯将浪费总结为“八大浪费”。

八大浪费普遍存在于制造业企业（包括设备密集型企业）中，创造价值最重要的工作之一就是要识别出这些存在于制造现场的各类浪费并予以消除。

9.5.4 价值流分析

1. 价值流分析的基本概念

分析企业里存在的各种浪费，或者分析企业里哪些作业是有价值的，哪些作业是无价值的(浪费)，一般使用价值流分析的方法。价值流分析就是对产品生产的全部活动（从概念到投产，从原材料到交付客户手中的制造流程）进行分析，找出哪些活动是增值的，哪些活动是非增值的，然后最大限度地消除非增值的活动。价值流分析的过程如图 9-4 所示。

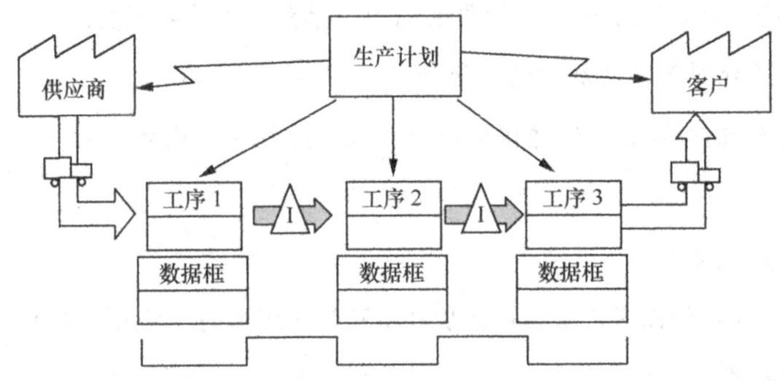

图 9-4　价值流分析的过程

价值流分析的优点是可以全局性地看到整个产品生产流程中存在浪费的环节，缺点是无法识别能耗、环境污染、安全、人员智慧等方面的浪费。

2. 价值流图析

所谓价值流图，就是使用共通的语言，如文字及约定的各种符号，对产品生产过程的价值流进行分析并描绘成图。对价值流图进行分析，叫价值流图析。

3. 价值流图析举例

（1）现状图

×× 公司 T 产品价值流图析之现状图如图 9-5 所示。

（2）未来图

×× 公司 T 产品价值流图析之未来图如图 9-6 所示。

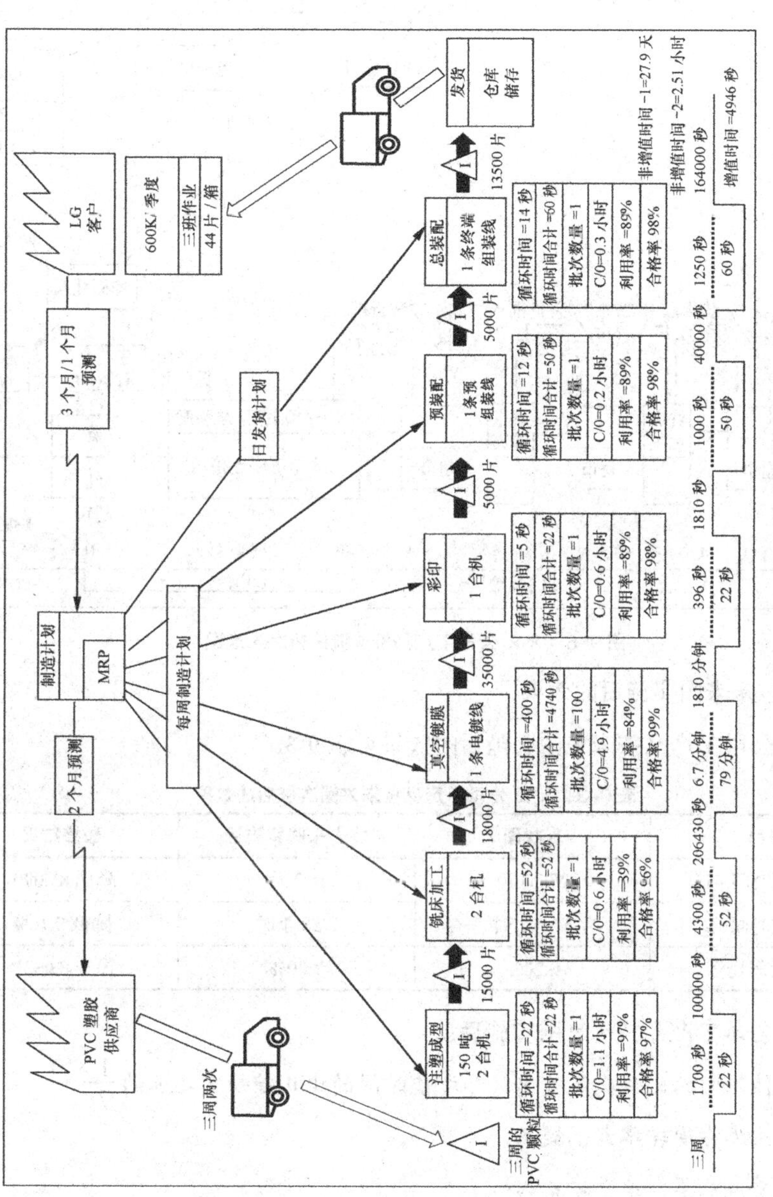

图 9-5　××公司 T 产品价值流图析之现状图

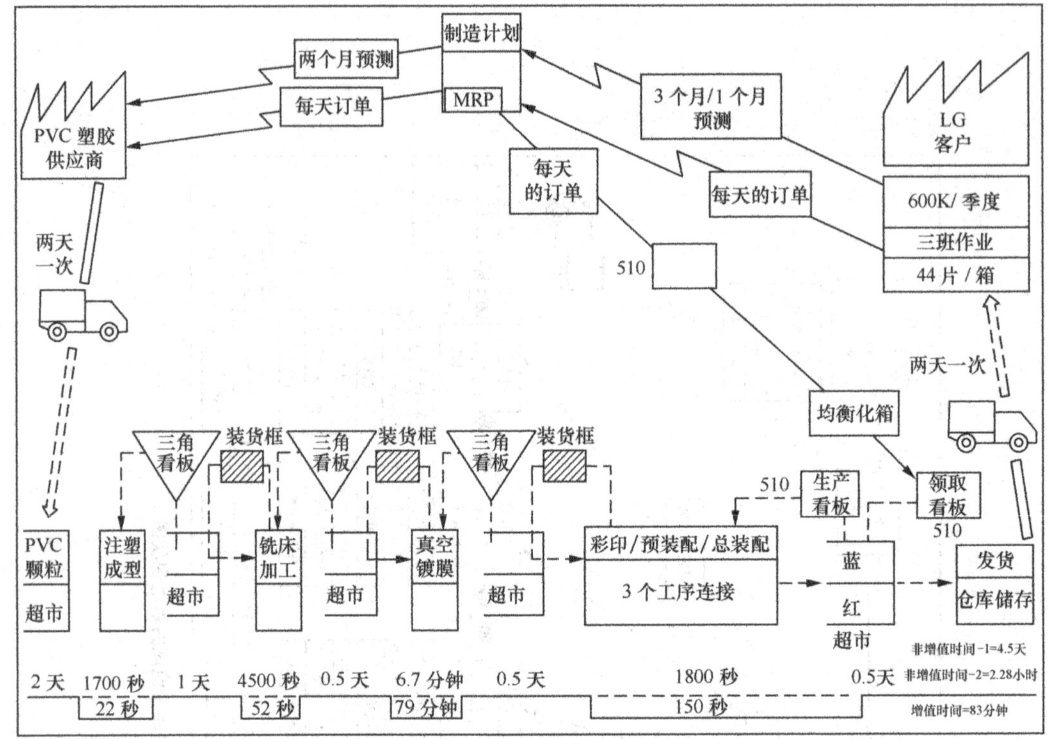

图 9-6　××公司 T 产品价值流图析之未来图

（3）按未来图实施后的效果

××公司 T 产品按未来图实施后的效果见表 9-3。

表 9-3　××公司 T 产品按未来图实施后的效果

项目	现状图	按未来图实施后	最终结果
非增值时间 -1	27.90 天	4.5 天	降低 85.09%
非增值时间 -2	2.51 小时	2.28 小时	降低 9.16%
增值时间比例	0.20%	1.20%	提升 83.33%

××公司 T 产品按未来图实施后：

① 增值时间的比例提高 6 倍，非增值时间的比例缩短为之前的 $\frac{1}{7}$；

② 企业库存周转率大幅提高；

③ 现金流加快，现金流充裕；

④ 生产成本降低；

⑤ 企业的竞争力大幅提升。

有关价值流分析的详细介绍，有兴趣的读者可以参考丹·琼斯及吉姆·沃马克合著的《综观全局》（*Seeing the Whole*）一书。

9.5.5　精益生产消除浪费的逻辑与过程

作者魏大鹏、李晓宇在机械工业出版社 2012 年出版的《准时化生产体系与实践》一书中指出，丰田准时化生产方式的技术体系框架如图 9-7 所示。

图 9-7 从技术层面解释了丰田公司如何消除浪费，使全公司的整体利润增加的过程。这也是精益生产消除浪费的逻辑与过程。企业在设备寿命周期管理全面改善的基础上，要想进一步让设备为企业及相关方最大化地创造价值，必须采用精益生产消除浪费的逻辑与过程。

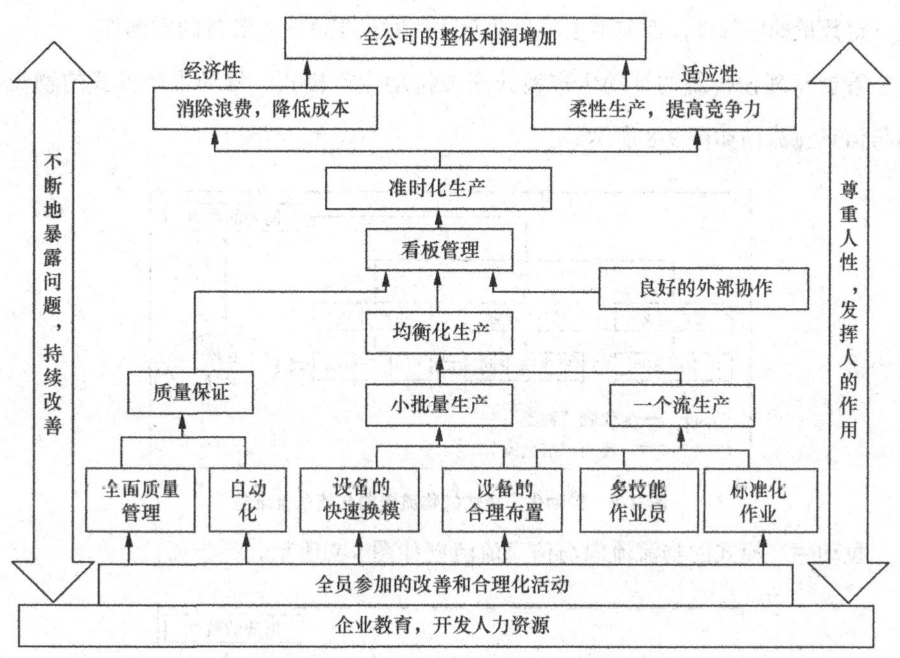

图 9-7　丰田准时化生产的技术体系框架

下面我们对图 9-7 中大家不容易理解的内容，例如，准时化生产、看板管理等做简单介绍。

1. 准时化生产

准时化生产（Just In Time，JIT）是起源于日本丰田汽车公司的一种生产管理体系。它的基本思想是“只在顾客需要的时候，按需要的量生产顾客所需的产品”。按照 JIT 的理念，通过不断地缩小加工批量，不断地减少在制品的库存，使生产系统中的浪费和问题不断地暴露，通过消除浪费和解决问题，使生产系统本身不断地得到完善，从而保证 JIT 顺利进行。

JIT 的核心是追求一种无库存的生产系统，或者说是使库存达到最小的生产系统。为实现 JIT，丰田汽车公司开发了包括“看板管理”在内的一系列具体方法。

2. 看板管理

看板管理是对生产过程中各道工序生产活动进行控制的一套信息系统，看板管理是用看板进行生产现场管理和作业控制的方法。JIT 以逆向拉动方式控制整个生产过程，即从生产线终点的装配线开始，依次由后道工序在必要的时候从前道工序领取一定数量的零部件，而前道工序只在必要的时候生产一定数量的零部件。

看板管理使传统的推动生产模式变成拉动生产模式。推动生产模式的物流流向与信息流流向如图 9-8 所示。

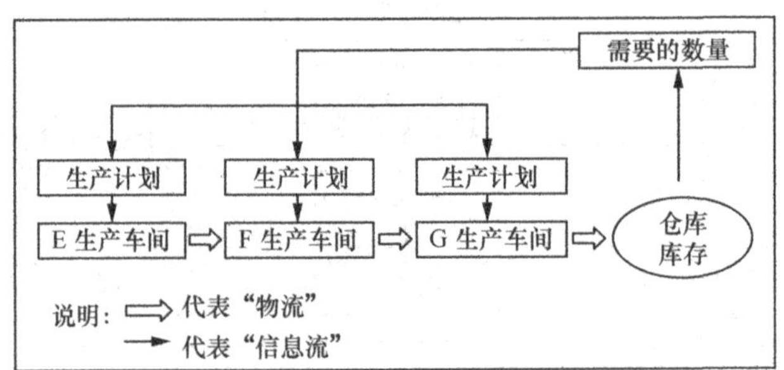

图 9-8　推动生产模式的物流流向与信息流流向

拉动生产模式的物流流向与信息流流向如图 9-9 所示。

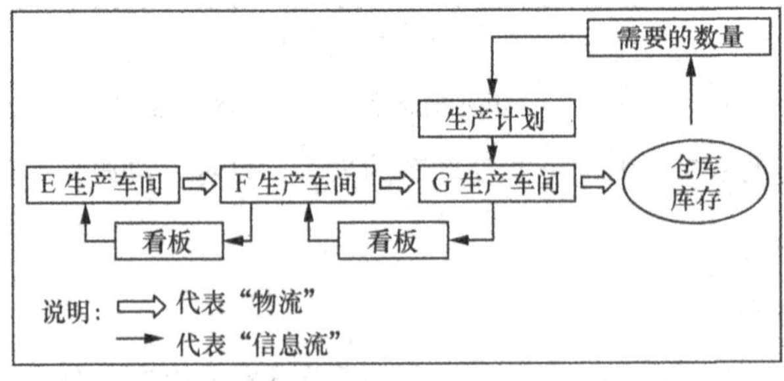

图 9-9　拉动生产模式的物流流向与信息流流向

看板在拉动生产模式中是一个起拉动作用的道具。常用的看板有 3 种，分别是领取看板、生产看板及信号看板。

领取看板的作用是标识后道工序应该向前道工序领取的零部件的种类、数量等信息，图 9-10 是领取看板的一种形式。

放置位置编号　6F225　类别码　B2-25	前工序
产品名称　链轮	粗车 A-2
产品编码　45679700	
产品型号　BX60KC	后工序
	精车 N-8

容量	容器类别	编码
35	A	8/16

图 9–10　领取看板

生产看板的作用是标识前道工序必须生产或订购的零部件的种类、数量等信息，图 9-11 是生产看板的一种形式。

放置位置编号　E28-28　类别码　B5-34	工序名称
产品名称　电机轴	外圆磨 N-8
产品编码　50090-301	
产品型号　BX60KC	

图 9–11　生产看板

信号看板是在不得不进行成批生产的工序之间所使用的看板。图 9-12 是信号看板的一种形式。

3. 良好的外部协作

企业产品大量的零部件需要由分包协作企业生产供应，所以企业之间的良好协作是非常关键的。良好的外部协作是指 JIT 拉动式生产的组织方式，必须要有分包协作企业的密切协调配合。

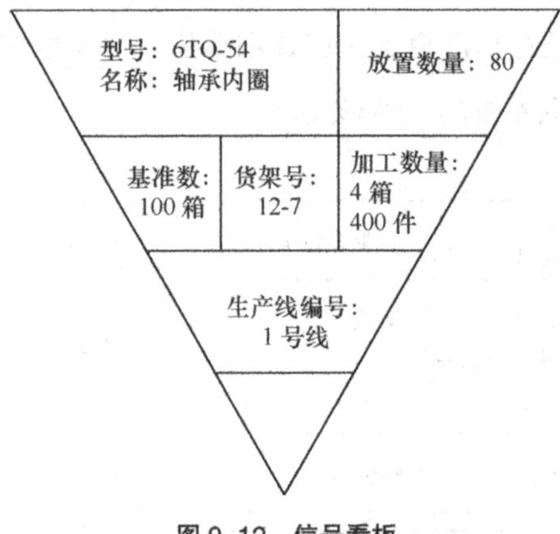

图 9-12　信号看板

4. 均衡化生产

均衡化生产是指生产时保持产品数量与产品种类的均衡。

我们以一个例子来说明什么是均衡化生产。假设客户每周需求长袖的种类、款式和数量如图 9-13 所示。大批量生产的生产计划安排如图 9-14 所示。一次生产某个款式，一次就将该型号的产品生产完。

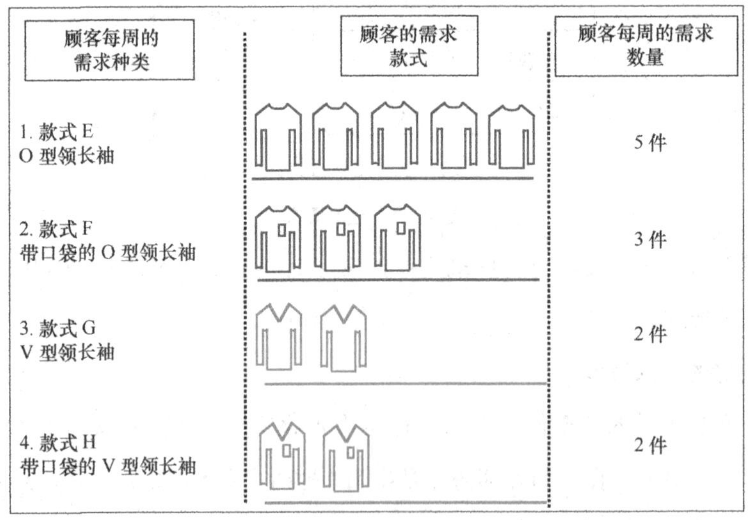

图 9-13　客户每周需求长袖的种类、款式和数量

图 9–14　大批量生产的生产计划安排

均衡化生产的生产计划安排如图 9-15 所示。各个款式产品的生产交替进行，产品数量与产品种类均衡。

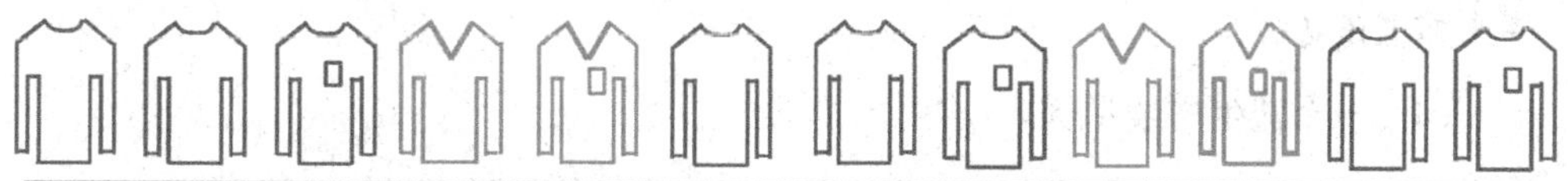

图 9–15　均衡化生产的生产计划安排

均衡化生产的主要目的是为了使企业快速响应客户“多品种，少批量”的需求。均衡化生产要求尽量缩短设备或生产线的换型（产）时间。均衡化生产使企业以生产系统的柔性化应对市场的快速变化，增强企业在市场的竞争力。

5. 一个流生产

（1）一个流的定义

一个流也叫“单件流”或“连续流”。一个流是指对作业场地、人员、设备（或作业台）等进行合理的配置，按照一定的作业顺序，使产品一个一个地依次经过各道加工工序，各道工序加工一个、检查一个、传递一个，每道工序只有一个或规定数量的小批量产品，产品从原材料到成品完成，工序之间没有在制品周转的生产。

（2）一个流的特征

一个流的特征如下所述：

① 产品从原材料到成品都在不断地连续流动；

② 一个或规定数量的小批量产品在移动；

③ 生产一个，检查一个，传递一个，中间无停顿；

④ 各道工序的产能基本平衡；

⑤ 生产时物料、人员、设备非常稳定；

⑥ 一个流的生产线投资少、见效快，可消除绝大部分的浪费；

⑦ 一般采用“U”形线等结构形式；

⑧ 作业人员是多能工。

（3）实现一个流的 3 个前提

实现一个流的 3 个前提如下所述。

① 产品要流动：被加工的产品，依次一个接一个地经过各工序加工。

② 人要多功能化：作业人员是多能工，人员与设备要分离，即人机分离。

③ 设备的布置方式要流线化：设备的布置方式要流线化，依照产品的加工顺序来布置设备。

（4）一个流生产线举例

图 9-16 是 ×× 电子厂电路板生产线一个流生产的例子。

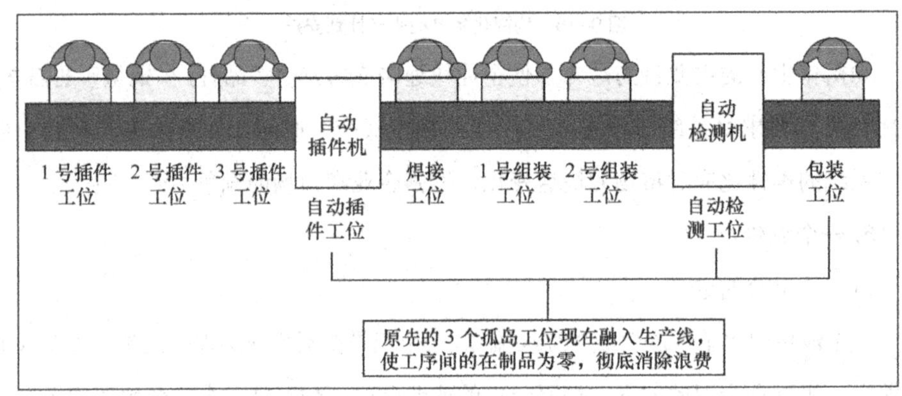

图 9–16　电路板生产线一个流生产

（5）孤岛式生产

与一个流生产相悖的生产方式是孤岛式生产。孤岛式生产导致了大量的浪费，图 9-17 所示的 ×× 电子厂电路板生产线的孤岛式生产存在 3 个孤岛工位。

（6）小批量生产

小批量生产是指生产线上每个批次的产品在数量上要尽可能地减少，以满足客户“多品种，少批量”的需求。

（7）全面质量管理

全面质量管理是 JIT 的主要技术支撑之一。在 JIT 体系中，由于采用看板管理，工序之间的在制品被控制在一个非常低的水平，消除了过量生产而引起的浪费。然而，这对产品质量提出了非常高的要求。如果产品经常出现质量问题，生产线就无法正常运行。因此在企业推行全面质量管理体系是非常有必要的。

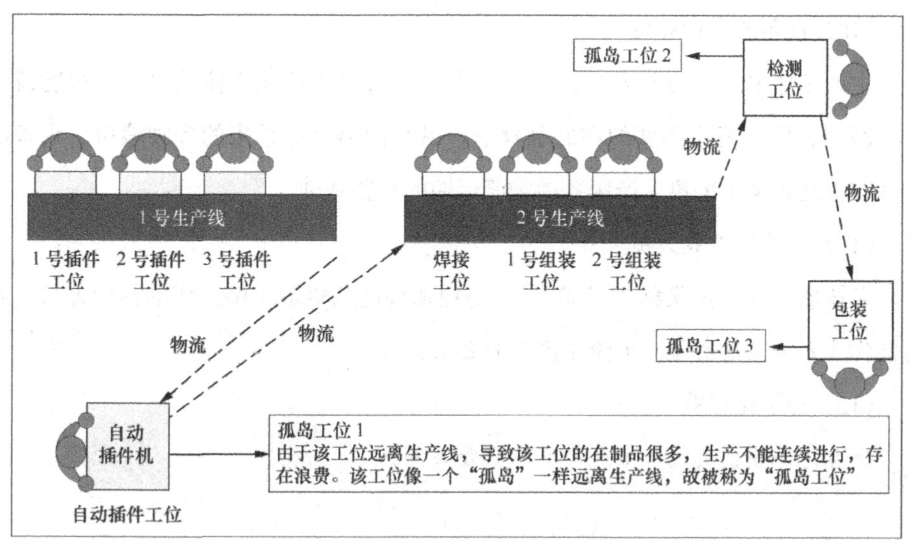

图 9-17　电路板生产线孤岛式生产

（8）自动化

自动化是指当不良品发生（或有可能发生）时，会自动检测、自动停止机器以及自动报警，有着人工智能的自动控制技术。自动化是一种当人、机、生产线有异常或质量缺陷发生时，能使机器或生产线自动停止工作的技术装置。自动化是 JIT 的重要支撑之一。

（9）设备的快速换模

设备的快速换模采用单分钟换模技术。单分钟换模 (Single Minute Exchange of Die，SMED) 是一种快速和有效地换模或生产线换产品的方法。SMED 的做法是把内置时间尽量转化为外置时间，如图 9-18 所示。

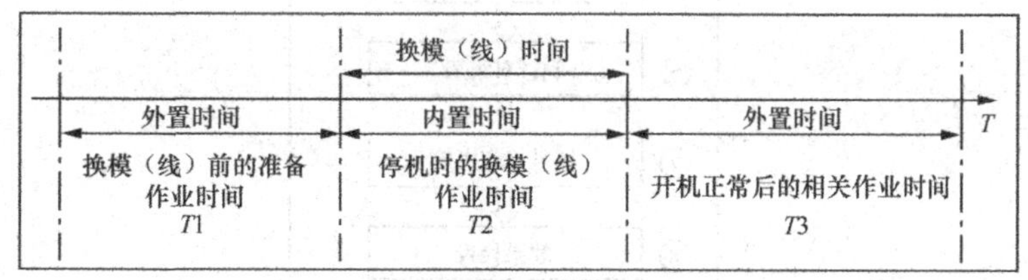

图 9-18　SMED 将内置时间尽量转化为外置时间

在图 9-18 中，SMED 的做法是把大量的换模（线）的准备工作安排在 T1 的时间段内完成，把换模（线）后需要处理的工作（如将换下来的模具进行清理、运送等工作）也安排在不影响正常生产的时间内进行。总之，要使 T2 尽可能地减少。也就是说，要将换模（线）影响生产的时间尽可能地减少。快速换模（线）是 JIT 必须具备的条件之一。

（10）设备的合理布置

生产工序的合理设计和生产设备的合理布置可以简化物流线路、加快物流速度、减少工序之间不必要的在制品储量，减少因为运输带来的各种浪费。设备的合理布置是实现小批量生产频繁的物流运输的重要基础。

（11）多技能作业人员

多技能作业人员又称“多能工”，是指那种能从事多工位工作的作业人员。多技能作业人员也是实现一个流生产的必要条件。

（12）标准化作业

标准化作业是实现一个流生产的必要条件。

9.6 创造价值改善活动的 PDCA 循环

设备为企业及相关方创造价值改善活动的PDCA循环包含10个步骤，如图9-19所示。

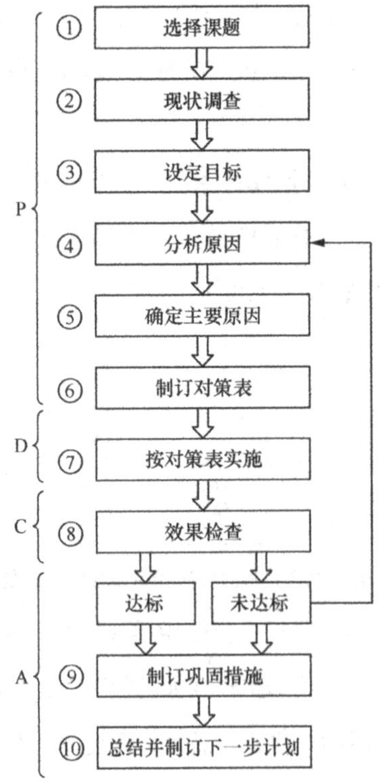

图9-19　改善活动的PDCA循环包含10个步骤

下面，我们对改善活动包含的 10 个步骤进行简要介绍。

1. 选择课题

选择与设备损失有关的或者与企业存在的浪费有关的课题，以设备寿命周期管理或者以 P、Q、C、S、D、M 为改善对象，组成改善小组。

2. 现状调查

针对课题收集数据做现状调查。数据收集整理要发挥集体智慧，注重客观性（真实、来源合理、有代表性）与时间性。

3. 设定目标

设定改善目标，目标不能设定得太高，也不能设定得太低，要“跳一跳，够得着”，即通过大家的努力能够实现目标。设定目标要符合 SMART 原则。

设定目标也就是制订改善计划，制订改善计划举例见表 9-4。

表 9-4　制订改善计划举例

计划 ☆　　已实施 ★									
时间 项目	201× 年							主要负责人	地点
	6 月	7 月	8 月	9 月	10 月	11 月	12 月		
选择课题	☆							黄 × 梅	会议室
现状调查	☆							李 ××	
目标设定	☆							张 ××	生产现场
制订计划	☆							张 ××	会议室
原因分析		☆						王 ××	
确定主因		☆						王 ××	
对策制订		☆						吴 ××	生产现场
对策实施			☆	☆	☆			全员	
效果检查						☆		邱 ××	
制订巩固措施						☆		施 ××	
总结并制订下一步计划							☆	黄 ××	
发表							☆	黄 ××	待定
制表：高 ××　　制表时间：201× 年 6 月 10 日　　甘特图									

4. 分析原因

运用鱼骨图、树图、调查表、主次图、关系图等工具分析原因。

5. 确定主要原因

通过实践验证、数据统计分析、做实验等手段，从众多的原因中确定主要原因。

6. 制订对策表

针对主要原因分别制订相应的对策，形成对策表。表 9-5 是 ×× 公司针对主要原因制订的对策表。

表 9-5 ×× 公司针对主要原因制订的对策表

要因	对策	目标	措施	时间	负责人	地点
交变作用力大	在原有铝质带轮外侧增加一个钢质盖板，在盖板中间增加一个 M14 的螺栓加固	螺栓实际疲劳系数小于安全疲劳系数	1. 设计、加工 5mm 厚的钢质盖板	201×.03.01 至 201×.04.02	刘 ×× 董 ××	维修班组
交变作用力大	在原有铝质带轮外侧增加一个钢质盖板，在盖板中间增加一个 M14 的螺栓加固	螺栓实际疲劳系数小于安全疲劳系数	2. 在齿形带轮上加工 8 个 M8×30mm 的螺纹孔	201×.03.09 至 201×.04.12	陈 ×× 陆 ××	维修班组
			3. 将钢质盖板固定在齿形带轮上	201×.03.13 至 201×.04.25	王 ×× 姜 ××	维修班组

7. 按对策表实施

按对策表实施，定期检查实施进度。对策如果不完善，可以进行修改。

8. 效果检查

对策表中的所有对策实施完成后，检查其所取得的效果。若效果达到目标，则转至下一步“制订巩固措施”；若效果没有达到目标，则回到第 4 步“分析原因”，从第 4 步往下继续开展工作。

效果检查要经过自我验证、部门验证、厂级验证 3 个步骤，要分别列出有形成果与无形成果。

9. 制订巩固措施

将已经通过验证的有效对策纳入有关标准、技术文件、管理制度或规范内，以确保效果。

10. 总结并制订下一步计划

对课题完成的过程予以总结，在专门的总结会上公布，同时阐明下一步的工作计划。

第10章 初期管理

推行初期管理主要是开展两个方面的工作：一是缩短产品从开发到量产的时间；二是开展设备初期的管理活动。

10.1 缩短产品从开发到量产的时间

1. 分析外部市场的情况

企业目前所处的外部市场大致呈现产品更新换代快、客户需求变化快、需求批量少但品种多的特点，要求产品更环保、更安全、更节能。

2. 分析企业内部的情况

分析企业内部的情况，应该着重分析产品从开发到量产的时间可否缩短。

3. 开展活动缩短产品从开发到量产的时间

产品从开发到量产的过程一般包括开发计划制订、参数规划、样品排产、内部测试、客户认证、量产移交、量产生产等。开展初期管理活动将缩短这个过程的时间。

10.2 开展设备初期管理活动

开展设备初期管理活动，也就是开展维修预防（Maintenance Prevention，MP）活动。MP是指在规划和制造新设备时，考虑设备维护保养及维修的新资讯和新技术，设计制造出具有更高的可靠性、维修性、经济性、操作性、安全性、节能性、相容性的设备，以减少设备日后的维护维修费用，减少由于设备导致的损失。

开展设备初期管理活动需要做好以下两个方面的工作。

1. 企业在购买设备时

企业在购买设备时将现有设备的使用运行情况总结归纳后传送给设备采购部，避免新购买回来的设备存在设计缺陷。

2. 企业在自己开发制造设备时

企业在自己开发制造设备时将现有设备的使用运行情况总结归纳后反馈给设备设计部和设备制造部，促使企业设计制造出的设备不易产生故障，便于操作和维修保养，避免产生不良品。

建立现有设备使用运行情况信息搜集的机制，可以从以下 8 个方面收集信息：

（1）设备的故障情况；

（2）设备的可操作性；

（3）设备的维护保养性；

（4）设备的可维修性，如备件的通用性等；

（5）设备短暂停机的情况；

（6）产品质量情况；

（7）人身安全及设备安全的情况；

（8）对环境的影响，如噪声、废水废气等。

现有设备使用运行情况的信息搜集主要包括以下 3 个方面的工作：

（1）建立各类设备的《MP 信息收集提案》，对现有各类设备的使用运行情况进行记录、统计和分析；

（2）提案按流程审核；

（3）资讯归档。

10.3 打造自己设计和制造设备的能力

这里所说的打造自己设计和制造设备的能力是指，企业生产产品需要用到相应的设备，企业应该有意识地去打造自己设计、制造这些设备的能力，消除完全依赖设备专业制造商的思想。

1. 中国企业自己设计制造设备的能力有待提升

中国企业拥有自己的设备改善及研发团队的不多。中国企业生产产品所需的设备主要从专业设备供应商那里购买。一些企业具有同样功能的设备往往来自不同的供应商，大家戏称其为“设备万国造”。

中小企业出于成本及专业能力的考量，一般不会拥有自己的设备改善及研发团队，这可以理解。在中国的制造业企业中，在行业里排到前 10 名的大企业中拥有自己的设备改善及研发团队的也不多。

2. 日本企业重视自己制造与研发设备

反观日本稍具生产规模的企业，它们大多会拥有自己的设备改善与研发团队。拥有自己的设备改善与研发团队的好处如下所述：

（1）能对当前使用的设备所存在的问题进行改善并且服务及时；

（2）设备更适合自己产线的使用，产线的改善会变得非常容易；

（3）设备更适合自己产品研发的需求。

拥有自己的设备改善与研发团队，结合市场上的新技术及自身产品的需求，研发制造出更安全、更高效、更自动化的设备，这也是日本企业贯彻品质管理中的一次就做正确且不制造、不传递不良品的主要措施之一。

第 11 章 前期管理

 11.1 前期管理的范畴

设备前期管理包括设备规划、设备选型、设备采购、安装调试及设备验收 5 个方面的内容。

11.2 设备规划

1. 设备规划分析

设备规划的依据是企业的中长期战略发展规划，设备规划要分析企业的以下 8 个方面：

（1）生产经营目标和利润实现的需求；

（2）现有设备的配置、产能、故障率、维修成本等；

（3）生产效率提升及产品品质提升的需求；

（4）环境保护及安全生产改善的需求；

（5）能源节约的需求；

（6）人员劳动条件改善的需求；

（7）企业财务状况；

（8）设备管理及技术人员的能力。

2. 设备规划的内容

设备规划的内容包括以下 6 个方面：

（1）设备型号、数量、参数、工艺技术要求、生产效率、技术水平等；

（2）设备购买的资金额度及来源；

（3）投资回报分析；

（4）能源消耗情况，环境安全条件；

（5）对设备管理与技术人员的要求；

（6）购买到位的时间。

11.3 设备选型

设备选型的总体要求是满足生产的需要、技术上先进、经济上合理。

1. 满足生产的需要

在产品的产量、质量、生产效率、操作性等方面满足生产的需要。

2. 技术上先进

设备在满足生产需要的前提下，性能指标保持先进水平，在一定时期内不会被淘汰。

3. 经济上合理

设备价格、能耗及维护维修费用合理，在预期内能收回成本。

此外，设备选型还要考虑设备的以下性能：

（1）可靠性、可维修性及备件的供应情况；

（2）安全性和操作性；

（3）环保与节能。

11.4 设备采购

设备采购有招标采购与非招标采购两种。

1. 招标采购

招标采购的工作步骤及工作内容见表 11-1。

表 11-1　招标采购的工作步骤及工作内容

序号	工作步骤	工作内容
1	成立招标小组	1. 组长：总经理 2. 成员：由各部门的负责人担任，如设备部、生产部、技术部、质检部、财务部等 3. 职责：负责招标的具体工作，如审核招标计划、发布招标文件、组织招投标、评标、招标项目合同签订及履行等
2	编制招投标文件及标底	1. 设备部准备设备技术要求及技术参数指标，报招标小组审批 2. 编制招标文件，明确投标须知、合同条款、技术规范等 3. 编制标底，作为衡量投标报价及评标的依据
3	发布招标公告	1. 明确投标期限 2. 明确招标公告的具体内容
4	投标	1. 明确投标公司的资质要求 2. 招标小组对投标公司的资质进行预审 3. 招标公司发售标书 4. 投标公司购买标书 5. 投标公司编制投标书，准备投标资料 6. 招标公司接受投标书
5	开标、评标、中标及订立合同	1. 开标：招标小组组织开标，邀请所有符合条件的投标人参加 2. 评标：招标小组组织专家进行评标。评标的原则是项目方案可行、质量上可靠、技术上先进、报价合理、售后服务优良等 3. 中标：招标小组对中标的公司发出中标通知书 4. 合同细节商务谈判 5. 合同签订：按《中华人民共和国合同法》的要求与中标公司签订合同 6. 招标资料保存

2. 非招标采购

对于非招标采购的流程，不同公司之间的差别较大。

11.5 安装调试

1. 设备开箱验收

设备安装调试之前，对供应商送到现场的设备进行开箱验收。开箱验收应注意以下 3 点：

（1）由设备部主导，设备使用部及档案部的人员参与；

（2）按装箱清单及订货合同的内容进行开箱验收，重点验收设备外观是否受损，设备主体及附件是否齐全，随机资料是否齐全；

（3）把设备关键资料原件交由档案管理部保管，设备部和设备使用部可使用资料的复印件。

2. 设备安装

（1）安装的职责分配

安装的职责分配见表 11-2。

表 11-2　安装的职责分配

序号	部门名称	职责
1	设备部	统筹设备安装工作
2	质量部	负责设备安装的质量检验，负责设备生产产品的检验工作
3	生产部、技术部及仓储部	支持设备部完成安装工作

（2）安装准备工作

① 技术资料的准备：在安装前准备好安装用的基础图、安装规范、技术标准、安装使用说明书等资料。

② 安装施工现场：土建工程已经结束，设备基础已经准备妥当，所需的水、电、气、照明设施等已经准备齐全，所需的真空管路已经连接到安装现场。

③ 安装所用的起重设备已经准备妥当。

④ 消防及除尘设备已经准备妥当。

3. 安装施工

设备种类不同，安装施工的具体工作内容不同。一般设备安装施工包含安装定位、找平、零部件组装等方面的工作。安装施工工作应该严格按照设备安装使用说明书中的要求进行。

4. 设备调试

设备调试的工作步骤与工作内容见表 11-3。

表 11-3 设备调试的工作步骤与工作内容

序号	工作步骤	工作内容
1	调试准备	1. 人员准备，安排设备的维修人员、操作人员、品质技术人员等参与调试 2. 准备好调试所用的原材料
2	空运转调试	1. 接通水、电、气、真空等进行空运转调试 2. 一般小型单体设备，只进行单机空运转调试 3. 对复杂的大型机组，特别是石油、化工、冶金等企业的设备，要进行先单机、后联动的空运转调试 4. 检查设备的精度、传动、操纵、控制等系统的状态是否正常
3	带负荷调试	1. 带负荷调试即投料试运行测试，按设备的安装使用说明书的要求进行 2. 检查带负荷调试生产出来的产品质量是否符合要求，带负荷调试正常后即可转入试运行阶段
4	设备调试记录	对设备调试过程进行详细记录

11.6 设备验收

1. 参与的部门

设备验收参与的部门是设备部、设备使用部、质量技术部、设备供应商代表等。

2. 验收的依据

设备验收的依据是设备订购合同及设备招投标文件。

3. 验收的内容

设备验收的内容包括设备的技术性能、安全要求、运行状况、生产出来的产品质量等是否符合合同及招投标文件规定的要求。

11.7 设备试运行

设备试运行，即让经过空运转调试及带负荷调试合格后的设备，进入投料试生产的阶段。试运行的目的是通过既定时间段内的试运行，全面考察设备的性能及生产产品是否达到要求，确保设备能顺利通过验收，能正式移交给设备使用部使用。

设备试运行的注意事项如下所述：

（1）由培训合格并取得操作证的人员操作使用设备；

（2）按设备操作规程正确地使用设备；

（3）按设备点检维护保养规程，正确点检与维护保养设备；

（4）设备试运行阶段是设备的磨合阶段，要注意涡轮、蜗杆、齿轮等机械部分的磨合情况；

（5）由于装配精度、平衡、对中调试不良而导致的设备异常需要重新进行精度调整、平衡测试、对中调校等处理。

（6）设备试运行到期，要更换机油、液压油等润滑油；

（7）按《设备试运行记录表》的要求，对设备的试运行情况进行详细记录；

（8）试运行中发现的问题如果属于先天不足，则要反馈给设备供应商解决。如果属于安装调试的问题，则要反馈给设备安装调试部解决。如果属于操作使用的问题，则要反馈给设备使用部解决。

11.8 设备选型欠妥的案例

下面介绍的是 ×× 公司在设备选型方面的曲折经历。×× 公司的总部位于广东省深圳市，主要产品是汽车轮毂。汽车轮毂的生产工艺流程如图 11-1 所示，其中完成粗车与精车工序的设备主要是加工中心。

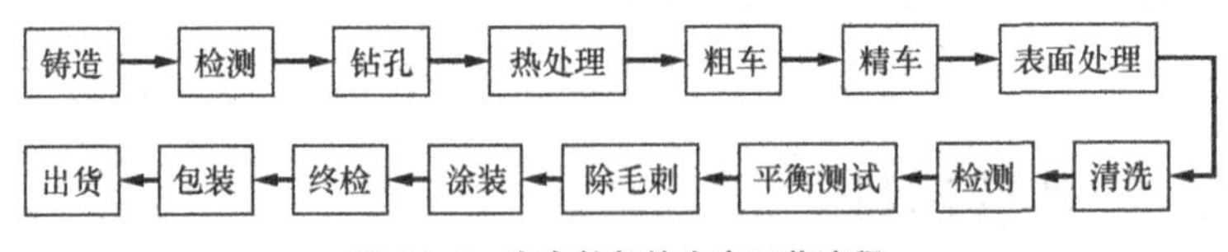

图 11-1　汽车轮毂的生产工艺流程

从 2008 年到 2018 年，×× 公司的业务飞速发展，先后 4 次扩建工厂、增加设备。在 4 次扩建工厂的过程中，在粗车与精车的工序方面，×× 公司先后选用了 7 家设备供应商的加工中心。

完成同样工作（粗车与精车）的设备来自不同的设备供应商，×× 公司的一些同事戏称他们的加工中心是“万国造”。设备来自不同的设备供应商，其优点是不会受到某家设备供应商在设备价格、技术与服务方面的制约。但是由于各个设备供应商使用的数控系统、电气控制系统、气动控制系统、液压控制系统及机械传动系统不一样，×× 公司在设备的使用、维护、编程、管理、维修、成本控制等方面存在困难。例如，7 家设备供应商使用了 7 种品牌的可编程序控制器（Programmable Logic Controller，PLC）。

不同品牌的 PLC（如三菱 PLC 与西门子 PLC，如图 11-2 所示），在编程语言方面虽然有相似的地方，但也存在较大的差异。这会给电气工程师在诊断与查找设备电气故障时带来较大的困难。

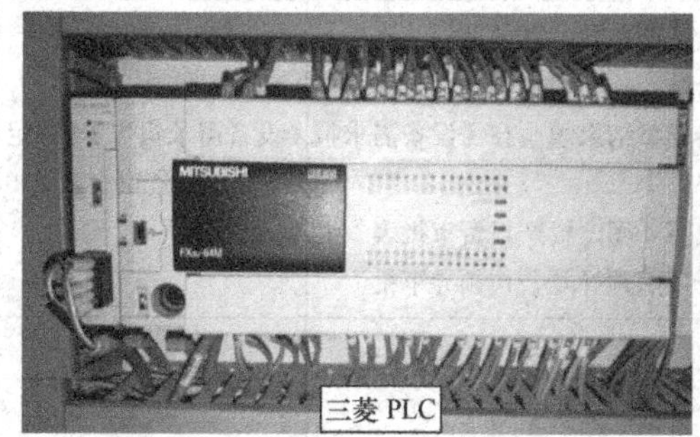

图 11-2　三菱 PLC 与西门子 PLC

×× 公司对加工中心的设备选择了 7 家设备供应商，导致的问题可归为以下 5 个方面：

（1）维修人员在维修上难以适应，也不方便管理；

（2）数控编程人员面临多种编程软件，难以适应；

（3）需要储备 7 家设备供应商的备件，备件通用性差，备件储备成本高；

（4）技术服务需要联系 7 家设备供应商，不方便；

（5）操作人员需要操作多家设备供应商的设备，难以适应。

所以，完成同样的工作或具有同样功能的设备，在选型采购时，应尽量减少设备供应商的数量，以便自身在后续的设备使用、维护、编程、管理、维修及成本控制方面更好地开展工作。

11.9 设备前期管理工作流程举例

××公司的设备采购采用非招标采购的方式，××公司设备前期管理的工作流程见表11-4。

表11-4 ××公司设备前期管理的工作流程

序号	工作流程	责任部门	工作内容说明	输出的表单
1	购置需求	• 设备需求部	1. 填写《设备需求报告》 2. 对于价值超过15万元的设备须填写《设备投资回报分析报告》	《设备需求报告》《设备投资回报分析报告》
2	设备选型	• 设备部 • 设备需求部 • 工艺部	1. 设备部主导，其他部门共同参与选型 2. 将选型结果填写在《设备需求报告》中 3. 填写《固定资产投资审批表》 4. 设备部领导及公司领导审批	《设备需求报告》《固定资产投资审批表》
3	设备请购	• 设备部	设备部将选型结果录入ERP系统，生成《资产购买申请单》	《资产购买申请单》
4	设备询价	• 采购部 • 设备部	1. 采购部主导设备采购，设备部支持 2. 采购员进行询价和初选；必要时可以到设备供应商的工厂实地考察 3. 采购员填写《设备采购询价报告表》，采购部领导审核	《设备采购询价报告表》
5	批准（否：返回设备询价；是：进入下一步）	• 采购部	公司领导批准《设备采购询价报告表》	《设备采购询价报告表》
6	起草设备技术协议	• 设备部	设备部起草《设备技术协议》	《设备技术协议》
7	起草设备购买商务合同	• 采购部	采购部起草《设备购买商务合同》	《设备购买商务合同》
8	合同评审	• 采购部 • 设备部 • 设备需求部 • 质管部 • 工艺部	采购部组织相关部门对《设备技术协议》及《设备购买商务合同》进行评审	《合同评审记录》

（续表）

序号	工作流程	责任部门	工作内容说明	输出的表单
9	合同签订与执行	• 采购部	签订《设备技术协议》《设备购买商务合同》并履行	《设备技术协议》《设备购买商务合同》
10	设备监造	• 设备部 • 采购部	定期去设备供应商的工厂了解设备的制造情况，确保制造进度及制造质量，编写《设备监造报告》	《设备监造报告》
11	设备开箱验收	• 设备部 • 采购部 • 档案室	1. 设备部主导设备开箱验收 2. 按照装箱清单及订货合同的内容进行开箱验收 3. 填写《设备开箱检查验收记录表》 4. 设备资料原件由档案室保管，其他部门使用资料的复印件	《设备开箱检查验收记录表》
12	设备安装调试	• 设备供应商 • 设备部 • 设备需求部 • 质管部	1. 设备供应商按照设备安装使用说明书的要求组织安装与调试，各部门予以支持 2. 安装调试完成后，设备供应商出具《设备安装质量及精度检验记录表》	《设备安装质量及精度检验记录表》
13	培训	• 设备部 • 工艺部 • 质管部 • 设备需求部	设备供应商组织各部门的人员，对设备的操作使用、维护保养、产品生产等方面进行培训	《培训记录》
14	设备试运行	• 设备需求部	1. 设备需求部试用设备3个月 2. 将发现的问题反馈给设备部处理 3. 填写《设备试运行记录表》	《设备试运行记录表》
15	设备验收移交	• 设备部 • 工艺部 • 质管部 • 设备需求部	1. 设备需求部填写《设备安装移交验收单》《新（改、扩）建项目完工验收记录》 2. 设备部、工艺部、质管部对设备验收给予意见 3. 设备部开《设备投用通知单》给设备需求部 4. 设备部开《固定资产转账单》给财务部，将设备转为固定资产	《设备安装移交验收单》《新（改、扩）建项目完工验收记录》《设备投用通知单》《固定资产转账单》

第 12 章 自主维护

12.1 什么是自主维护

操作人员以“自己的设备自己维护”为目的，对自己操作的设备实施日常的清扫、点检、润滑、紧固、小故障处理等工作，被称作“自主维护”。

12.2 企业推行自主维护活动的收益

企业推行自主维护活动的收益体现在以下 6 个方面。

（1）和谐，由传统的“我操作，你维护”转变为“我操作，我维护”，全员参与设备管理，人机和谐，维修人员与操作人员工作融洽。

（2）提升操作人员能力，培养操作人员的“四会”技能，即会操作、会清扫点检、会维护保养、会发现异常及排除小故障，如图 12-1 所示。操作人员的“四会”技能，提升了他们发现问题和解决问题的能力，操作人员能发现设备的潜在异常，把问题消灭在萌芽状态，起到防微杜渐的作用。

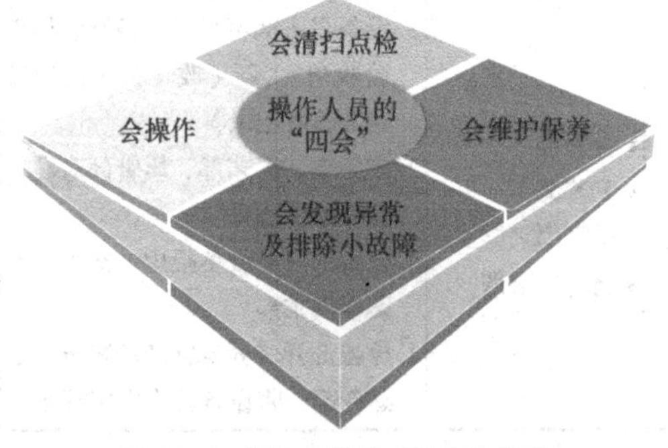

图 12-1 操作人员的“四会”技能

（3）习惯成自然，设备的清扫点检、维护保养及小故障处理成为操作人员的自觉行为。

（4）人为失误减少，减少由于操作人员不了解设备而造成的误操作、误调整、安全事故等人为失误的发生。

（5）进行现场 5S 管理，彻底改善现场的状况。

（6）减少设备故障，降低安全事故，提升产品的产量与质量。

12.3 推行自主维护的 7 个步骤

推行自主维护的 7 个步骤如图 12-2 所示。

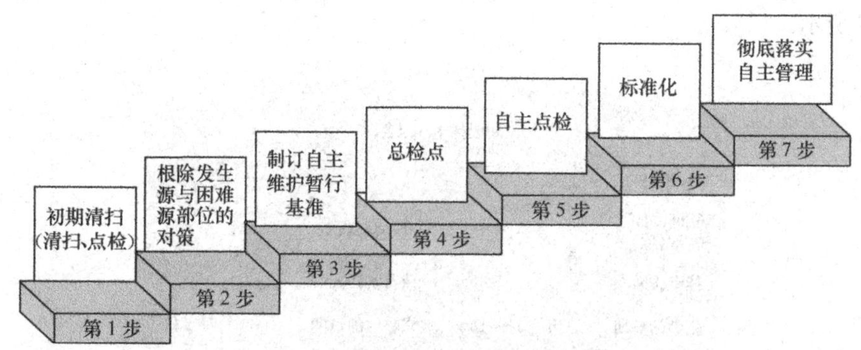

图 12-2　推行自主维护的 7 个步骤

从图 12-2 中可以看出，自主维护工作的开展从第 1 步到第 7 步一个步骤、一个步骤地进行，自主维护工作一个台阶、一个台阶地向前迈进。

12.3.1 第 1 步：初期清扫（清扫、点检）

初期清扫（清扫、点检）的内容见表 12-1。

表 12-1　初期清扫（清扫、点检）的内容

序号	活动名称	活动的目标	推行的方法
第 1 步	初期清扫（清扫、点检）	1. 对设备进行初期清扫 2. 清扫即点检，清扫时要发现设备异常并加以解决 3. 理解清扫就是点检的含义	1. 设备部人员要帮助操作人员理解为什么要进行清扫。清扫就是把设备、模具、工装夹具等上面附着的灰尘、油污、废屑等清扫干净，通过清扫发现设备的潜在问题并予以解决 2. 设备部人员事前制订清扫计划并且准备要使用的工器具等 3. 对设备实施彻底清扫 4. 对发现的异常或潜在的问题现场挂卡登记 5. 召开总结会议 6. 解决发现的异常或潜在的问题 7. 在看板上展示活动过程及成果

××公司的设备部人员清扫前准备的工器具如图12-3所示。

图12-3 ××公司的设备部人员清扫前准备的工器具

××公司的设备部人员清扫前准备的红色挂卡和白色挂卡分别如图12-4和图12-5所示。

问题挂卡（红色）			
挂卡编号			
车间（部门）名称		区域名称	
挂卡张贴人		改善责任人	
张贴的日期	年 月 日	要求整改的日期	年 月 日
问题点描述（挂卡张贴人填写）			
改善说明（改善责任人填写）			
备注	红色挂卡描述的问题点由专业维修部门负责改善		

图12-4 ××公司的设备部人员清扫前准备的红色挂卡

问题挂卡（白色）			
挂卡编号			
车间（部门）名称		区域名称	
挂卡张贴人		改善责任人	
张贴的日期	年 月 日	要求整改的日期	年 月 日
问题点描述（挂卡张贴人填写）			
改善说明（改善责任人填写）			
备注	白色挂卡描述的问题点由车间（部门）自己负责改善		

图12-5 ××公司的设备部人员清扫前准备的白色挂卡

××公司设备清扫前后对比如图12-6所示。

图 12–6 ×× 公司设备清扫前后对比

12.3.2 第 2 步：根除发生源与困难源部位的对策

根除发生源与困难源部位的对策见表 12-2。

表 12-2 根除发生源与困难源部位的对策

序号	活动名称	活动的目标	推行的方法
第 2 步	根除发生源与困难源部位的对策	改善或消除现场存在的脏污、泄漏、清扫困难等问题的根源	1. 对各种问题发生的源头予以改善或消除，例如，易发生故障的部位、跑冒滴漏的部位等 2. 改善清扫困难的部位 3. 改善给油及点检困难的部位 4. 看板展示活动过程及成果

清扫困难的部位及改善措施举例如图 12-7 所示。

图 12–7 清扫困难的部位及改善措施举例

润滑困难的部位及改善措施举例如图 12-8 所示。

图 12-8 润滑困难的部位及改善措施举例

点检困难的部位及改善措施举例如图 12-9 所示。

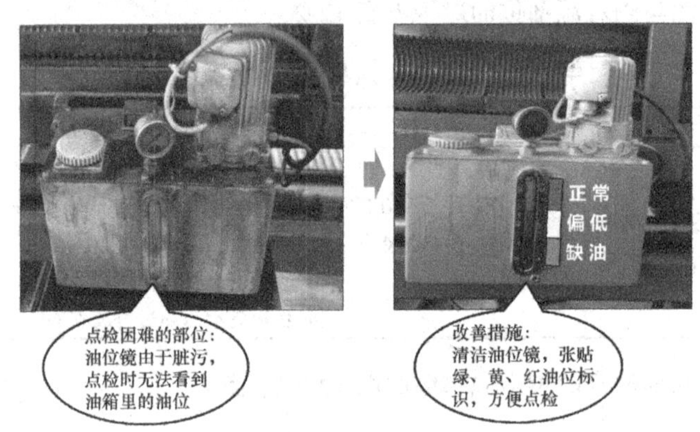

图 12-9 点检困难的部位及改善措施举例

12.3.3 第 3 步：制订自主维护暂行基准

制订自主维护暂行基准的内容见表 12-3。

表 12-3 制订自主维护暂行基准的内容

序号	活动名称	活动的目标	推行的方法
第 3 步	制订自主维护暂行基准	1. 建立自主维护工作的暂行基准 2. 运用目视化提高工作效率	1. 建立清扫、给油、点检、螺栓紧固、调整等的暂行基准 2. 明确部位、方法、工具、标准、完成时间等 3. 使用目视化等方法，提高清扫、给油、点检、螺栓紧固、调整等的工作效率 4. 看板展示活动过程及成果

×× 公司的波峰焊《自主维护暂行基准书》见表 12-4。

表 12-4　××公司的波峰焊《自主维护暂行基准书》

公司 Logo	设备名称	设备型号	设备编号	《自主维护暂行基准书》			版本	编制者	审核	批准	管理编号
	波峰焊	BFH-02					V1	张三	李四	王二	QZ-SB-10
序号	部位	项目	图片	周期	执行时间	完成时间（分钟）	运行 / 停机	方法	判断标准	工具	负责人
1	冷却装置	清洁冷却风扇		一日一次	每班下班前	5	停机	先用气枪吹掉传送链条内的锡粒及风扇上的飞尘，然后用布条擦拭	风扇转动正常、传送链条内无锡粒	气枪、布条	操作人员
2	调辐丝杆	润滑丝杆		一月一次	每月月末盘点时	5	停机	用布条将脏污及油污擦拭干净，在丝杆、传送轴等活动部位涂抹新的黄油	丝杆槽内无硬的松香、无锈迹	布条、黄油枪	操作人员
注：1.《自主维护暂行基准书》每年由设备部组织修订一次，修订时间为每年的 12 月 2. 如果在自主维护中发现异常情况，当自己不能处理时报告班组长，当班组长不能处理时报告维修人员维修											××有限公司

12.3.4 第 4 步：总点检

总点检的内容见表 12-5。

表 12-5 总点检的内容

序号	活动名称	活动的目标	推行的方法
第 4 步	总点检	1. 测定设备的劣化程度，将劣化复原 2. 培养精通设备的操作人员	1. 全方位地点检设备，使设备潜在的缺陷及问题显现，使设备恢复到原有的性能与状态，即开展设备劣化复原的工作 2. 准备设备的培训教材，包含机械结构、电气原理、液压气动回路等内容 3. 实施教育训练，培养精通设备的操作员。对操作人员进行教育训练，让员工了解设备的结构、功能、工作原理、加工条件、安全要求等 4. 注重目视化的应用 5. 看板展示活动过程及成果

×× 公司在推行自主维护活动的过程中，编制设备培训教材，培养精通设备的操作人员并培训教材中的部分内容。气源三联件结构示意如图 12-10 所示。

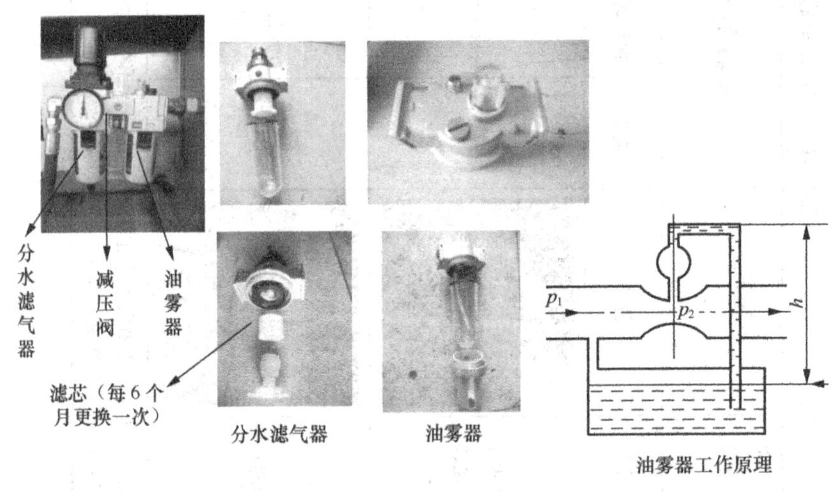

图 12-10 气源三联件结构示意

×× 公司空调制冷班维修人员及操作人员技能层次饼分图如图 12-11 所示。

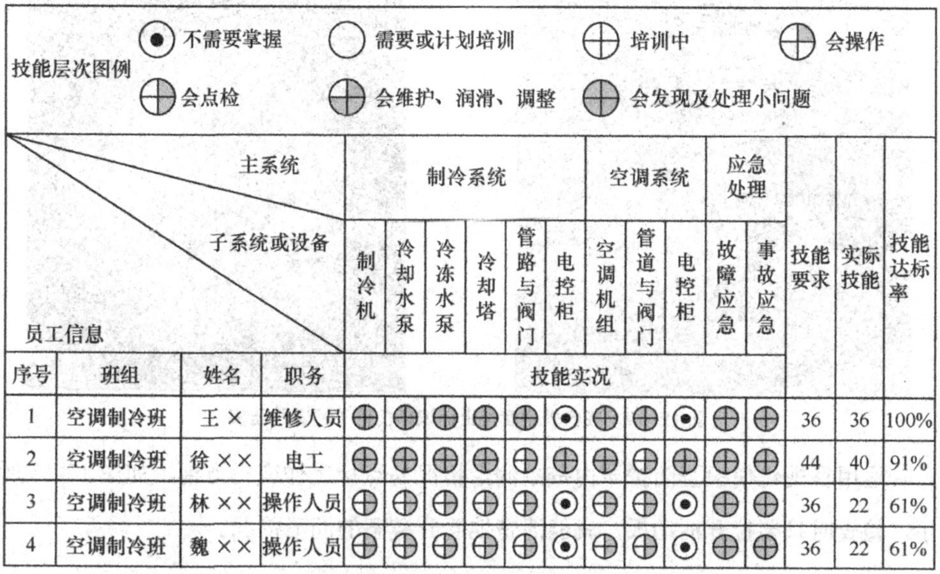

技能层次图例：⊙ 不需要掌握　○ 需要或计划培训　⊕ 培训中　◔ 会操作　◑ 会点检　◕ 会维护、润滑、调整　● 会发现及处理小问题

序号	班组	姓名	职务	制冷系统：制冷机	制冷系统：冷却水泵	制冷系统：冷冻水泵	制冷系统：冷却塔	制冷系统：管路与阀门	制冷系统：电控柜	空调系统：空调机组	空调系统：管道与阀门	空调系统：电控柜	应急处理：故障应急	应急处理：事故应急	技能要求	实际技能	技能达标率
1	空调制冷班	王 ×	维修人员	●	●	●	●	●	⊙	●	●	⊙	●	●	36	36	100%
2	空调制冷班	徐 ××	电工	●	●	●	●	◑	●	●	◑	●	●	●	44	40	91%
3	空调制冷班	林 ××	操作人员	◑	◑	◑	◑	◑	⊙	◑	◑	⊙	●	●	36	22	61%
4	空调制冷班	魏 ××	操作人员	◑	◑	◑	◑	◑	⊙	◑	◑	⊙	●	●	36	22	61%

（表头：主系统 / 子系统或设备 / 员工信息；技能实况）

图 12-11　×× 公司空调制冷班维修人员及操作人员技能层次饼分图

12.3.5 第 5 步：自主点检

自主点检的内容见表 12-6。

表 12-6　自主点检的内容

序号	活动名称	活动的目标	推行的方法
第 5 步	自主点检	1. 修改暂行基准 2. 提高工作效率	1. 对清扫、给油、点检、螺栓紧固、调整等的暂行基准进行研讨修改，制订正式的《自主维护基准书》 2. 运用目视化使清扫、给油、点检、螺栓紧固、调整等工作的效率提升 3. 运用防呆法，防止清扫、给油、点检、螺栓紧固、调整等工作出错

运用目视化提升检查气压表显示值的点检工作效率，如图 12-12 所示。检查气压时只要指针指示在蓝色范围内，就说明气压值合格。

图 12-12　在仪表刻度盘上标识颜色便于检查气压值

运用目视化使检查防护罩内链条润滑情况的点检工作变得方便，如图 12-13 所示。检查时只要拉开活动板，就能清楚地看到链条的润滑情况。

改善前　　　　　　　　　　改善后

图 12-13　在链条防护罩上开孔以便检查链条的润滑情况

×× 公司的波峰焊《自主维护暂行基准书》，经过研讨后增加一个项目。修改后的《自主维护基准书》与《自主维护记录表》分别见表 12-7、表 12-8。

表 12-7 ××公司的波峰焊《自主维护基准书》

公司	设备名称	设备型号	设备编号	《自主维护基准书》			版本	编制者	审核	批准	管理编号
Logo	波峰焊	BFE-02					V2	张三	李四	王二	QA-SB-11
序号	部位	项目	图片	周期	执行时间	完成时间（分钟）	运行/停机	方法	判断标准	工具	责任人
1	冷却装置	清洁冷却风扇		一日一次	每班下班前	5	停机	先用气枪吹掉传送链条内的锡粒及风扇上的飞尘，然后用布条擦拭	风扇转动正常、传送链条内无锡粒	气枪、布条	操作人员
2	调辐丝杆	润滑丝杆		一月一次	每月月末盘点时	5	停机	用布条将脏污及油污擦拭干净，在丝杆、传动轴等活动部位涂抹新的黄油	丝杆槽内无硬的松香、无锈迹	布条、黄油枪	操作人员
3	预热器	清洁导轨及发热管网			每月月末盘点时	5	停机	用气枪吹掉氧化物，然后用刮刀轻刮，再用布条清洁	无易燃物品	气枪、布条、刮刀	操作人员
注：1.《自主维护基准书》每年由设备部组织修订一次，修订时间为每年的12月 2. 如果在自主维护中发现异常情况，当自己不能处理时报告班组长，当班组长不能处理时报告维修人员维修											××有限公司

表 12-8 ××公司的波峰焊《自主维护记录表》

<table>
<tr><td colspan="3">公司 Logo</td><td colspan="27">《自主维护记录表》</td><td colspan="14">××有限公司</td></tr>
<tr><td colspan="2">月份</td><td colspan="3">年 月</td><td>设备名称</td><td>波峰焊</td><td>设备型号</td><td>BFH-02</td><td>设备编号</td><td>12</td><td>版本</td><td>V2</td><td colspan="3">编制者</td><td colspan="6">张三</td><td colspan="3">审核</td><td colspan="5">李四</td><td colspan="3">批准</td><td colspan="4">王二</td><td colspan="3">管理编号</td><td colspan="4">QA-SB-11</td></tr>
<tr><td>序号</td><td>部位</td><td>项目</td><td>图片</td><td>周期</td><td>执行时间</td><td>完成时间（分钟）</td><td>运行/停机</td><td>方法</td><td>判断标准</td><td>工具</td><td>责任人</td><td>日期
班次</td><td>1</td><td>2</td><td>3</td><td>4</td><td>5</td><td>6</td><td>7</td><td>8</td><td>9</td><td>10</td><td>11</td><td>12</td><td>13</td><td>14</td><td>15</td><td>16</td><td>17</td><td>18</td><td>19</td><td>20</td><td>21</td><td>22</td><td>23</td><td>24</td><td>25</td><td>26</td><td>27</td><td>28</td><td>29</td><td>30</td><td>31</td></tr>
<tr><td>1</td><td>冷却装置</td><td>清洁冷却风扇</td><td rowspan="3">请见《自主维护基准书》</td><td>一日一次</td><td>每班下班前</td><td>5</td><td>停机</td><td>先用气枪吹掉传输链条内的锡粒及风扇上的飞尘，然后用布条擦拭</td><td>风扇转动正常、传送链条内无锡粒</td><td>气枪、布条</td><td>操作人员</td><td>白班</td><td></td><td></td><td></td><td></td><td></td><td></td><td></td><td></td><td></td><td></td><td></td><td></td><td></td><td></td><td></td><td></td><td></td><td></td><td></td><td></td><td></td><td></td><td></td><td></td><td></td><td></td><td></td><td></td><td></td><td></td><td></td></tr>
<tr><td>2</td><td>调辐丝杆</td><td>润滑丝杆</td><td>一月一次</td><td>每月月末盘点时</td><td>5</td><td>停机</td><td>用布条将脏污及油污擦拭干净，在丝杆、传动轴等活动部位涂抹新的黄油</td><td>丝杆槽内无硬的松香、无锈迹</td><td>布条、黄油枪</td><td>操作人员</td><td>白班</td><td></td><td></td><td></td><td></td><td></td><td></td><td></td><td></td><td></td><td></td><td></td><td></td><td></td><td></td><td></td><td></td><td></td><td></td><td></td><td></td><td></td><td></td><td></td><td></td><td></td><td></td><td></td><td></td><td></td><td></td><td></td></tr>
<tr><td>3</td><td>预热器</td><td>清洁导轨及发热管网</td><td>一月一次</td><td>每月月末盘点时</td><td>5</td><td>停机</td><td>用气枪吹掉氧化物，然后用刮刀轻刮，再用布条清洁</td><td>无易燃物品</td><td>气枪、布条、刮刀</td><td>操作人员</td><td>白班</td><td></td><td></td><td></td><td></td><td></td><td></td><td></td><td></td><td></td><td></td><td></td><td></td><td></td><td></td><td></td><td></td><td></td><td></td><td></td><td></td><td></td><td></td><td></td><td></td><td></td><td></td><td></td><td></td><td></td><td></td><td></td></tr>
<tr><td colspan="11" rowspan="3">注：1. 自主维护正常用“√”表示，异常用“×”表示，节假日用“⊕”表示
2. 如果在自主维护中发现异常情况，当自己不能处理时报告班组长，当班组长不能处理时报告维修人员维修，并在“备注”栏里做记录
3.《自主维护记录表》每年由设备部组织修订一次，修订时间为每年的 12 月</td><td>操作人员签名</td><td>白班</td><td></td><td></td><td></td><td></td><td></td><td></td><td></td><td></td><td></td><td></td><td></td><td></td><td></td><td></td><td></td><td></td><td></td><td></td><td></td><td></td><td></td><td></td><td></td><td></td><td></td><td></td><td></td><td></td><td></td><td></td><td></td></tr>
<tr><td>班组长确认签名</td><td>白班</td><td></td><td></td><td></td><td></td><td></td><td></td><td></td><td></td><td></td><td></td><td></td><td></td><td></td><td></td><td></td><td></td><td></td><td></td><td></td><td></td><td></td><td></td><td></td><td></td><td></td><td></td><td></td><td></td><td></td><td></td><td></td></tr>
<tr><td>异常点说明</td><td>白班</td><td></td><td></td><td></td><td></td><td></td><td></td><td></td><td></td><td></td><td></td><td></td><td></td><td></td><td></td><td></td><td></td><td></td><td></td><td></td><td></td><td></td><td></td><td></td><td></td><td></td><td></td><td></td><td></td><td></td><td></td><td></td></tr>
</table>

12.3.6　第 6 步：标准化

标准化的内容见表 12-9。

表 12-9　标准化的内容

序号	活动名称	活动的目标	推行的方法
第 6 步	标准化	从建立设备自主维护标准，扩展到对操作人员的岗位工作从人、机、料、法、环 5 个方面建立标准	1. 人：劳保穿戴标准 2. 机：自主维护标准，按《自主维护基准书》的标准执行，现场工装夹具的管理要包含在自主维护的内容中 3. 料：原材料检验及成品检验标准 4. 法：（1）作业标准，即规范如何操作设备，制造出合格的产品；（2）各种文件报表放置与填写标准 5. 环：（1）岗位 5S 管理标准；（2）彻底降低损失，收集不良、故障及短暂性停机等的数据，制订对策予以改善，推广好的结果并予以标准化；（3）改善工作中的浪费，对操作人员日常工作中存在的不方便、不顺手、动作不规范、苦恼、厌倦等情绪进行记录，制订对策予以改善，推广好的结果并予以标准化

××岗位文件报表放置标准如图 12-14 所示

改善前

改善后

图 12-14　×× 岗位文件报表放置标准

12.3.7 第 7 步：彻底落实自主管理

彻底落实自主管理的内容见表 12-10。

表 12-10 彻底落实自主管理的内容

序号	活动名称	活动的目标	推行的方法
第 7 步	彻底落实自主管理	1. 确保自主维护活动能持续循环开展 2. 让自主维护工作形成习惯，自主地去完成 3. 结合公司的经营方针，提出更具有挑战性的目标，予以完成	1. 建立自主维护活动的管理机制，确保自主维护活动能持续循环开展；避免使第 1 步到第 6 步的自主维护活动成果崩溃 2. 将自主维护工作确定为操作人员的日常工作内容之一，通过反复地去做，形成习惯，最终自主地去做 3. 结合公司的经营方针，提出如零故障、零短暂停机、零安全事故、零不良等的改善活动，制订计划予以实施 4. 定期举行自主维护活动的小型发布会，进行互动交流，取得管理层的认可与鼓励

12.4 自主维护落地实施的 PDCA 闭环

自主维护要想落地实施，就要将两个闭环落实到位。第一个闭环是设备管理人员支持自主维护的 PDCA 闭环，第二个闭环是操作人员实施自主维护的 PDCA 闭环，分别如图 12-15 和图 12-16 所示。

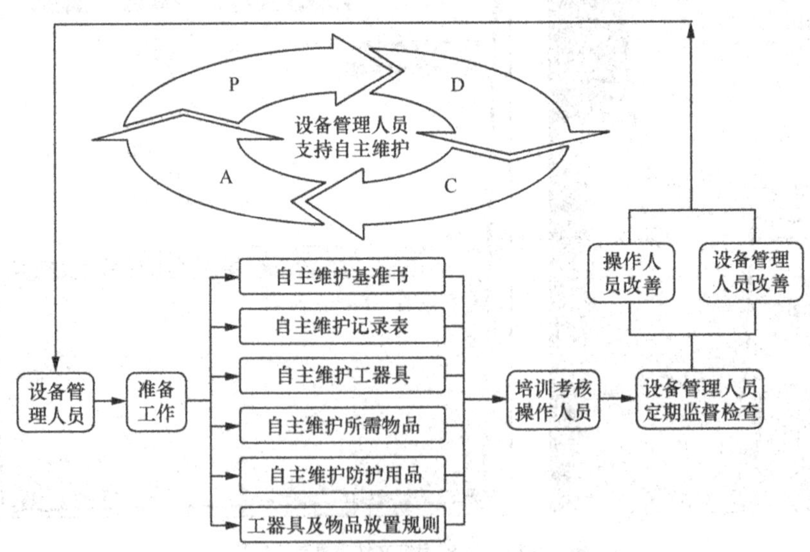

图 12-15 设备管理人员支持自主维护的 PDCA 闭环

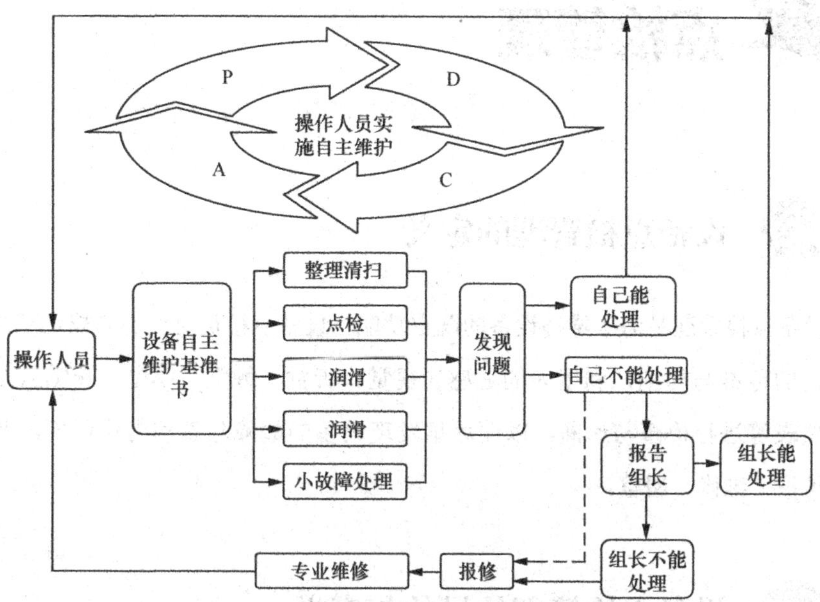

图 12–16　操作人员实施自主维护的 PDCA 闭环

第13章 点检管理

13.1 设备点检管理的定义

设备点检管理是为了维持设备的既定功能，设备点检员对设备的规定部位，按照规定的标准与周期，利用人的五感（视觉、听觉、触觉、嗅觉、味觉）、工具、仪器仪表等进行检查与诊断，以便尽早发现设备的故障隐患和劣化现象，及时地予以维护、维修、调整。

13.2 设备点检管理的目的与意义

1. 设备点检管理的目的

设备点检管理的目的如下所述：

（1）通过点检，把握设备的故障隐患和劣化现象，然后制订维修计划，协调生产安排，使设备维修不影响生产的正常进行；

（2）在维修之前制订维修计划、维修人员安排计划及备件的供应计划，使设备维修产生的费用最少；

（3）将故障隐患和劣化现象消灭在萌芽状态，延长设备的使用寿命。

2. 设备点检管理的意义

设备点检管理的意义体现在两个方面：

（1）体现了设备管理思想与理念的进步，将设备点检管理的故障隐患和劣化现象消灭在萌芽状态，防患于未然，设备维修由传统的事后维修转变为预防性维修；

（2）展现了全员参与设备管理，设备点检的执行者是生产一线的员工、专职的设备点检员、各级的技术及管理干部。

13.3 点检的种类

设备点检有不同的分类方法，例如，化工行业按设备点检员的工种将其分为机械点检、电气点检、仪器仪表点检及操作人员点检。在企业中，应用得最广泛的是日常点检、专业点检与精密点检，这 3 种点检方式的基本情况介绍见表 13-1。

表 13-1 3 种点检方式的基本情况介绍

序号	点检的种类	执行人员	说明
1	日常点检	操作人员	对设备进行最基础的日常点检，例如，检查压缩空气的压力值，真空产生的负压值，螺栓紧固程度，油位高低，各类仪表的指示值，现场的跑、冒、滴、漏，设备的清洁卫生等
2	专业点检	专职点检员	具有专业知识与技能的专职点检员利用工具及简单的仪器、仪表等检查设备的重要部位
3	精密点检	设备技术人员	借助专业的检测仪器，由经过专业培训的设备技术人员对设备进行检查。例如，机床精度的检测包括重复定位精度检测、主轴动平衡检测、各传动轴的精度检测等

13.4 点检管理的“九定”原则

点检管理的“九定”原则见表 13-2。

表 13-2 点检管理的“九定”原则

序号	“九定”原则	说明
1	定人	明确现场点检的执行人员。日常点检、专业点检及精密点检的执行人员分别是操作人员、专职点检员及设备技术人员
2	定点	明确要检查的部位。例如，检查气源三联件，气源三联件就是需要检查的部位
3	定项	明确要检查的项目。例如，压力、温度、流量、泄漏、振动、油位、磨损量、裂纹及松动等
4	定法	明确检查的方法。检查的方法有以下 4 种： 1. 利用五感进行检查 2. 利用日常工具进行检查 3. 利用仪器仪表进行检查 4. 在机器运行时检查或者在机器停止时检查
5	定标	明确检查的标准。明确正常与否的标准： 1. 定性标准，如“好”“坏”“正常”“异常” 2. 定量标准，即明确检查项目的数值范围及计量单位，例如，明确点检点的压缩空气的压力值标准为 6kg · f/cm²

（续表）

序号	"九定"原则	说明
6	定期	明确检查的时间间隔或周期
7	定表格	明确： 1.《检查记录表》的内容。《检查记录表》的内容应该包括定人、定点、定项、定法、定标及定期的内容 2.《检查记录表》的记录要求。例如，用"√"表示已执行检查，正常；用"×"表示已执行检查，异常；用"⊙"表示假期停机，不用检查等
8	定线路	明确点检的线路（起始点、中间的经过点及终点）： 1. 定线路的目的是使点检更加安全、高效、防止漏检 2. 检查单台简单的设备，一般不需要点检线路图，只需按设备点检表的内容依次进行检查即可 3. 若检查分布在较大区域的设备或装置，则需要明确点检线路图。线路图的路径要尽可能地缩短，避免有交叉的情况或者漏检
9	定流程	明确点检的工作流程

××公司专职点检员的工作流程如图13-1所示。

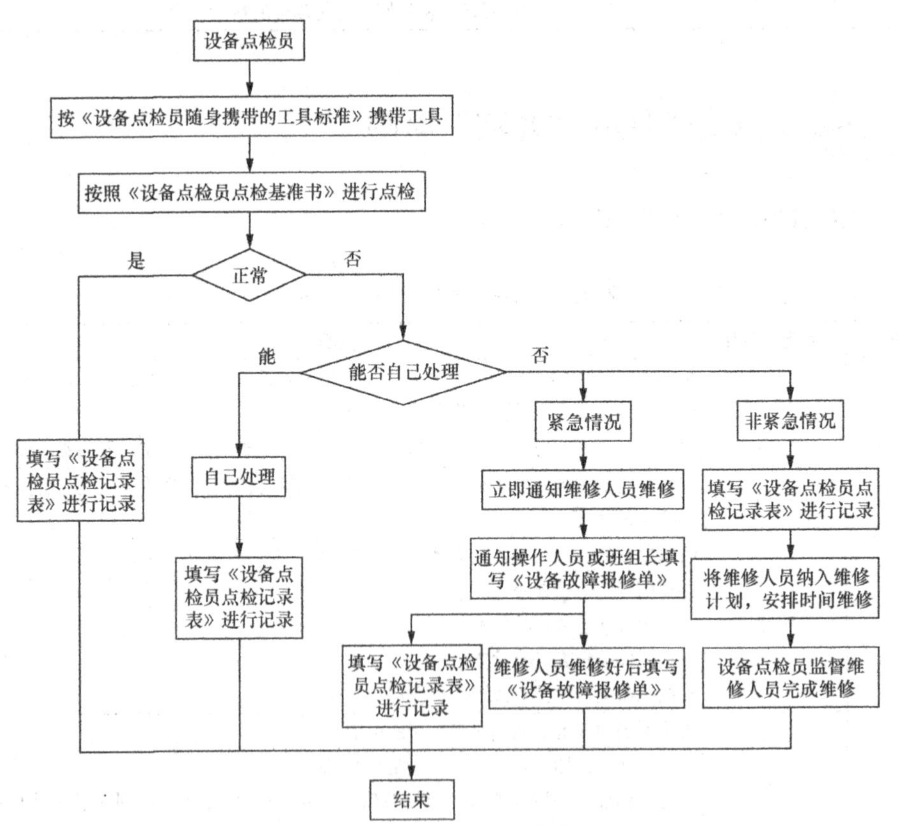

图13-1　××公司专职点检员的工作流程

13.5 对设备点检员的基本要求

1. 日常点检的执行人员

日常点检的执行人员是设备操作人员，对操作人员的基本要求是接受设备管理人员的培训与考核，取得操作合格证，按《设备点检员点检基准书》的要求完成日常点检。

2. 专职点检员

对专职点检员的基本要求如下所述。

（1）了解设备：熟悉设备的结构、工作原理、性能及工艺流程，熟悉设备与公共设施（水、电、气、真空）的连接，以直觉辨别设备是否存在异常。熟悉设备各种参数（温度、压力、流量等）的标准值。

（2）熟悉图纸：看得懂设备的机械系统、电气系统及仪器仪表系统的图纸，通过分析图纸，确定设备内部存在的异常。

（3）熟悉标准：对照点检标准、维修技术标准、维修验收标准、给油脂标准，根据感觉准确地判断故障部位及原因。

（4）熟练使用岗位工作需要使用的仪器仪表。

（5）具有丰富的判断和处理异常情况的实践经验。

3. 精密点检员

实施设备精密点检的人员叫作精密点检员，他们要正确使用精密点检所用的仪器仪表，熟悉需要检查的项目的标准，对检查中发现的异常情况进行维修或调整。

13.6 点检的隐患管理与倾向管理

1. 点检的隐患管理

对于在点检过程中发现的设备故障隐患及劣化情况，由于生产不能马上停机，故障隐患及劣化情况仍处于萌芽状态，这时可对故障隐患及劣化情况予以记录，做好维修前的各种准备工作，待时机成熟后再进行维修处理，这就是点检的隐患管理。这里所说的时机成熟是指维修所需的零备件及人力资源已准备好，在生产计划编排中也安排了维修所需的时间。

2. 点检的倾向管理

点检的倾向管理是指将点检的项目，如压力、温度、振动、噪声等参数的变化趋势纳入管理中。变化趋势要在允许的范围之内，否则应采取相应的措施予以处理。

13.7 配备点检的工具

1. 点检所需的日常工具

之所以为设备点检员配备日常工具并且要求他们在点检的过程中随身携带，是因为设备点检员在点检中发现的设备故障隐患及劣化情况，但凡是能凭其自身的能力在现场解决的，都要使用到日常工具。再者，随身携带日常工具也是点检工作本身的需要。×× 地铁有限公司规定巡道人员在进行巡检作业时必须携带的工具见表 13-3。

表 13-3　×× 地铁有限公司规定巡道人员巡检作业时必须携带的工具

应带工具	单位	数量	应带工具	单位	数量
巡道包	个	1	手电筒	把	1（车辆段除外）
活动扳手 450	把	1	石笔	支	1
活动扳手 200	把	1	油性笔	支	1
钢直尺 300mm	把	1	垃圾袋	个	若干
六磅锤	把	1	锉刀	把	1
钢轨检查锤	把	1	记录本	个	1
巡道对讲机	把	1	劳保用品	套	1

2. 点检所需的专用工具及仪器仪表

点检所需的专用工具及仪器仪表，如对讲机、红外线温度检测仪、手持式点巡检仪、振动检测仪等，各企业一般视点检工作的实际需要为点检人员配备不同的专用工具及仪器仪表。

13.8 点检管理常用的考核指标

不同的企业、不同的设备系统有不同的点检考核指标。点检管理中最常用的考核指标是点检计划完成率。点检计划完成率的计算公式如下所示：

$$点检计划完成率=\frac{实际执行的设备点检点数}{设备点检点数}\times 100\%$$

实际执行的设备点检点数：实际执行过设备的点检点数。

设备点检点数：依据《设备点检员点检基准书》统计出点检点的具体数量。

13.9 点检管理的职责分配

设备管理部与设备使用部点检管理的职责分配见表 13-4。

表 13-4　设备管理部与设备使用部点检管理的职责分配

序号	部门名称	职责
1	设备管理部	1. 点检机制的建立、实施、改善及定期更新 2. 对专业点检的执行、监督、检查、考核、评比与激励 3. 解决设备使用部日常点检中发现的各种问题 4. 研究如何提高点检效率 5. 对设备使用部的日常点检进行技术支持、监督、检查、考核、评比与激励
2	设备使用部	1. 执行日常点检 2. 接受设备部的点检培训 3. 反馈存在的问题 4. 实施日常点检的改善

13.10 点检管理的信息化

通常，企业开展点检工作的一个场景是，设备点检员携带日常工具，手拿点检表去现场点检设备，完成现场点检工作后回到办公室，登记整理点检发现的故障隐患及劣化情况，制订解决方案，再按照计划予以维修处理，这是企业开展点检工作的传统做法。

越来越多的企业采用点检管理信息系统来进行设备点检管理。图 13-2 是××公司的点巡检管理信息系统功能示意。

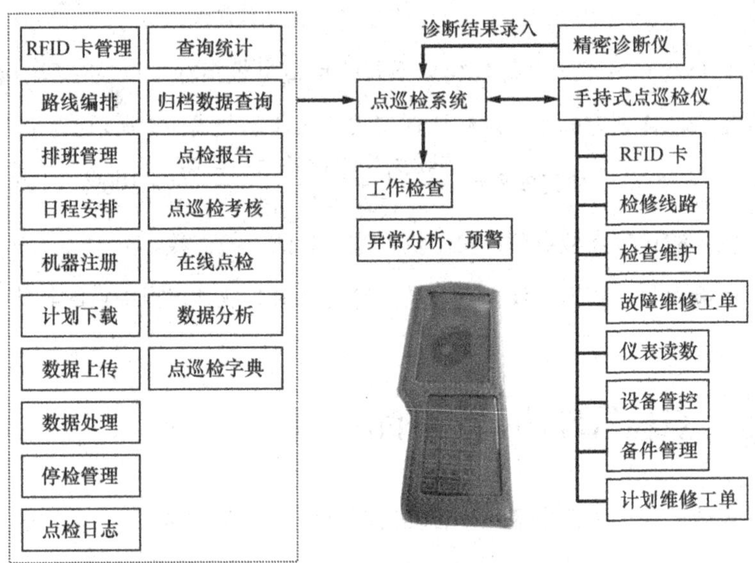

图 13-2 ××公司的点巡检管理信息系统功能示意

采用点检管理信息系统是点检管理的进步，其相较于传统的点检管理而言具有以下优点。

（1）确保设备点检员的到位率。通过在每个点检点安装 RFID 卡，要求设备点检员一定要用手持式点巡检仪到达每个点检点去感应 RFID 卡签到并读取信息，确保设备点检员的到位率。RFID 卡及手持式点巡检仪如图 13-3 所示。

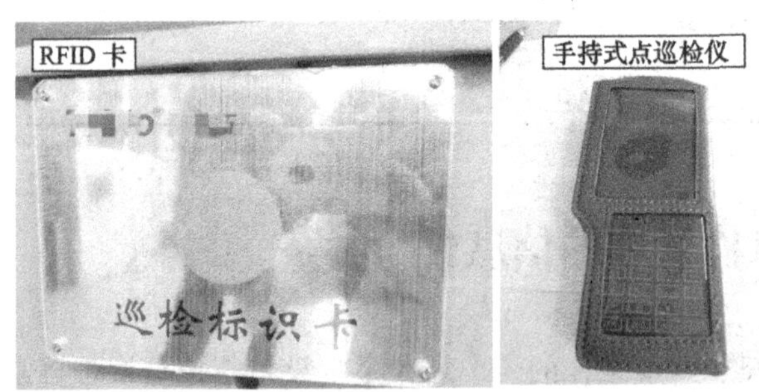

图 13-3 RFID 卡及手持式点巡检仪

（2）点检工作的规范性增强。

（3）点检管理的各类数据统计分析、各类图表的生成变得非常容易。

（4）点检管理信息系统是一个平台，生产、设备的各级管理人员及设备点检员之间能因此实现信息共享，因此大幅提高工作效率。

（5）为实现无纸化办公创造了有利的条件。

13.11 点检管理的可视化

点检管理的可视化是指将需要点检的对象用颜色、标识牌、文字等各种形象的工具予以表示，目的是使点检工作变得简单、一目了然，提高点检工作的效率，规范点检工作。

火车卧铺车厢的座椅由于频繁地被放下与自动弹回，需要定期点检座椅固定螺栓的松动情况。在螺母上面涂刷红色油漆，点检时很容易就能观察到螺母是否有松动的情况，使点检变得容易，提高了点检的工作效率，如图 13-4 所示。

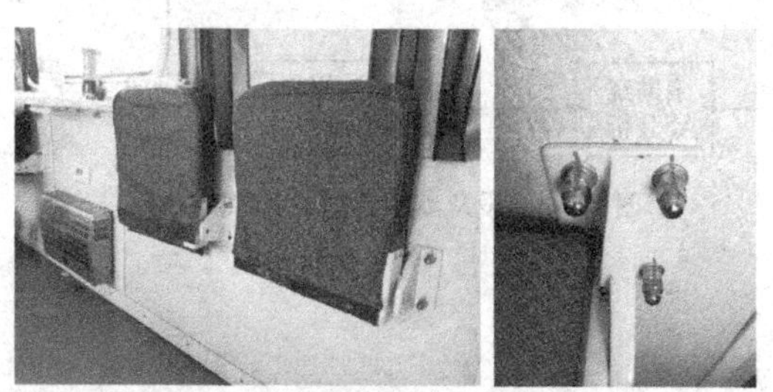

图 13-4　螺母上涂刷红色油漆提高点检的工作效率

在点检点“压缩空气压力指示表”上挂牌，让设备点检员容易找到，在压力指示表上涂绿色、红色，分别表示正常、异常，如图 13-5 所示。

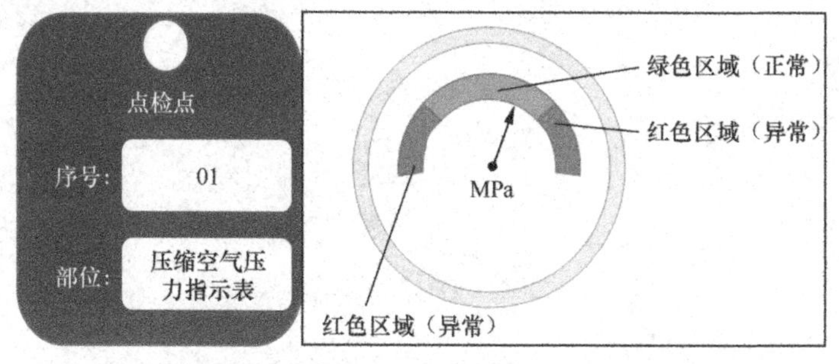

图 13-5　压缩空气压力指示表点检可视化

13.12 设备点检实施的 PDCA 闭环

设备点检实施的 PDCA 闭环如图 13-6 所示。

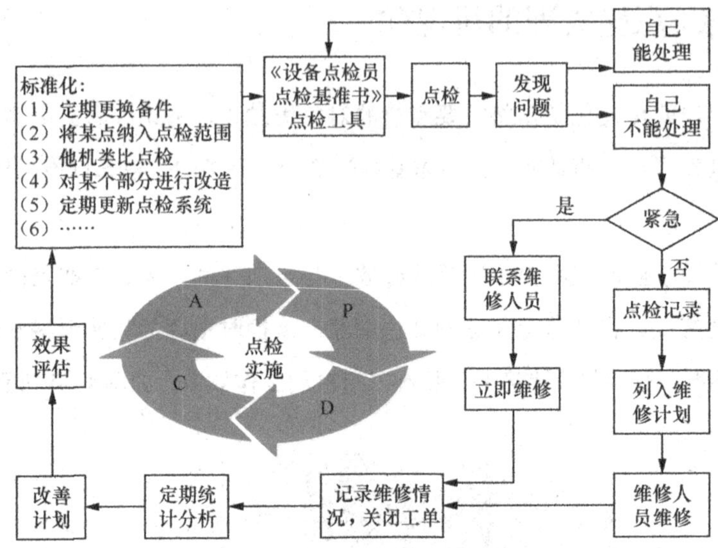

图 13-6　设备点检实施的 PDCA 闭环

第 14 章 状态监测

14.1 状态监测

14.1.1 什么是状态监测

状态监测就是采用一定的监测手段和诊断分析的技术对设备的预订部位定期或连续地进行观测，及时、准确地掌握设备的运行情况，判断设备是否存在异常情况。状态监测是指在故障早期就发现异常因素并制订维修计划予以应对，从而保证设备的安全、可靠和经济运行。状态维修是一种常用的维修策略。

14.1.2 常见的监测参数

针对工厂里的设备，常见的受监测的参数有振动、温度、油液、噪声、电气绝缘等，如图 14-1 所示。

振动监测	主要用于旋转机械、往复机械、转轴、轴承、齿轮等，可以在早期探测到设备由于振动异常所隐藏的不正常现象，可以为预防维修提供依据
温度监测	监测设备或设备预定部位的温度变化，便于判断设备的运行状况
油液分析	检测与分析油液，可以在早期了解油质本身是否变质及机器设备磨损是否正常
噪声监测	检测设备的噪声水平，得到设备运行的稳定性指标，不同的噪声频率和强度可以反映设备不同的运行状况
电气绝缘监测	监测电气设备（如电机、变压器等）的绝缘电阻，是判断电气设备性能的重要手段

图 14-1 设备常见的受监测的参数

14.1.3 状态监测的类型

状态监测的类型有两种：在线监测和离线监测。

1. 在线监测

在线监测有固定的监测位置，信息自动反馈，形成控制闭环，其原理如图14-2所示。

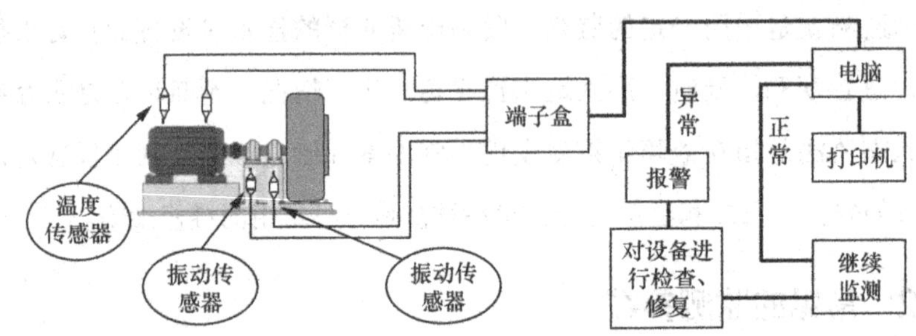

图 14-2 在线监测的原理

2. 离线监测

利用移动检测仪器监测有关设备状态的参数被称为离线监测，这是判断设备运行状况和确定维修计划的方法。利用红外线测温仪定期监测电控柜内母排接头的温度就是离线监测的典型例子之一，如图14-3所示。

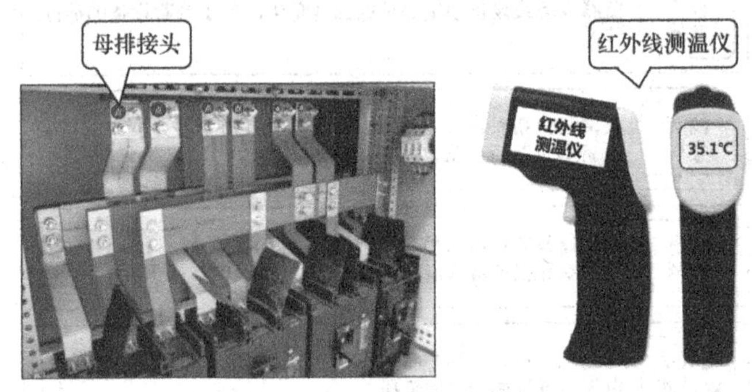

图 14-3 利用红外线测温仪监测母排接头的温度

×× 公司使用的《设备状态监测记录表》见表14-1。

表 14-1　××公司使用的《设备状态监测记录表》

<table>
<tr><td colspan="12">公司 Logo</td><td colspan="17">《设备状态监测记录表》</td><td colspan="14">××有限公司</td></tr>
<tr><td colspan="4">201×年8月</td><td>设备名称</td><td>低压配电屏</td><td>设备型号</td><td>GGD–I</td><td>设备编号</td><td>0–109</td><td>版本</td><td>V1</td><td colspan="3">编制者</td><td colspan="6">|</td><td colspan="3">批准</td><td colspan="5">|</td><td colspan="3">审核</td><td colspan="4">|</td><td colspan="3">管理编号</td><td colspan="4">I–II</td></tr>
<tr><td>序号</td><td>部位</td><td>项目</td><td>周期</td><td>具体时间</td><td>时间（分钟）</td><td>运行/停机</td><td>方法</td><td>判定标准</td><td>使用工具</td><td>责任人</td><td>日期班次</td><td>1</td><td>2</td><td>3</td><td>4</td><td>5</td><td>6</td><td>7</td><td>8</td><td>9</td><td>10</td><td>11</td><td>12</td><td>13</td><td>14</td><td>15</td><td>16</td><td>17</td><td>18</td><td>19</td><td>20</td><td>21</td><td>22</td><td>23</td><td>24</td><td>25</td><td>26</td><td>27</td><td>28</td><td>29</td><td>30</td><td>31</td></tr>
<tr><td>1</td><td>低压配电屏母排</td><td>接头温度</td><td>每周一次</td><td>每日白班开始工作前</td><td>1</td><td>运行</td><td>使用红外线测温仪测量</td><td>温度低于80℃</td><td>红外线测温仪</td><td>设备状态测员</td><td>白班</td><td></td><td></td><td></td><td></td><td></td><td></td><td></td><td></td><td></td><td></td><td></td><td></td><td></td><td></td><td></td><td></td><td></td><td></td><td></td><td></td><td></td><td></td><td></td><td></td><td></td><td></td><td></td><td></td><td></td><td></td><td></td></tr>
<tr><td></td><td></td><td></td><td></td><td></td><td></td><td></td><td></td><td></td><td></td><td></td><td></td><td></td><td></td><td></td><td></td><td></td><td></td><td></td><td></td><td></td><td></td><td></td><td></td><td></td><td></td><td></td><td></td><td></td><td></td><td></td><td></td><td></td><td></td><td></td><td></td><td></td><td></td><td></td><td></td><td></td><td></td><td></td></tr>
<tr><td></td><td></td><td></td><td></td><td></td><td></td><td></td><td></td><td></td><td></td><td></td><td></td><td></td><td></td><td></td><td></td><td></td><td></td><td></td><td></td><td></td><td></td><td></td><td></td><td></td><td></td><td></td><td></td><td></td><td></td><td></td><td></td><td></td><td></td><td></td><td></td><td></td><td></td><td></td><td></td><td></td><td></td><td></td></tr>
<tr><td colspan="12">备注</td><td></td><td></td><td></td><td></td><td></td><td></td><td></td><td></td><td></td><td></td><td></td><td></td><td></td><td></td><td></td><td></td><td></td><td></td><td></td><td></td><td></td><td></td><td></td><td></td><td></td><td></td><td></td><td></td><td></td><td></td><td></td></tr>
<tr><td colspan="12">确认人</td><td></td><td></td><td></td><td></td><td></td><td></td><td></td><td></td><td></td><td></td><td></td><td></td><td></td><td></td><td></td><td></td><td></td><td></td><td></td><td></td><td></td><td></td><td></td><td></td><td></td><td></td><td></td><td></td><td></td><td></td><td></td></tr>
<tr><td colspan="43">注：1. 状态监测正常用“√”表示，异常用“×”表示，节假日用“⊕”表示
2.《设备状态监测记录表》每年由设备部组织修订一次，修订时间为每年的 12 月
3. 对于状态监测中发现的问题，设备状态监测员能自己处理的自己立即处理，当自己不能处理时，若属于紧急情况，请联系维修人员处理并填写《设备故障保修单》保修；若不属于紧急情况，则将发现的问题记录在《设备状态监测记录表》中安排适当的时间处理</td></tr>
</table>

14.1.4 实施状态监测应考虑的内容

实施状态监测主要应该考虑以下两个方面的内容。

1. 成本

在线监测涉及较高的成本，企业一般只是对关键的设备采用这种方式。有的企业进口国外的设备，设备有比较完善的功能，例如，能够采集与应用各种生产制造的数据及各种设备运行的数据，其中也包括对设备重要部位的状态监测设计，但购买价格昂贵，后续的运行维护费用也比较高。

2. 可靠性

有些设备参数的监测技术仍然不成熟，使用起来可靠性差。

14.2 设备健康管理

14.2.1 设备的微缺陷、中缺陷及大缺陷

设备的劣化往往是一个持续的过程，一般是从微缺陷发展到中缺陷，再发展到大缺陷。设备的微缺陷、中缺陷及大缺陷的定义和应对策略见表 14-2。

表 14-2 微缺陷、中缺陷及大缺陷的定义和应对策略

序号	缺陷种类	定义	应对策略
1	微缺陷	发生缺陷时，对产品品质及稼动率没有影响，设备可以运转	主动维护，健康管理： （1）使设备不产生微缺陷或小故障 （2）如果产生了微缺陷或小故障，则在微缺陷或小故障处于萌芽状态时就及时地予以消除
2	中缺陷	缺陷对产品品质及稼动率有影响，设备可以运转	劣化管理，防止故障：控制或消除中缺陷，使其不发展成大缺陷
3	大缺陷	缺陷导致设备不能运转（故障停止）	事后维修，故障管理：快速消除大缺陷，尽量减少停机时间

14.2.2 设备健康管理的定义

设备健康管理是通过建立设备健康评价标准及健康等级标准，对设备的健康状况进行综合评估，然后分别采取相应的有效对策。

设备健康管理的目的如下所述：

（1）控制故障的发生或发展；

（2）降低故障发生的概率；

（3）降低维修成本；

（4）让设备为企业及相关方最大化地创造价值；

（5）健康管理追求的目标是使设备不产生微缺陷或小故障。

设备健康管理是对设备的主动维护，相较于传统的事后维修、故障管理、劣化管理及防止故障，实施设备健康管理会使企业的设备管理水平产生质的飞跃。

14.2.3　健康评估标准及等级

健康评估标准及等级见表 14-3。

表 14-3　健康评估标准及等级

序号	健康评估标准	得分范围	健康等级	康复措施
1	设备种类不同，评估标准的内容不同	91 ~ 100 分	健康	对存在的具体问题采取有针对性的康复措施
2	设备种类不同，评估标准的内容不同	71 ~ 90 分	亚健康	
3	设备种类不同，评估标准的内容不同	51 ~ 70 分	带病作业	
4	设备种类不同，评估标准的内容不同	50 分以下（含 50 分）	病重	

健康评估标准因设备种类的不同而不同，对于一般的设备应从以下 10 个方面建立评估标准：

（1）设备外观；

（2）设备性能参数；

（3）设备内各零部件，尤其是关键零部件的状况；

（4）设备的机、电、仪、油、水、气及真空系统的状况；

（5）设备运行的现场状况，如是否存在跑、冒、滴、漏等情况；

（6）安全、健康、环保等法规的适应性；

（7）能耗状况；

（8）设备运行的绩效指标状况，如 OEE 的高低；

（9）设备健康管理的组织与职能职责的划分；

（10）设备健康管理的技术手段，如状态监测手段的应用等。

14.2.4 状态监测是设备健康管理的必要手段

设备健康管理是非常重要的维修策略，实施设备健康管理会对企业设备的管理水平产生质的影响。实施健康管理的关键是要能准确地进行健康评估，即通过设备运行的各个方面的数据准确地判断设备的健康状况，这就对设备状态监测提出了很高的要求。实际上，设备状态监测是设备健康管理的必要手段，就像人去医院进行体检必须借助各种检查仪器一样。有关状态监测的相关内容，请详见“14.1 状态监测”。

第 15 章 润滑管理

15.1 设备润滑管理包含的内容

设备润滑管理（以下简称“润滑管理”）包括油脂选择、油脂采购、入库验收、油脂储存、油脂发放、润滑标准、润滑实施、油品监测、漏油治理、防止污染、设施管理、油脂回收、废油再生等方面的内容，这也是润滑寿命周期管理的内容，如图 15-1 所示。

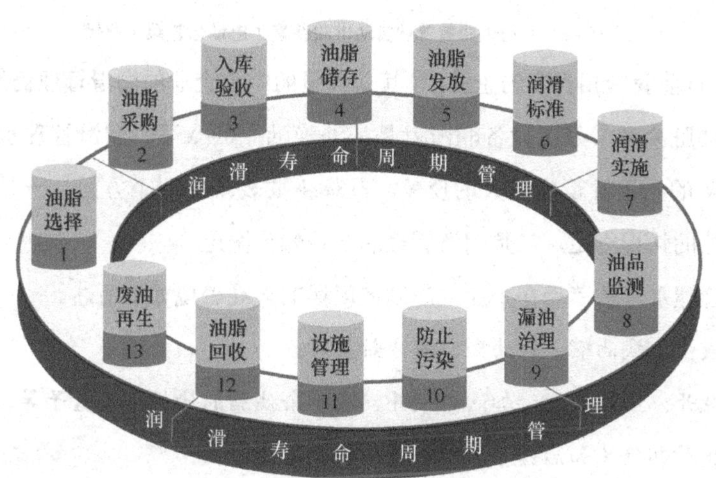

图 15-1　润滑寿命周期管理的内容

15.2 目前企业润滑管理的状况

现代化设备不断地向大型化、高速化、精密化、集成化以及自动化的方向发展，特点是生产能力强、效率高，要求设备能长期适应高温、高压的工作环境，能长期在高速、高负荷的环境下持续、可靠地运行。

为了适应现代化设备的要求，润滑技术有了长足的进步。例如，精密过滤技术的应用满足了液压系统的比例阀、伺服阀等装置对高清洁度液压油的需求；再如，原来使用的老式手动供油装置被自动供油装置（电动齿轮泵）取代，如图 15-2 所示。油品性能也有了显著的提高。例如，高效添加剂的使用可以有效地降低摩擦副表面承载耐磨性能的要求。

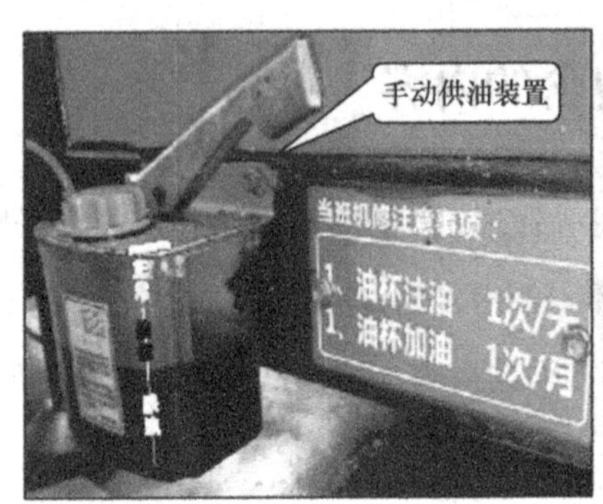

图 15-2　手动供油装置被自动供油装置（电动齿轮泵）取代

但是，目前我国相当多的企业，尤其是大量的中小企业的润滑管理仍然处于“缺油加油，油脏换油”及“设备润滑就是加油换油”的水平，润滑管理水平的落后与现代设备的先进性形成巨大的反差，具体主要表现在两个方面：一是对润滑管理的重要性的认识不足，二是润滑管理的专业知识匮乏。

润滑管理水平的落后在企业生产制造现场的直观表现如下所述。

（1）缺件：缺油嘴、缺油帽、缺油封盖等。

（2）敞开：油箱敞开、加油口敞开、有剩余油脂的油桶不盖盖子等。

（3）润滑部位（如油箱等）容易进水和灰尘杂物。

（4）油冷却器被拆除或者不能正常运行。

（5）油位镜脏污，导致油位不能被清楚地观察到。

（6）油箱缺油，没有及时添加。

（7）有些润滑油脂发臭。

（8）润滑部位存在泄漏。

（9）润滑工器具随意乱丢，润滑工器具存在脏污。

（10）油脂存在混用的现象。

润滑管理水平的落后，导致设备寿命周期短、故障频繁、先进的设备难以发挥其应有的效益。润滑管理是我国工业企业设备管理最薄弱的环节之一。

15.3 润滑管理的目的及收益

1. 润滑管理的目的

润滑管理的目的是使设备处于最优的润滑状态，减少故障停机损失，使 OEE 最大化。

2. 润滑管理的收益

润滑管理的收益体现在以下 7 个方面。

（1）使润滑管理规范化、科学化。

（2）减少摩擦，节省动力消耗，减少磨损，延长机械设备的使用寿命。

（3）减少机械故障，提高生产效率。

（4）监测润滑油品。通过监测润滑油品，可以达到以下两个目的：一是按质换油，延长换油周期，降低油料消耗；二是早期发现故障隐患，实现主动维护。

（5）防止设备过早报废，造成损失。

（6）有利于节能和环保。

（7）润滑寿命周期管理规范化。

15.4 《合理润滑技术通则》简介

2010 年 5 月 1 日实施的 GB/T 13608—2009《合理润滑技术通则》代替 GB/T 13608—1992《合理润滑技术通则》。这份国家标准是中国各行各业开展润滑管理的理论基础，它主要包含以下 5 个方面的内容。

（1）合理润滑设计要求。

（2）润滑剂产品供应技术要求。

（3）润滑剂使用要求。

（4）润滑剂报废与再利用要求。

（5）附录：润滑剂产品分类标准目录；润滑剂产品换油和选用指标标准目录；报废润滑剂产品再利用标准目录。

15.5 润滑管理的职责分配

1. 设备部门润滑管理负责人

设备部门润滑管理负责人主要负责以下 8 个方面的工作。

（1）负责《润滑管理规章制度》的发布与定期修改，监督维修人员及操作人员遵照执行。

（2）按润滑“六定”的要求，编制《设备润滑（加油）标准》。

（3）技术支持：推广润滑管理的先进经验及润滑密封新材料、新技术的应用，解决润滑工作中存在的技术问题。

（4）考核管理：负责对《设备润滑（加油）标准》执行情况的监督、检查与考核。

（5）培训管理：负责组织对润滑相关人员的培训。

（6）润滑油品采购需求的申报：对设备使用的润滑油（脂）按品种、牌号及需用量提出采购需求，满足润滑管理的需要。

（7）润滑油（脂）消耗定额的管理：制订润滑油（脂）消耗定额，确定润滑油（脂）的最小库存量标准，定期检讨润滑油（脂）的消耗量。

（8）档案的管理：负责润滑档案的管理。

2. 维修人员的职责

维修人员的职责主要体现在以下 3 个方面。

（1）按《设备润滑基准书》及相关记录表的要求，列出设备润滑计划，对设备实施润滑（加油）。

（2）对设备润滑装置进行检查或修复，杜绝润滑油（脂）的跑、冒、滴、漏。

（3）负责设备润滑装置的革新改造。

3. 操作人员的职责

按《设备润滑基准书》及相关记录表的要求，对设备实施润滑（加油），反馈工作中存在的问题。

15.6 润滑油脂的选择与采购

15.6.1 润滑油脂的选择

一般设备的润滑装置与润滑方式在进行设备设计时已经确定，使用的润滑油脂在设备的使用说明书中也都有所规定，设备的使用方应遵照其执行。

如果要更换油脂，就要把拟用作更换的油脂与原来的油脂在技术参数方面进行检测，经过对比之后再决定是否更换。表 15-1 所示的是 ×× 公司为了更换原来的空压机油，把两种空压机油的技术参数进行对比测试，决定是否可以更换。

表 15-1　两种空压机润滑油的性能和单价对比分析

性能＼油品		JH.46 螺杆式空压机油（原来使用的油）	L.DAB100 空压机油（拟用做替代的油）
运动黏度 40℃（mm²/s）	指标	41.4 ～ 50.6	90.0 ～ 110
	实测		
开口闪点（℃）	指标	≥ 220	≥ 205
	实测		
倾点（℃）	指标	≤ -20	≤ -9
	实测		
酸值（mg KOH/g）	指标	报告	报告
	实测		
抗乳化性（min）	指标	≤ 30	≤ 30
	实测		
泡沫性 93.5℃（ml/ml）	指标	≤ 100/0	≤ 150
	实测		
液相锈蚀试验 A 法	指标	无锈	无锈
	实测		
腐蚀 铜片 232℃（g/ ㎡）	指标	≤ 1b	≤ 1
	实测		

（续表）

性能 \ 油品		JH.46 螺杆式空压机油（原来使用的油）	L.DAB100 空压机油（拟用做替代的油）
机械杂质（%）	指标	≤ 0.01	≤ 0.01
	实测		
水分（%）	指标	痕迹	≤痕迹
	实测		
老化特性 200℃（%）	指标	≤ 15	≤ 20
	实测		
残碳增加（%）	指标	≤ 1.5	≤ 3.0
	实测		
油品单价（元 / 千克）			
对比的结果			

选择润滑油脂要考虑的因素见表 15-2。

表 15-2　选择润滑油脂要考虑的因素

序号	选择润滑油脂要考虑的因素			油脂选用的方向性说明
1	载荷	轻负荷		选用黏度较小的油或锥入度较大的脂
		中负荷		
		重负荷		选用黏度较大的油或锥入度较小的脂，要考虑油脂的极压性能
		特重负荷		
2	运动速度	高速		选用黏度较小的油或锥入度较大的脂
		中速		
		低速		选用黏度较大的油或锥入度较小的脂
3	运动类型	交变负荷		因为交变、冲击、摆动、往复及间隙运动的负荷，在摩擦副中难以形成稳定的油膜，选用的油脂黏度应该较大
		冲击负荷		
		摆动负荷		
		往复运动		
		间歇运动		
4	工作温度	更低温	＜ -34℃	选用黏度较小的油或锥入度较大的脂
		低温	-34℃～ -16℃	
		正常温度	-16℃～ 70℃	
		中等温度	70℃～ 100℃	选用黏度高、闪点高、抗氧化性能好、耐高温的油脂
		高温	100℃～ 120℃	
		更高温	＞ 120℃	

（续表）

序号	选择润滑油脂要考虑的因素	油脂选用的方向性说明
5	摩擦副的间隙与加工精度	间隙越小，加工精度越高，选用黏度较小的油或锥入度较大的脂
		间隙越大，加工精度越低，选用黏度较高的油或锥入度较小的脂
6	润滑系统的特点	油循环使用的润滑系统，应选用氧化稳定性较好的油
		润滑油会飞溅的系统，应选用加抗氧化添加剂的油
		不容易密封的摩擦副，如导轨、丝杆、敞开式齿轮等，应选用黏度较大的油或者锥入度较小的脂
7	润滑油脂使用的环境	在潮湿环境中，油脂的抗氧化性、防锈性及抗水性更好
		在多尘环境中，考虑将润滑系统密封，尽量选用润滑脂
		在有腐蚀性气体的环境中，选用非皂基润滑脂
		在高温环境中，选用耐高温的润滑油脂
8	选用润滑油还是润滑脂	优先选用油，然后再考虑选用脂。摩擦能用润滑油润滑的，优先选用润滑油，其次才考虑选用润滑脂

15.6.2　润滑油脂的采购

1. 中小企业的采购

中小企业润滑油脂采购的特点是所需润滑油脂的品种繁多，所需的数量较少，建议向品牌好、信誉好的润滑油脂供应商采购。

2. 大企业竞标采购

大企业往往采用竞标方式采购润滑油脂。竞标方式采购润滑油脂要注意以下 5 个方面。

（1）要求竞标单位提供相关的资质材料：相关的资质材料，如营业执照、生产许可证、质量认证证书、产品的各项认证材料等。

（2）了解供油企业的性质及特点：供油企业的性质即国有企业、外资企业或民营企业，了解供油企业产品的性价比。

（3）了解供货渠道：供货渠道一般有厂家直供和中间商提供两种途径。

（4）综合评价竞标企业，确定合作目标。

（5）对供油企业进行定期考核。

15.7 润滑油脂的入库验收

油脂的验收涉及对润滑油脂的质量与性能的鉴别，需要具备一定的专业知识，借助一些专业的检测手段。一般企业作为润滑油脂的用户，对于购买拟入库的油脂，从经济角度看，对每一款、每一批的油脂产品进行取样检测是不现实的。

一般企业作为润滑油脂的用户，对新购买油脂的入库验收，虽然具备的专业知识、手段与方法都有限，但还是可以做一些力所能及的工作。

建议企业分两种情况对新购买油脂的入库验收进行处理。

（1）对一般使用量较少的润滑油脂，如锂基脂、齿轮油、链条油等，在入库验收时应注意察看产品的品牌、名称、规格型号、防伪查询电话、执行标准、生产日期、生产批号、罐装序号、净含量、官方微信、条形码、产品性能介绍、使用注意事项、公司名称、地址、网址、服务热线等，正规的生产厂家在包装上都有这些内容。图 15-3 是 ×× 公司产品的外观及真伪查询示意。

图 15-3 ×× 公司产品的外观及真伪查询示意

（2）对于关键设备使用的润滑油脂，如空压机油、液压油等，应该要求供应商提供化验单并索取油样分析，确认合格后方可入库。一般对油样化验分析的项目有水分、闪点、运动黏度、抗乳化性、酸值、机械杂质等理化指标。

15.8 润滑油脂的储存

一般的润滑油脂不属于危险品（有特别说明的除外），但润滑油脂属于化工产品和可燃物，要确保其安全地储存和运输，防止其外流后污染环境或者燃烧。

15.8.1 室外储存

尽量不要将润滑油脂储存于室外。但若基于特殊原因必须将润滑油脂存放于室外时，应采取一些预防措施，将不良后果的发生概率降至最低。

室外储存要搭简易的遮棚或用篷布遮盖，以免阳光直晒和雨水侵蚀。室外储存润滑油脂时禁止将其放置在热源附近。

15.8.2 润滑油脂室内储存管理的要求

1. 对少量且分散放置的润滑油脂

对于少量且分散放置的润滑油脂，如果一个货架放置一桶 18 升的齿轮油，另外一个货架储存一盒锂基脂，周围都是五金备件，那么只需遵循一般的五金仓库对消防的管理要求即可。

2. 大量集中放置润滑油脂

大量集中储存润滑油脂的管理要求如下所述：

（1）油库周围不可放置易燃可燃物品；

（2）远离蒸汽管道、热源及辐射源；

（3）必须保持通风、采光、干燥及防尘；

（4）定点定位放置，发放使用做到先入先出；

（5）库存标识完备，账、卡、物相符；

（6）满足消防及防爆的要求；

（7）定期检查用电线路和用电器具；

（8）要有完整的进、出、存手续，定期盘点；

（9）新、旧油分开放置；

（10）设专人负责管理；

（11）保持通道畅通；

（12）满足防雷、防静电及防渗漏的要求。

15.9 润滑标准

15.9.1 润滑标准制订的“六定”

1. 定点

确定设备的润滑部位和润滑点，保持其清洁与完好无损，实施定点给油。

2. 定质

按照润滑标准规定的油（脂）牌号用油，润滑装置和加油器具保持清洁。

3. 定量

在保证良好润滑的基础上，实行日常耗油量定额和定量换油。

4. 定期

按照润滑标准规定的周期加油或清洗换油，对于储油量大的油箱应按规定的时间和间隔抽样化验，视油质确定清洗换油或循环过滤。

5. 定人

按润滑标准的规定，明确操作人员、维修人员在设备润滑管理中的职责与分工。

6. 定法

根据设备润滑点的实际情况，确定适合各个点的润滑（给油）方法，如手注、滴油、油杯、油链、油绳、油垫、油池、集中润滑等方法。

15.9.2 润滑标准举例

润滑标准的呈现形式可以多种多样，但必须图文并茂，最基本的要求是要包含润滑标准制订的“六定”内容。表 15-3 是 ×× 公司铲车的《设备润滑基准书》。

表 15-3 ××公司铲车的《设备润滑基准书》

<table>
<tr><td colspan="10">《设备润滑基准书》</td></tr>
<tr><td colspan="2" rowspan="2">公司 Logo</td><td>设备名称</td><td>设备型号</td><td>设备编号</td><td>版本</td><td>编制者</td><td>批准</td><td>审核</td><td>管理编号</td></tr>
<tr><td>10–M 铲车</td><td>MK8960</td><td>6# 031</td><td>A</td><td>刘 ××</td><td>李 ××</td><td>王 ××</td><td></td></tr>
<tr><td>序号</td><td>润滑部位</td><td>润滑点名称</td><td>润滑点数量</td><td>类别（ABC 类）</td><td>润滑实施方式</td><td>周期</td><td>润滑剂类型</td><td>油脂使用量</td><td>责任岗位</td></tr>
<tr><td>1</td><td rowspan="4">铲具部分</td><td>铲斗均衡轮轴</td><td>1</td><td>A</td><td>用油枪加注</td><td>1 次 / 每周</td><td>锂基脂（冬 0# 夏 3#）</td><td>0.1 千克</td><td>操作人员</td></tr>
<tr><td>2</td><td>齿条</td><td>2</td><td>B</td><td>用手涂抹</td><td>1 次 / 每日</td><td>二硫化钼</td><td>1 千克</td><td>操作人员</td></tr>
<tr><td>3</td><td>铲杆</td><td>4</td><td>B</td><td>用手涂抹</td><td>1 次 / 日</td><td>二硫化钼</td><td>1 千克</td><td>操作人员</td></tr>
<tr><td>4</td><td>开斗齿轮</td><td>1</td><td>B</td><td>用手涂抹</td><td>1 次 /3 天</td><td>二硫化钼</td><td>1 千克</td><td>操作人员</td></tr>
<tr><td rowspan="3">修订履历</td><td>修订日期</td><td>版本号</td><td colspan="2">修订理由</td><td colspan="3">修订的内容简述</td><td>修订者签名</td><td rowspan="3">××有限公司</td></tr>
<tr><td></td><td></td><td></td><td></td><td></td><td></td><td></td><td></td></tr>
<tr><td></td><td></td><td></td><td></td><td></td><td></td><td></td><td></td></tr>
<tr><td colspan="10">注：1.《设备润滑基准书》每年由设备部组织修订一次，修订时间为每年的 12 月
2. 如果在日常润滑中发现异常情况，当自己不能处理时报告班组长；当班组长不能处理时报告维修人员维修</td></tr>
</table>

15.10 润滑实施的 PDCA 闭环

润滑实施是指制订设备润滑计划并按计划实施的过程。润滑实施过程的 PDCA 闭环如图 15-4 所示。

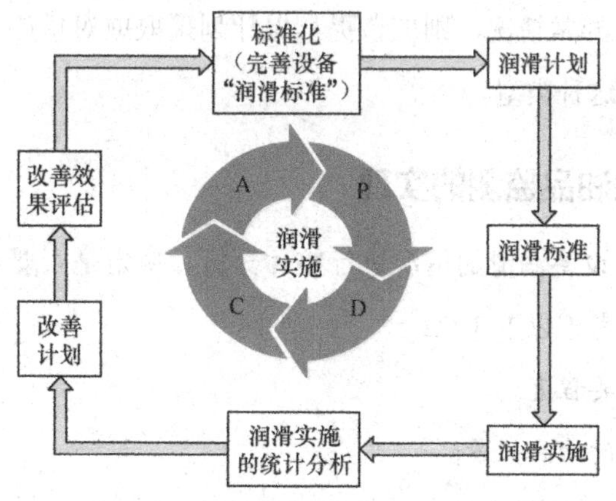

图 15–4 润滑实施过程的 PDCA 闭环

15.11 油品监测

油品监测相当于给设备做“体检”，对设备因润滑产生的故障进行预防。

15.11.1 油品监测的两种类型

油品监测分为以下两种情况。

1. 油品质量监测

对油品取样是由有资质的检测机构化验并将化验结果与国家相应的换油标准进行对比，以判断油品是否可以持续使用、是否需要更换。这种按检测结果决定是否换油的方式被称为“按质换油方式”。例如，对关键设备液压油进行定期取样检测，决定是否更换液压油就属于油品质量监测。

按经验换油或按油品使用的时间长短来换油会造成油品使用寿命没到而被更换掉（这是一种浪费），或者出现油品已经变质却超期使用（这对设备有危害）的情况。按质换油的方式是凭化验报告的结果决定是否换油，是最经济合理的换油方式之一。

2. 设备磨损情况及油品是否变质的监测

通过取油样，检测油样里所含的金属颗粒的大小及数量来判断设备的磨损状况；同时检测油品本身是否变质，判断是否需要更换油品。如果油品中的金属颗粒或油品本身存在异常情况，则应该提早做计划采取应对措施。对发电机轴瓦润滑油的监测就属于这种类型。

15.11.2 企业油品监测的实现

企业应该对其设备润滑的情况进行整体分析，决定是否要对设备使用的油品进行监测，其中要考虑以下 3 点：

（1）设备的重要程度；

（2）设备使用的油品数量；

（3）监测油品的成本。

企业油品监测实现的途径一般有以下两种。

（1）企业自身配备必要的油品监测分析仪器，一些大企业通常会这么做。因为对大企业来说，要监测分析的油品数量及频次较高，所以自身配备检测设备就比较划算。上海 ×× 公司自身配备了如运动黏度测定器、闭口闪点全自动测定仪、自动馏程测定仪等一系列油品分析化验的仪器设备。图 15-5 是 ×× 公司的运动黏度测定器及闭口闪点全自动测定仪。

运动黏度测定器

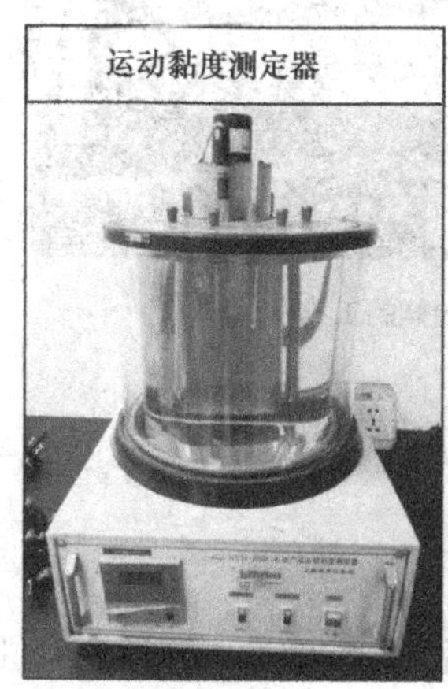

闭口闪点全自动测定仪

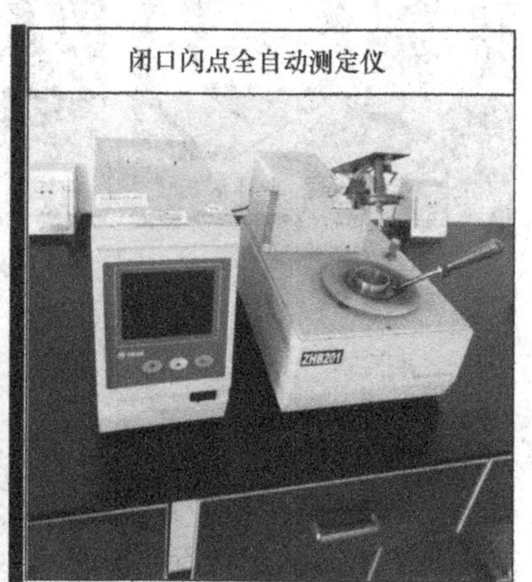

图 15-5 ×× 公司自身配备的油品检测设备

（2）中小企业一般委托有资质的外部机构进行油品检测分析。

15.11.3 油品取样

1. 油品取样的工具

油品取样有专门的取样工具，包括取样活塞筒及专用的油样瓶等。图 15-6 是 ×× 公司配备的取油样的工具。

2. 取油样要注意的问题

取油样是一项技术工作，有专门的要求。取油样要注意以下 8 点：

（1）由经过专门培训的人员取油样；

（2）给油样瓶贴上明确的标签；

（3）按规定的周期取样；

（4）取合适的油量；

（5）在正确的时机取样；

（6）在正确的部位取样；

（7）采取正确的取样方式；

（8）油样的密封与标识。

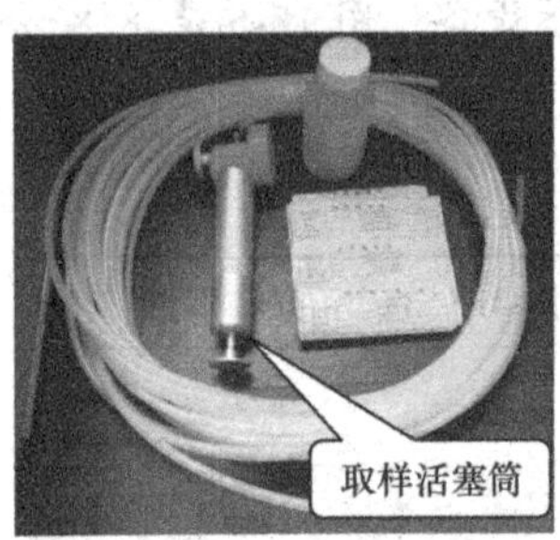

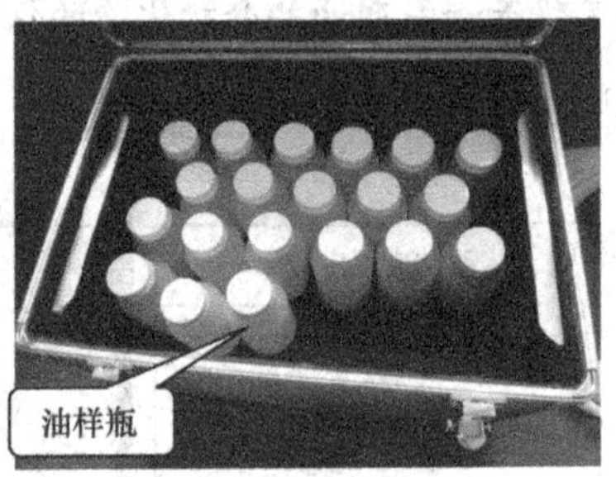

图 15-6 ××公司取油样的工具

15.12 漏油治理

泄漏是指在要求密封的部位存在漏油的现象，如阀门密封圈（见图 15-7）老化导致油液外漏、电磁阀阀芯磨损导致油液泄漏等。

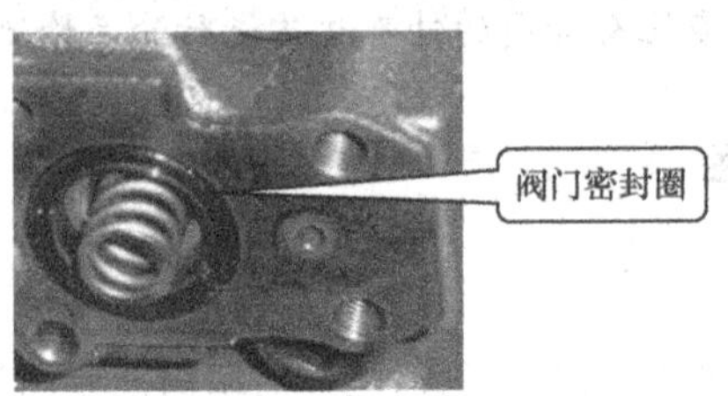

图 15-7 阀门密封圈

15.12.1 泄漏的分类

1. 外部泄漏

可以被直观观察到的油液泄漏有油管接头漏油、阀座连接部位漏油等。当外部泄漏发生在油泵吸油口侧（如图 15-8 所示）时，不太容易被检测到，但会在液压系统中出现如下所述的异常现象：

（1）油中有大量气泡；

（2）油缸动作不稳定，可能出现“爬行”现象；

（3）油液过热；

（4）油泵运行噪声增大。

图 15-8　油泵吸油口侧

2. 内部泄漏

由于液压系统中存在元件磨损，在系统内部产生的泄漏被称为内部泄漏。例如，油泵叶片（如图 15-9 所示）磨损导致油液泄漏。

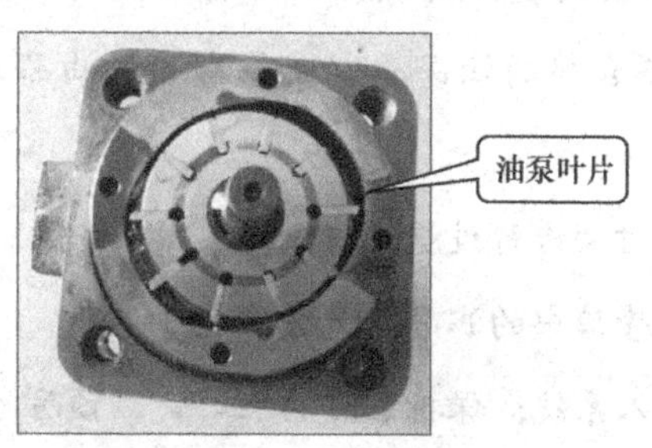

图 15-9　油泵叶片

15.12.2　泄漏的治理

设备的泄漏涉及密封件的设计、生产、使用、设备本身结构、设备使用维护管理等方面，因此需要进行综合治理。泄漏的治理一般有以下方法。

（1）均压：使密封部位内外侧的压力差均衡。

（2）疏导：在零部件上开回油孔，使泄漏的油液流回油箱中。

（3）引流：在设备上设计回油槽，将泄漏的油液引导回油箱中。

（4）封堵或阻塞。

（5）全部或部分封闭：设计外壳，将设备全部或部分封闭，防止油液溅射。

（6）更换：对存在油液泄漏的零部件进行更换。

（7）改进密封状态：采用高性能的密封材料、合理的密封形式。

（8）加强设备的使用维护与管理：如控制油温、防止油温过高、使油液的清洁度符合要求、定期检测化验油液、确保使用的油液是合格的。

（9）其他治理方法。

15.13 防止污染

油液中的污染物来源有两种：一种是油液外部的污染物，如灰尘、铁锈、纤维杂物等；另一种是油液内部的污染物，即油液中的添加剂变质后形成的污染物。

对外部污染物的抑制主要体现在以下 6 个方面。

（1）定期检测油品的质量：为确保油品清洁无污染，必须定期取样检测油品，对照换油标准对不合格的油品予以更换，更换油品是减少油液污染最有效的途径。

（2）在加油时必须对油进行过滤。

（3）要定期取出油管路中的滤芯并进行清洗。

（4）防止污染物进入系统：保持润滑的“二洁”，预防污染物进入系统。

（5）定期彻底清洗油箱。

彻底清洗油箱的方法：先将油箱中的油放干净，用干净的棉布裹干净里面残余的油液，用发酵的面团彻底裹净棉布留下的碎末及犄角旮旯里的铁屑等杂物；将油箱清洗干净后，往油箱中加入柴油使其运行，对油管路、油泵及液压阀门里的脏油进行清洗；通过管路的排油阀，将管路中残余的柴油排净，再往系统中加入液压油试运行。

（6）油箱应加盖油封盖：油箱的加油口应用油封盖盖住，防止灰尘落入油箱，在油箱上应该设置空气过滤器，如图 15-10 所示。

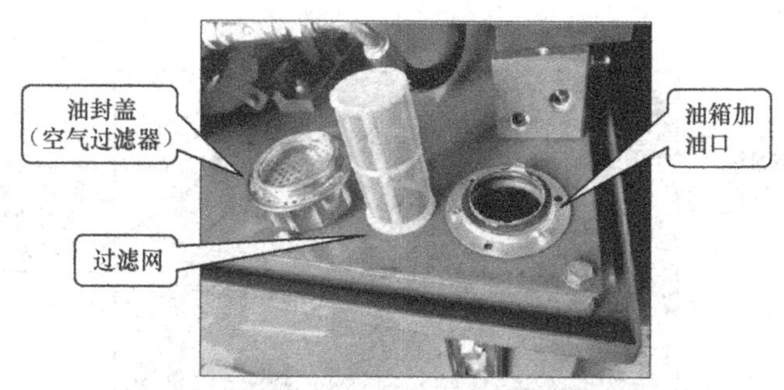

图 15-10 加油口、油封盖及过滤网

15.14 润滑设施管理

15.14.1 什么是润滑设施

润滑设施包括以下两个方面。

（1）设备润滑系统里的各个组成部分：如液压系统里的液压油箱、油冷却器、油泵、油管路、各种阀门及油缸等；如导轨自动润滑系统的电动齿轮泵、油管路、油分配器及油嘴等；如各类轴承座、减速箱等。

（2）润滑工器具：润滑工器具是指油枪、油桶、油漏斗、油壶、油抽子、油勺子、加油小车等。

15.14.2 润滑设施管理存在的问题

在企业里，润滑设施管理存在问题的情况比较普遍，凸显了一些企业对润滑设施管理的无知与不重视。图 15-11 所示的是润滑设施管理存在的问题举例。

图 15-11 润滑设施管理存在的问题举例

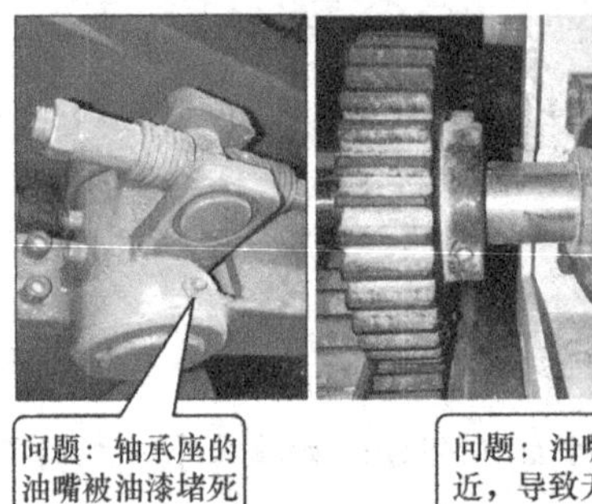

图 15-11　润滑设施管理存在的问题举例（续）

15.14.3　润滑管理的“二洁”

润滑管理的“二洁”是指保持润滑工器具的清洁，保持润滑部位的清洁。在图 15-12 中，为了保持油抽子的清洁，油抽子被放置在专门的不锈钢润滑器具柜里。其实所有的润滑工器具都可以采用类似的方式进行管理。在图 15-12 中，润滑部位油嘴脏污，上面落有异物，这是不被允许的。

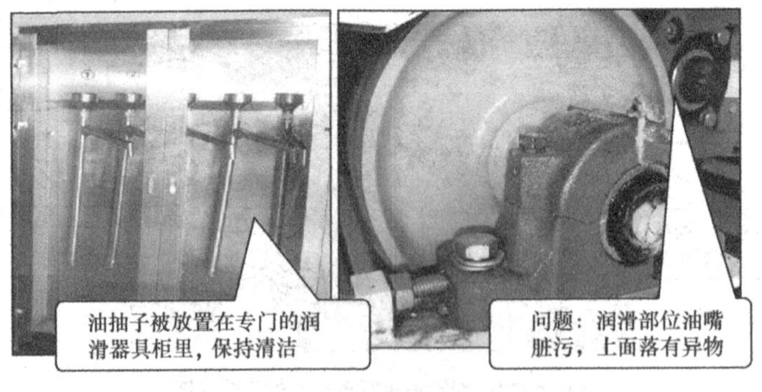

图 15-12　有关润滑管理“二洁”的说明

15.14.4　润滑工器具管理

润滑工器具管理的原则包括以下两个方面。

1. 保持清洁

如何保持润滑工器具的清洁，在润滑管理的“二洁”中已有说明。

2. 专油专用

润滑工器具的专油专用是指为某种油脂配备的润滑工器具不能再被其他油脂所用，目的是防止油液被污染或交叉污染。

15.14.5　润滑改造

润滑改造是指机械零部件本身设计不合理，或设备设计不合理，或设备安装不合理，导致加油困难、观测油位困难等情况所必须进行的改造（或改善）。一般而言，设备上或多或少地存在这样的情况，这是我们进行润滑管理要做的工作之一。

1. 机械零部件本身设计不合理

机械零部件本身设计不合理，如图 15-13 所示的减速箱、油位观察窗的位置设计不合理，需要改造。图 15-14 是轴承座本身设计不合理，导致加油不便。

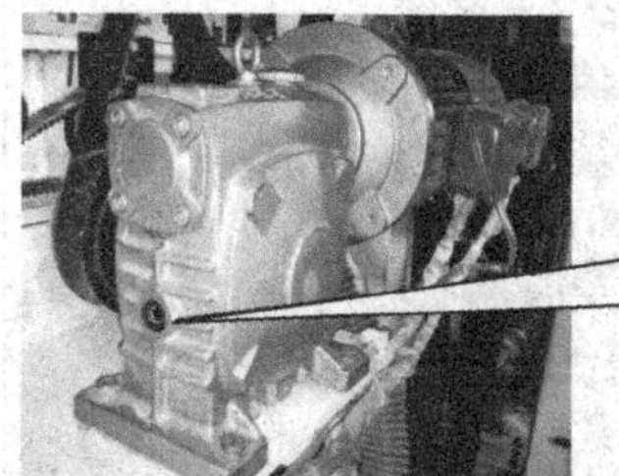

图 15-13　减速箱油位观察窗的位置设计不合理

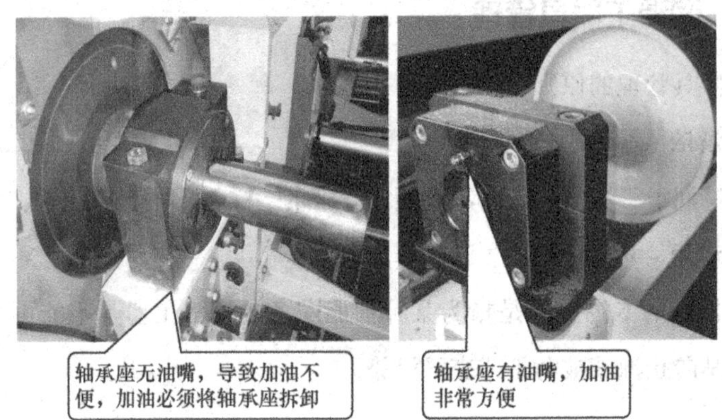

图 15-14　轴承座设计不合理导致加油不便

2. 设备设计不合理

设备设计不合理是因为设计设备的人没有站在设备管理与维护的角度来考虑，导致设备加油困难。图 15-15 所示的是油嘴离前面的部件太近导致无法加油的情况。

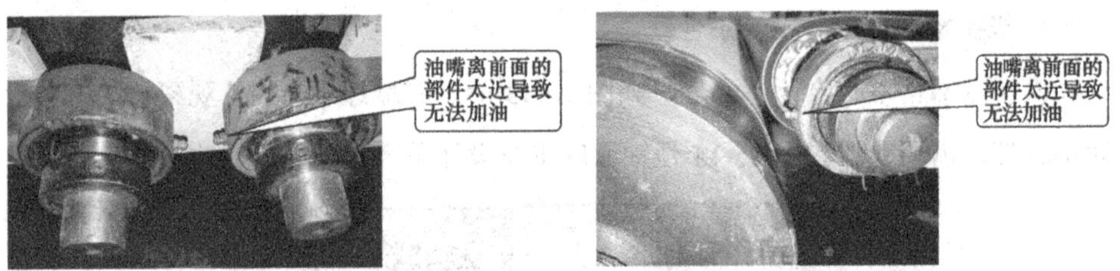

图 15-15　油嘴离前面的部件太近导致无法加油的情况

3. 设备安装不合理

图 15-16 是设备护栏安装不合理遮挡了减速箱的油位观察窗，导致减速箱内的油位无法被观察到。

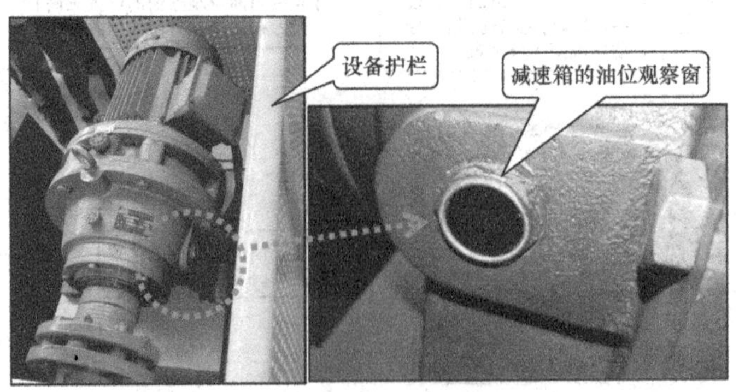

图 15-16　设备护栏安装不合理遮挡了油位观察窗

15.14.6 保持润滑设施完好

要想保持润滑设施完好，一方面要建立润滑设施档案，另一方面要定期巡检。如果发现有堵塞或损坏的情况，则必须予以修复。如图15-17所示的润滑系统要确保电动齿轮泵、油分配器、油嘴等能正常工作，油路畅通，能把油定期输送到该润滑部位。

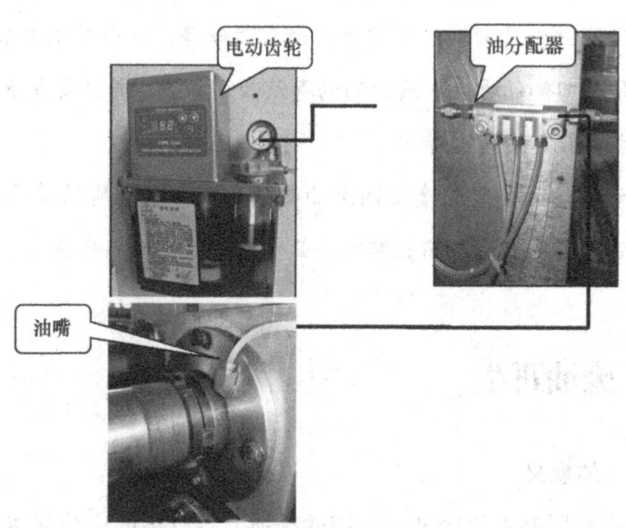

图15-17 要确保润滑系统能正常工作

15.15 油的回收

润滑油的回收是指收集和处理废旧的润滑油。

1. 废旧润滑油的来源

一般企业的废旧润滑油的来源主要有以下4种。

（1）设备按换油计划更换下来的油：按换油计划从设备的油箱（或油池）管道及附件中更换下来的油，清洗设备的油箱、油管路等时产生的油。

（2）泄漏：设备存在漏油的情况，用油盘、油桶、油壶等收集起来的油。

（3）设备维护、维修产生的油：在对设备进行维护保养擦拭时产生的油，设备维修时清洗零部件产生的油。

（4）以其他方式产生的废旧油。

2. 润滑油的回收应注意的问题

润滑油的回收应注意以下 4 个方面的问题。

（1）意识教育：教育培训可以使员工意识到，为防止对环境造成污染，不能随便倾倒废旧润滑油，必须予以回收集中处理。

（2）明确职责：在各个部门（车间）明确责任人负责废旧润滑油的回收。

（3）收集与存放：废旧润滑油用专门的容器收集，一个容器只能盛装一种油，严禁混装，以便废旧油的再生。废旧油的存放必须加盖，并且要有清晰的标识（品种、牌号、存放日期、负责人等）。

（4）废旧润滑油的处置：废旧润滑油必须由有回收资质的单位回收，这不仅对环境保护及资源再生有利，而且能给企业带来一定的经济收益。

15.16 废油再生

1. 废油再生的意义

废油再生的作用是去除废油中有害的杂质，将有用的成分保留，恢复废油原有的品质。废油中的有害杂质只占少部分，有用成分占大部分。只要采取适当的工艺方法将废油进行净化及再生处理，废油质量就能接近和达到新油的水平。

废油再生不仅能变废为宝、节约资源，给企业带来经济效益，还能防止废油对环境造成污染。

2. 废油再生的工艺

不同品种的废油，再生的方法不同。即使是同一个品种的废油，因其中的杂质不同，再生处理的方法也会不一样。所以要根据废油中所含杂质的种类来决定再生的方法。

（1）物理方法再生。物理方法再生不改变废油的化学成分，只将其中的杂质，如尘粒、金属颗粒、水分、胶状物等物质除去。物理方法再生包括沉降、离心分离、过滤、蒸馏、水洗、脱水等工序。

（2）加氢精制。加氢精制是石油产品最重要的精制方法之一。加氢精制是指在高温、氢压及催化剂的作用下，将包含在废油中的硫、氮、氧等有害物质转变成相应的硫化氢、氨、水后被去除，同时使烯烃和二烯烃加氢饱和，使芳烃部分加氢饱和，以改善油品的品质。

15.17 润滑管理的可视化

润滑管理可视化的形式多种多样，有用不同颜色来表示不同的润滑油脂的，也有用其他方法（如扑克牌）来表示的。

下面简介 ×× 公司用不同颜色来进行润滑可视化的例子。

1. 目的

在 ×× 公司，与某种润滑油脂相关的各种油桶、油漏斗、油壶、油抽子、油勺子及设备上的润滑点，都粘贴（或悬挂）着某种颜色的标识，防止混用、误用润滑油脂，提高润滑工作的效率。

2. 对象

在 ×× 公司，润滑管理可视化的对象是各种油桶、油漏斗、油壶、油抽子、油勺子及设备上的润滑点。

3. 标准

表 15-4 是 ×× 公司实施润滑可视化制订的润滑油脂与颜色对应表，它是 ×× 公司内部标准的一部分。

表 15-4　润滑油脂与颜色对应表

序号	润滑油脂名称	规格型号	标识的颜色
1	液压油	水乙二醇 ULTRA.SAFE.620	棕色
2	润滑剂	OMEGA.85　NO.0	蓝色
3	抗磨液压油	L.HM 46	红色
4	抗磨液压油	L.HM 48	黄色
5	锂基脂	3#	绿色
6	工业齿轮油	AP.220	浅蓝
7	高温润滑脂	J7014.1	粉红

15.18 润滑油脂的“三过滤”

润滑油的“三过滤”也称“三级过滤”，是为了减少油液中的杂质含量，防止尘屑等杂质随油进入设备而采取的净化措施。

目前，不同的企业对“三过滤”有不同的理解，“三过滤”在企业里的应用比较灵活。例如，有的企业认为“三过滤”是入库过滤（一级过滤）、转桶过滤（二级过滤）和加油过滤（三级过滤），分别如图 15-18、图 15-19 和图 15-20 所示。

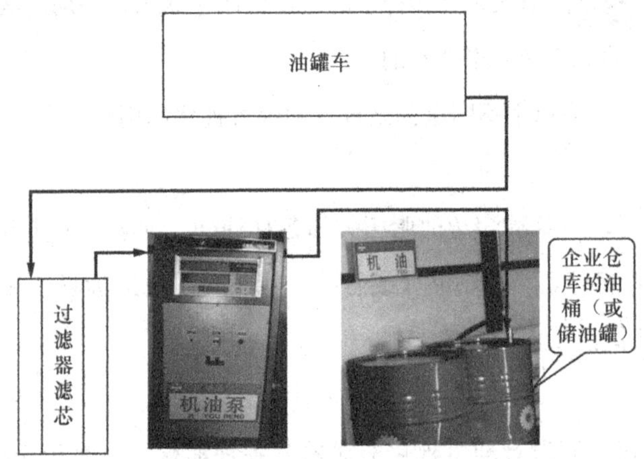

图 15-18 入库过滤（一级过滤）

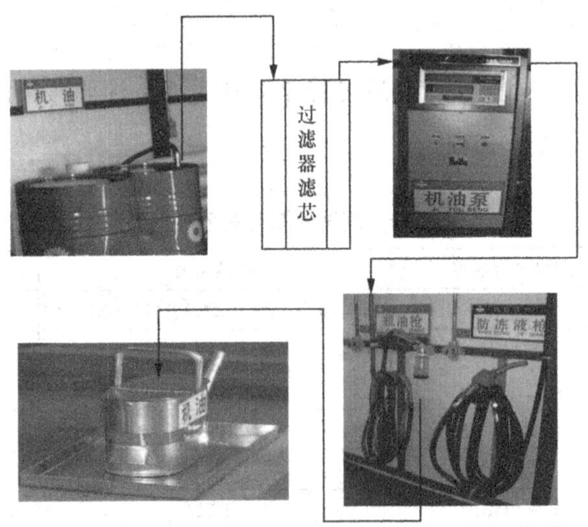

图 15-19 转桶过滤（二级过滤）

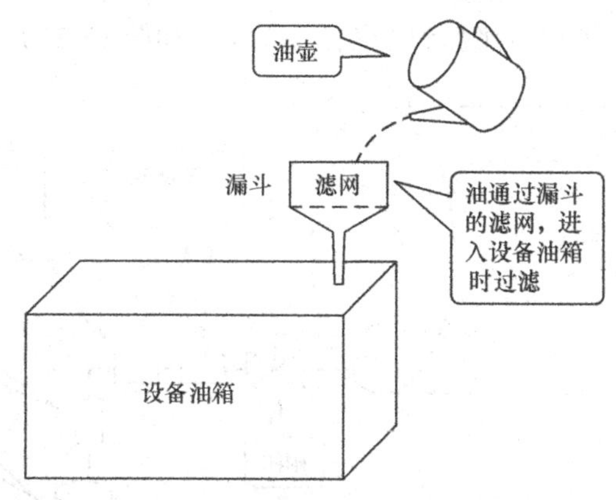

图 15-20　加油过滤（三级过滤）

×× 公司建立的润滑油的“三级过滤”如图 15-21 所示。

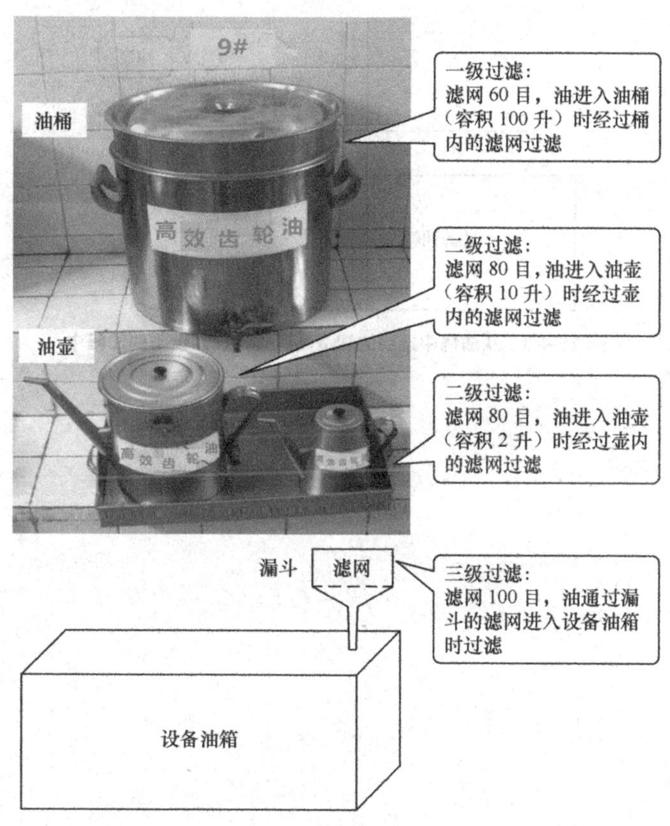

图 15-21　×× 公司建立的润滑油的“三级过滤”

×× 公司创造性地将三级滤芯组装在一起，如图 15-22 所示。润滑油不需要人工反复过滤，而是在密封管路中完成“三级过滤”，减少了润滑油多次污染的风险。

从油桶中接到的润滑油可直接加到设备的油箱中，如图 15-23 所示。

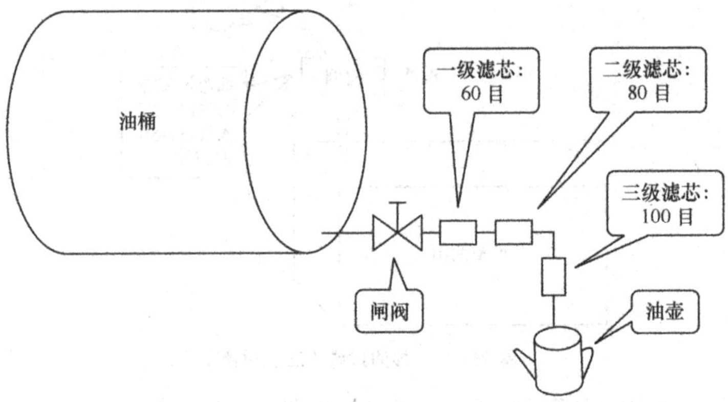

图 15-22　× × 公司将三级滤芯组装在一起

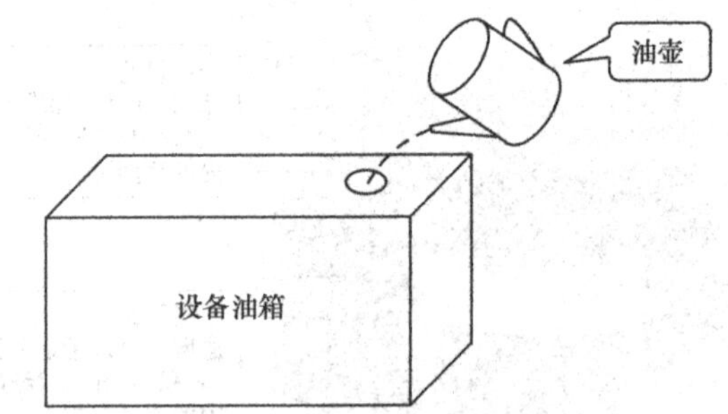

图 15-23　从油桶中接到的润滑油可直接加到设备的油箱中

第 16 章 故障管理

16.1 设备故障的定义及发展规律

1. 设备故障的定义

在设备的使用与运行中，由于各种原因，设备或设备的零部件丧失了既定的功能，被视作出现设备故障。下面 4 种情况中的任何一种都属于设备故障：

（1）设备完全不能工作了；

（2）设备能工作，但生产产品的效率及质量达不到既定的要求；

（3）设备的安全性达不到要求；

（4）设备能生产产品，但是存在异常的震动、温度、噪声、渗漏、消耗等。

2. 设备故障的发展规律

设备故障随时间变化的规律或者说设备故障发展的规律是从初始故障期发展到偶发故障期，再发展到耗损故障期，是一条类似于浴盆的曲线。

16.2 故障维修管理的 PDCA 闭环

设备故障维修管理的 PDCA 闭环如图 16-1 所示。图 16-1 清楚地说明了设备故障维修、设备事故及委外维修之间的关联。

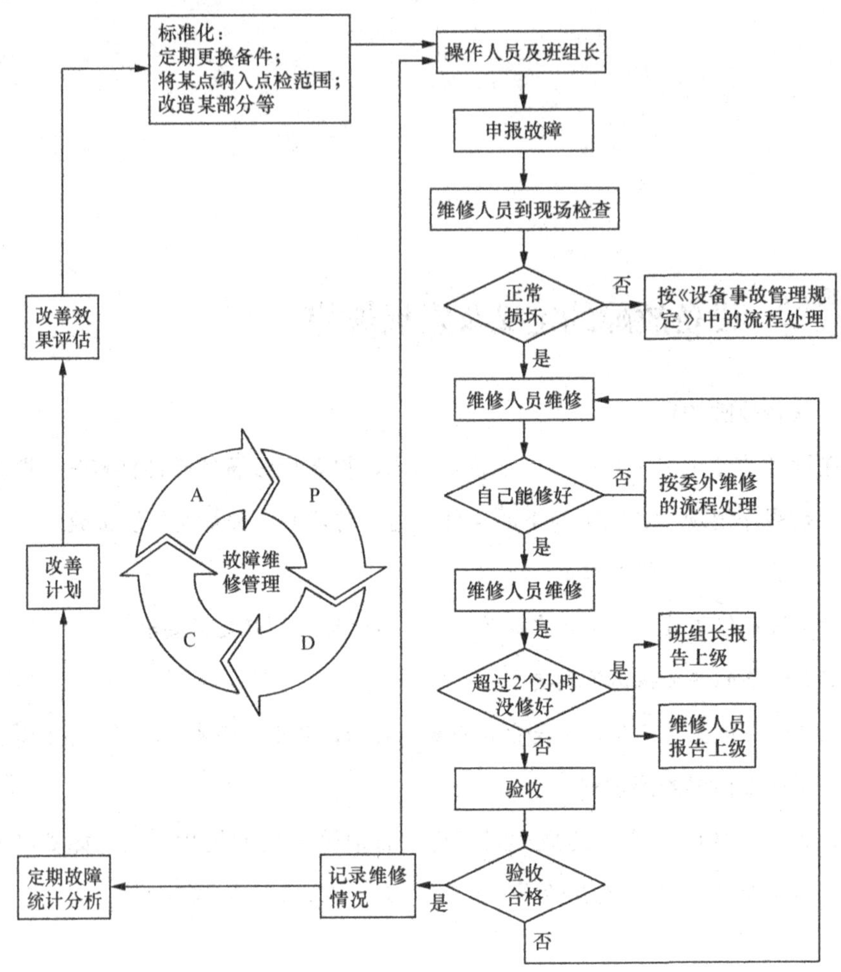

图 16-1　故障维修管理的 PDCA 闭环

16.3 设备事故处理工作流程

不同企业对设备事故的定义各不相同。×× 公司对设备事故的定义是设备因非正常损坏，造成经济损失 2000 元以上或造成车间生产系统停产 1 个小时以上。×× 公司设备事故处理工作流程如图 16-2 所示。

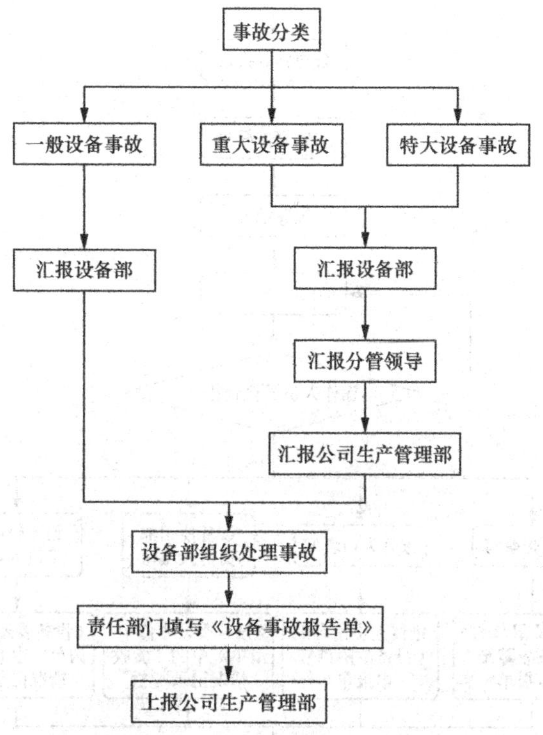

图 16-2　×× 公司设备事故处理工作流程

16.4 委外维修工作流程

如果维修人员认为企业内部的能力不足以处理设备故障时，可以申请委外维修，设备部是委外维修的组织实施单位。×× 公司的委外维修工作流程如图 16-3 所示。

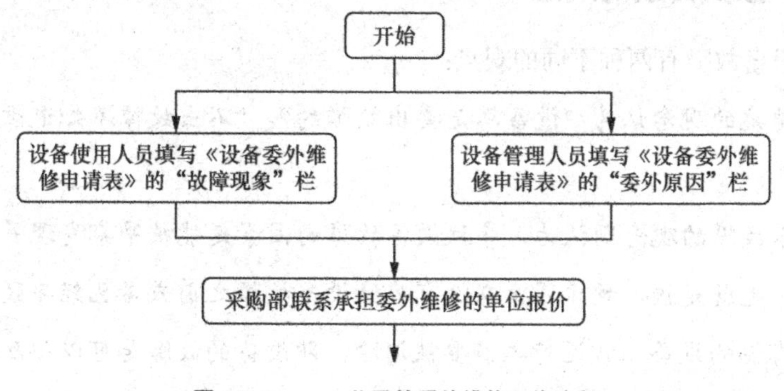

图 16-3　×× 公司的委外维修工作流程

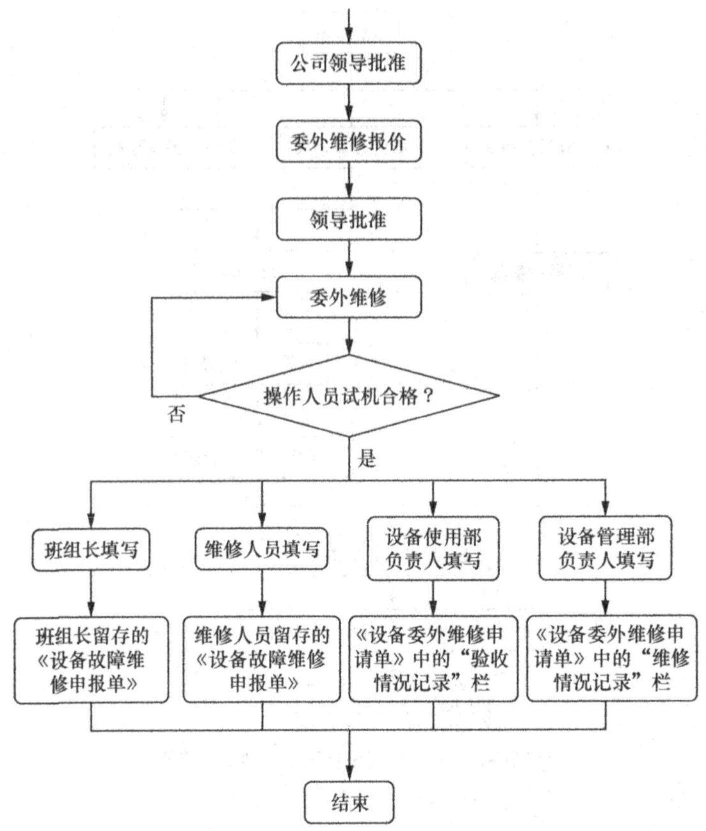

图 16-3　××公司的委外维修工作流程（续）

16.5 开展零故障改善活动

16.5.1 改变传统的观念

对于设备故障有两种不同的观点：

（1）传统的观念认为“设备总是要出故障的”，“不出故障不知道设备哪里有问题”；

（2）零故障的观念则认为，导致设备故障的因素是能被早期发现并在早期予以处理的。也就是说，故障因素在没有导致设备故障之前或者已经导致了设备故障但还没有影响设备正常运行之前要被消除，即设备的故障是可以被防止和被控制的。

推行零故障管理，就是通过持续开展零故障的改善活动，逐步降低设备故障率，逐步使设备故障接近零，最终不让设备产生故障，将传统的“设备总是要出故障的”这个观念转变为“设备故障是可以预防的”“设备出了故障，是我们的设备管理工作没做好”和“故障能降为零”的观点。

企业对零故障的认识及行为改变后，通过持续地开展零故障改善活动可以达到不断提升企业设备管理水平的目的。

16.5.2 零故障改善活动的种类

表 16-1 列出了企业设备故障的一般原因、与之相对应的零故障改善活动、主要责任部门及支持部门。请特别注意该表中“零故障改善活动”这一列中列出的 8 项内容。

表 16-1 零故障改善活动的种类

<table>
<tr><th>序号</th><th>企业设备故障的一般原因</th><th>零故障改善活动</th><th>主要责任部门</th><th>支持部门</th></tr>
<tr><td rowspan="2">1</td><td rowspan="2">设备制造部没有做好自主维护</td><td>确保设备的基本运行条件</td><td>设备使用部</td><td>设备管理部</td></tr>
<tr><td>遵守设备的使用条件</td><td>设备使用部</td><td>设备管理部</td></tr>
<tr><td rowspan="2">2</td><td rowspan="2">故障管理没有形成 PDCA 闭环管理</td><td>使故障管理形成 PDCA 闭环管理</td><td>设备管理部</td><td>设备使用部</td></tr>
<tr><td>改善或消除设备设计与制造上的缺陷</td><td>设备管理部</td><td>设备设计制造部</td></tr>
<tr><td>3</td><td>计划保养没有全面彻底地实施</td><td>使设备劣化定期得到复原</td><td>设备管理部</td><td>设备使用部</td></tr>
<tr><td rowspan="2">4</td><td rowspan="2">自主维护人员及专业维护人员技能欠缺</td><td>提升自主维护人员及专业维护人员的技能</td><td>设备管理部</td><td>设备使用部</td></tr>
<tr><td>防止人为失误</td><td>设备管理部</td><td>设备使用部</td></tr>
<tr><td>5</td><td>没有实施状态监测</td><td>实施状态监测</td><td>设备管理部</td><td>设备使用部</td></tr>
</table>

16.5.3 确保设备的基本运行条件

确保设备的基本运行条件就是要对设备进行定期清扫、润滑以及对关键的螺栓进行紧固，实际上是要求操作人员按要求进行自主维护。

表 16-2 是 ×× 公司铲车的《设备润滑基准书》。为了确保铲车的基本运行条件，

操作人员要按《设备润滑基准书》的要求对铲车进行润滑并做好记录。

表 16-2　××公司铲车的《设备润滑基准书》

公司 Logo		设备名称	设备型号	设备编号	版本	编制者	批准	审核	管理编号
		10–M 铲车	MK8960	6# 031	A	刘 ××			
序号	润滑部位	润滑点名称	润滑点数量	类别（ABC 类）	润滑实施方式	周期	润滑剂类型	油脂使用量	责任岗位
1	铲具部分	铲斗均衡轮轴	1	A	用油枪加注	1 次 / 每周	锂基脂（冬 0# 夏 3#）	0.1 千克	操作人员
2		齿条	2	B	用手涂抹	1 次 / 日	二硫化钼	1 千克	操作人员
3		铲杆	4	B	用手涂抹	1 次 / 日	二硫化钼	1 千克	操作人员
4		开斗齿轮	1	B	用手涂抹	1 次 /3 天	二硫化钼	1 千克	操作人员
5	悬臂部	推压减速箱	1	C	用漏斗加注	1 次 /6 个月	BP 发动机油	500 千克	维修人员
6		天轮滚动轴承	2	C	用油枪加注	1 次 / 月	锂基脂（冬 0# 夏 3#）	0.1 千克	维修人员
修订履历	修订日期	版本号	修订理由		修订的内容简述			修订者签名	佛山市南海 ×× 有限公司

注：1.《设备润滑基准书》每年由设备部组织修订一次，修订时间为每年的 12 月

2. 如果在日常润滑中发现异常情况，当自己不能处理时报告班组长，当班组长不能处理时报告维修人员维修

16.5.4 遵守设备的使用条件

遵守设备的使用条件主要包含以下几个。

（1）按操作规程正确使用操作设备。

（2）在液压系统中，监控油的温度、油位、压力及油的性能（色度、黏度、闪点、水分、机械杂质等）。×× 公司定期从其关键设备（3# 机）的液压油中取出油样，送到有资质的油品检测单位去检测，依据检测结果来决定是否更换液压油，确保

3# 机使用合格的液压油，这就是严格遵守 3# 机使用条件的体现。表 16-3 是 ×× 公司 3# 机液压油的检测报告。

表 16-3　×× 公司 3# 机液压油的检测报告

×× 化工股份有限公司润滑油 ×× 分公司质量检测中心 检测报告 NO：KF1201×2-28　　　　第 1 页　共 1 页				
委托单位	×× 经营部	**采样日期**	201×/1/12	
联系人	王 ××	**联系电话**	139××××××××	
样品名称	L-HM68 无灰抗磨液压油（3# 机）	**生产批号**		
检测原因及采样情况				
检测项目	**检验依据**	**质量指标**	**监测结果**	**备注**
运动黏度 40℃（mm^2/s）	GB/T 265—1988（2004）	68	88	ASTMD445 ISO3104
水分（质量分数）（%）	GB/T 260—1977（2004）	0.03	>10	ASTMD95
酸值（mg KOH/g）	GB/T 7304—2000（2004）		0.813	ASTMD664
不容物	GB/T 8926—1988（2004）		0.09	
色度	GB/T 6540—86		<1.0	ASTMD1500-1982
闪电（℃）	GB/T 267—1988：开口杯法		222	GB/T 261—183：闭口杯法
编制	张 ××	日期	201×.01.16	分析专用章
备注：本检验结果报告只对来样负责				
检验结论及建议： 从上述分析数据来看，该油品的酸值、不溶物等理化性能正常，但油品的运动黏度、水分严重超标，油品不合格，建议客户换油				
报告人：张 ××	审核人：李 ××	日期	201×.02.16	检测单位盖章

（3）监控电气系统的温度、湿度、灰尘等。

（4）各类极限开关的位置。

（5）设备在运行、操作中应该遵循的其他方面的内容。

16.5.5 使故障管理形成 PDCA 闭环管理

1. 要对已经发生的故障进行仔细分类

对已经发生的故障进行分类的方法大致有以下 5 种：

（1）按生产线（或设备群）分类；

（2）按故障发生的部位分类；

（3）按故障发生的现象分类；

（4）按故障发生的原因分类；

（5）按故障是否重复发生分类。

2. 对故障进行统计分析

大多数工厂对设备故障进行的统计分析表明，仅 70% 的故障属于简单的故障，约 30% 的故障属于难以处理的故障。故障管理的重点是考虑把这 70% 的简单故障消除，使设备部有足够的时间去处理那些难以处理的故障并对其进行改良维修。

3. 使故障管理形成 PDCA 闭环管理

故障管理的 PDCA 闭环管理如图 16-4 所示。

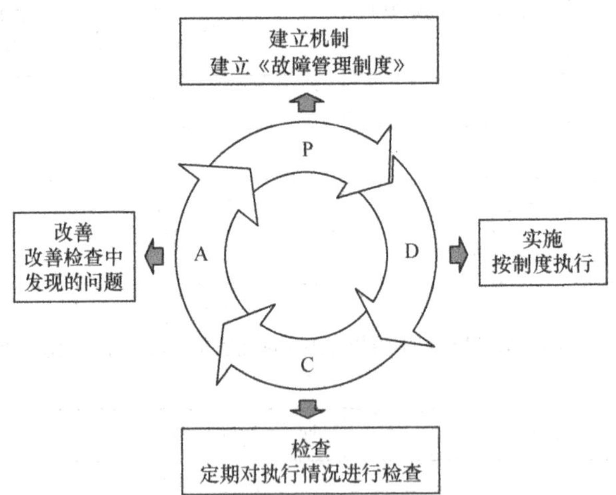

图 16-4　故障管理的 PDCA 闭环管理

16.5.6 改善或消除设备设计与制造上的缺陷

改善或消除设备设计与制造上的缺陷，最典型的例子就是汽车召回，即对于已经投放到市场的汽车，如果发现有设计和制造上的缺陷，不符合相关的法规、标准，或者有可能导致客户在使用过程中出现安全问题的，汽车生产厂家在向有关部门报告后，召回在用车辆并进行改造，以消除缺陷与事故隐患。在开展零故障的改善活动中，对于设备由于设计与制造上存在的先天性缺陷要予以改善或消除。

16.5.7 使设备劣化定期得到复原

随着时间的推移和设备的不断使用，设备的一些部位会逐渐劣化，如轴承、链条、皮带、电磁阀、气缸密封圈等，这些被磨损的零部件容易引发设备故障，所以要注意以下两点：

（1）定期进行点检，掌握它们的磨损状况；

（2）定期对已经磨损的、已达寿命周期的零部件进行更换。

16.5.8 提升自主维护人员及专业维护人员的技能

提升自主维护人员及专业维护人员的技能有以下 3 种方法。

（1）明确操作人员岗位的自主维护知识与技能要求，通过培训与训练达到要求。

（2）明确专业维护人员岗位的通用技能要求，有针对性地对他们进行培训并使他们的技能达到要求，如电工必须取得电工证，特种设备操作人员必须取得操作许可证等。

（3）明确专业维护人员岗位的专业技能要求，有针对性地对他们进行培训并使他们的技能达到要求。如果某种数控车床的控制系统使用了德国西门子的数控系统和可编程序控制器，则应该让电工或电气工程师接受德国西门子数控系统和可编程序控制器的培训。

16.5.9 防止人为失误

1. 操作过程的标准化与可视化

操作过程应该尽可能地标准化、可视化，以便对操作人员进行培训。操作过程的标准化与可视化举例如图 16-5 所示。

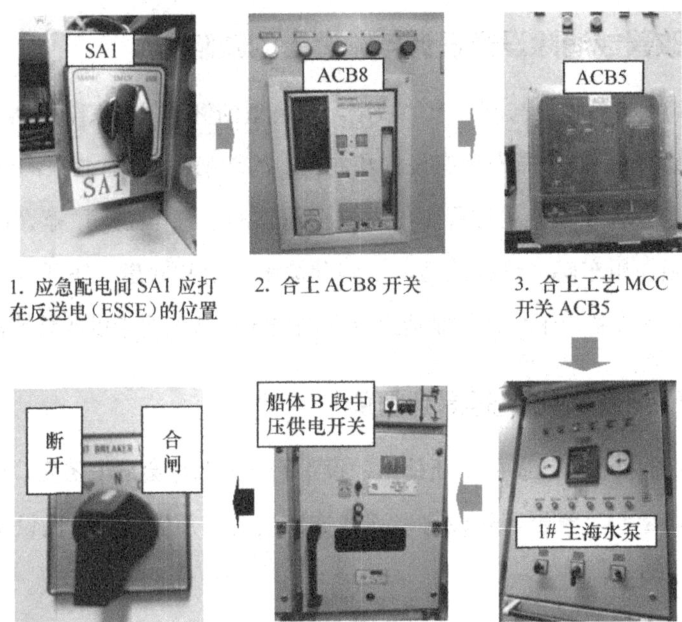

图 16-5　操作过程的标准化与可视化举例

2. 应用防呆措施防止出错

在图 16-6 中，只有被授权拥有钥匙的人才能启动并使用机器。这就是应用防呆措施防止出错的例子。

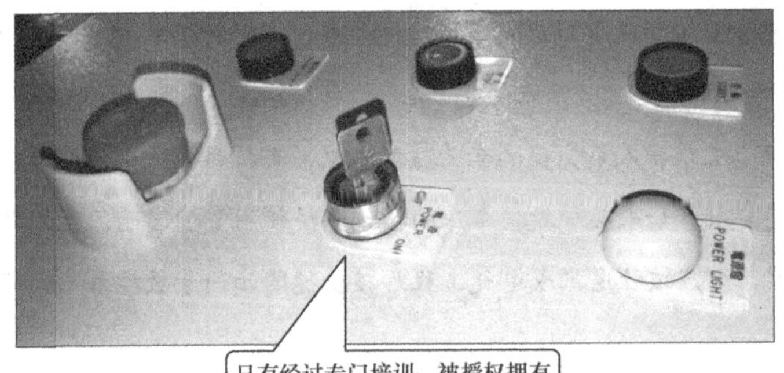

图 16-6　只有拥有钥匙的人才能启动并使用机器

3. 目视化管理防止出错

在图 16-7 中，“启动”按钮用绿色、中文“启动”和英文“START”进行标识；“停止”按钮用红色、中文“停止”和英文“STOP”进行标识。这就是应用目视化管理减少出错的例子。

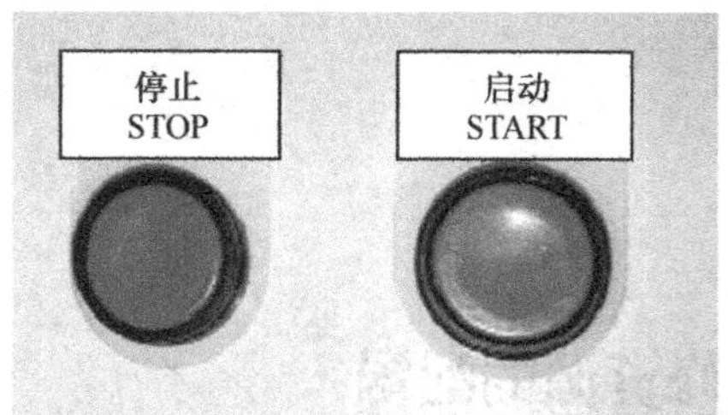

图 16-7　应用目视化管理减少出错举例

16.5.10　实施状态监测

实施状态监测请详见“第 14 章　状态监测”的相关内容。

第 17 章 专业维修

17.1 企业维修资源的配置

17.1.1 企业维修资源的配置

设备密集型企业的维修资源配置如图 17-1 所示。

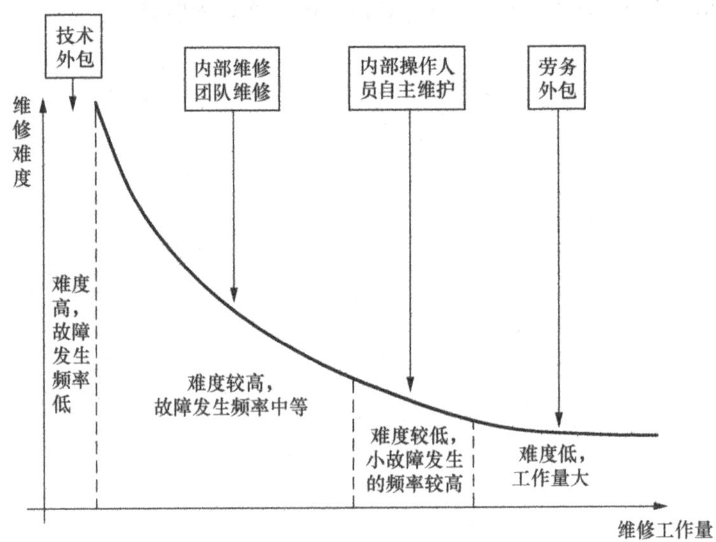

图 17-1 设备密集型企业的维修资源配置

17.1.2 企业维修资源合理配置的目的

企业维修资源合理配置的目的包括以下 3 个方面：

（1）节约费用，控制成本，企业不用配置那些非常专业但对自己整体发展用处不大的人才，不用配置那些非常专业、昂贵、使用频率较低的维修仪器仪表；

（2）提高维修效率，专业的维修公司凭借其自身的专业技术能力能更高效、更快速地完成维修任务；

（3）企业可以专注地做好内部维修、团结维修及内部操作人员自主维护的管理工作。

17.1.3 技术外包

技术外包大致分为以下 4 种情况。

（1）将维修技术难度高、故障发生频率低的维修任务外包出去。例如，将设备上触摸屏、可编程序控制器、电脑主板、数控系统、伺服驱动模块（如图 17-2 所示）等的维修业务外包。

图 17-2 伺服驱动模块

（2）将维修难度高、工作量大的维修任务外包出去。例如，使用机床（车床、刨床、铣床、磨床等）的企业将机床的大修业务外包；再如，使用工业窑炉的企业（建材陶瓷企业、玻璃生产企业等）把窑炉大修的任务外包给专业的公司来做。

（3）国家法律法规规定的必须由有资质的专业公司来维修的设备，如特种设备中的电梯、行车、锅炉、管道、压力容器、高压配电设备的检修等。

（4）企业在购买设备的售后服务中明确了要由设备供应商来做的那些维修工作。例如，微电子制造企业的光刻设备，其光路调教须借助专门的仪器及专门培训过的技术人员才能完成，这项工作必须由设备供应商来做。再者，这是设备供应商的核心技术，通过这种方式也能保证其核心技术不会外传。

17.1.4 内部维修团队维修

内部维修团队主要负责维修难度较高、故障发生频率一般的设备。内部维修团队是企业的核心维修力量。

×× 公司的内部维修团队如图 17-3 所示。

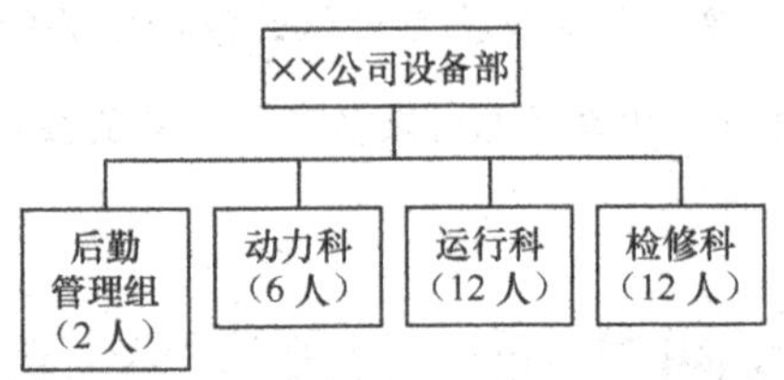

图 17-3 ×× 公司的内部维修团队

17.1.5 内部操作人员自主维护

内部操作人员自主维护是对维修难度较低、如果不做好会导致小故障频繁发生的设备进行维护保养的工作，如设备的日常清扫、点检、调整、紧固、维护保养、小故障处理等由内部操作人员自主完成，也就是我们常说的企业自主维护。

17.1.6 劳务外包

劳务外包是指将那些低难度、工作量大的维修维护工作外包出去。这些工作包括厂房钢结构及屋顶防腐、自来水管路防腐、锅炉烟囱清理、冷冻水管路保温层（如图 17-4 所示）的维护更换、设备基座的防腐等。

图 17-4 冷冻水管路保温层

公司的绿化、安全保卫、食堂等工作也是属于低难度、工作量大的工作，也实行外包。

17.1.7　企业维修资源配置的比例

企业维修资源如何配置才算合理，目前还没有标准可以参考。一般认为，技术外包占 5% 左右、内部维修团队维修占 65% 左右、内部操作人员自主维护占 15% 左右、劳务外包占 15% 左右是比较合理的。×× 公司维修资源配置的比例如图 17-5 所示。

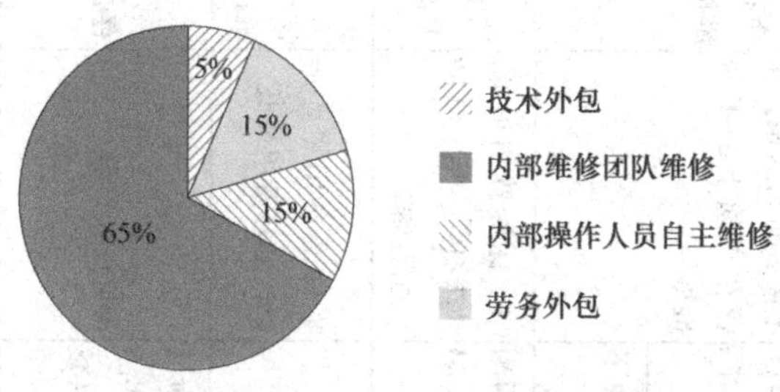

图 17-5　×× 公司维修资源配置的比例

17.2　计划维修的基本概念

为了保证设备的可靠性，确保生产计划能如期完成，对设备开展的有组织、有计划并且成本最低的维修活动称为计划维修。

17.3　计划维修的类型（维修策略）

计划维修的类型也就是我们通常所说的“维修策略”。计划维修的类型有定期维修、状态监测、事后维修、改良维修、机会维修等，其定义、优点、缺点、适用性等见表 17-1。

表 17-1 计划维修的类型（维修策略）

序号	计划维修的类型（维修策略）		定义	优点	缺点	适用性
1	定期维修（在故障发生之前的固定周期的维护方式）	1.1 定时维修（Time Based Maintenance，TBM）	依据约定的设备运行时间，时间一到就停机进行维修	不需要进行点检，花费在点检上的工作量少	会存在过维修的情况，维护费用较高	适用于不需要点检或无法进行点检的设备
		1.2 定量维护	依据约定的产量（动作次数、里程数等），产量（动作次数、里程数等）一到就停机进行维修			
		1.3 检查定修（Inspection & Maintenance）	对设备定期分解检查，一旦发现不良的备件就予以更换			
2	状态监测（Condition Based Maintenance，CBM）		凭借监测、诊断及分析结果，预测零件的寿命，在零件到达寿命上限或预先设定的值时予以更换	（1）保养费用最低，故障损失最少；（2）防止过度维修	监测系统成本较高，需要监测的人力	适用于关键、重要的设备或关键、重要的零件
3	事后维修（Break down Maintenance，BM）		设备（或零件）坏了才予以维修	零件寿命用尽才维修，维修费用最低	影响生产，造成损失，使产量与质量不稳定，单位产品能源消耗增多	适用于：（1）处于次要等级的设备；（2）无法进行点检的设备
4	改良维修		以提高设备的可靠性、安全性为目的，对设备的先天性缺陷或某些故障频繁发生的零件进行改造，以减少或消除因此产生的设备故障	彻底解决问题	存在技术难度	适用于存在先天性缺陷或某些故障频繁发生的设备
5	机会维修		利用生产计划上的停机空当来进行维修，如利用操作人员开早会停机的时间或操作人员吃中午饭停机的时间进行维修	对生产没有损失	时间短，只能处理一些小问题	适用于设备计划停机较多的情况

17.4 自主维护与计划维修的关系

17.4.1 操作人员与维修人员的职责承担

在自主维护与计划维修中，操作人员与维修人员职责承担的情况见表 17-2。

表 17-2　操作人员与维修人员职责承担的情况

序号	工作内容			职责分配		达到的目的
				操作人员	维修人员	
1	设备正常运行	正常操作		★		生产出合格的产品
		设备调整		★		
2	自主维护	清扫		★		防止设备劣化，使设备健康运行
		点检		★		
		润滑		★		
		保养		★		
		紧固		★		
		小故障处理		★		
3	计划维护	定期维修	定时维修		★	防止设备发生故障，使设备高效运行
			定量维护		★	
			检查定修		★	
			状态监测		★	
			事后维修		★	
			改良维修		★	
			机会维修		★	

注：符号“★”表示承担职责。

17.4.2 设备部人员对自主维护的支持

1. 在自主维护起始阶段的支持

设备部人员在自主维护起始阶段支持操作人员的工作流程如图 17-6 所示。

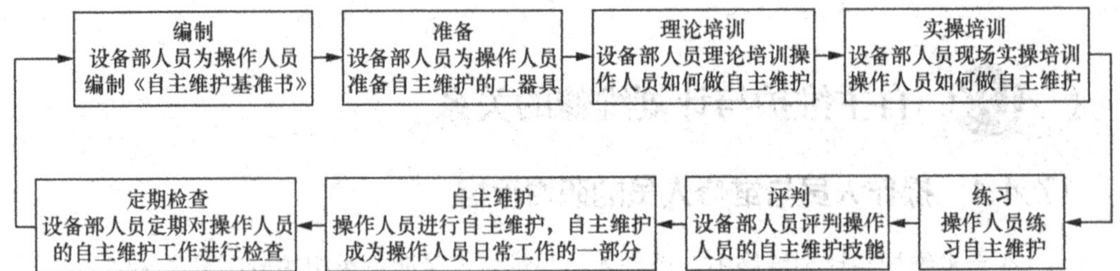

图 17-6　设备部人员在自主维护起始阶段支持操作人员的工作流程

2. 设备部人员对自主维护的定期监督检查

设备部人员定期对操作人员的自主维护工作进行监督检查，工作流程如图17-7所示。

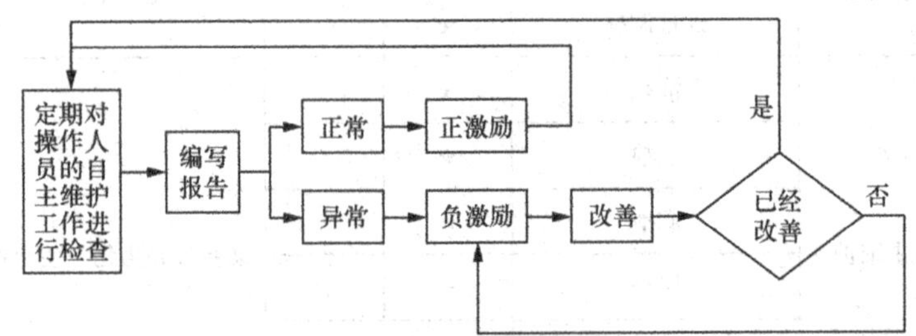

图 17-7　设备部人员定期监督检查操作人员的工作流程

3. 设备部人员对自主维护中异常情况的处理

操作人员在自主维护中发现异常情况的处理流程如图17-8所示。

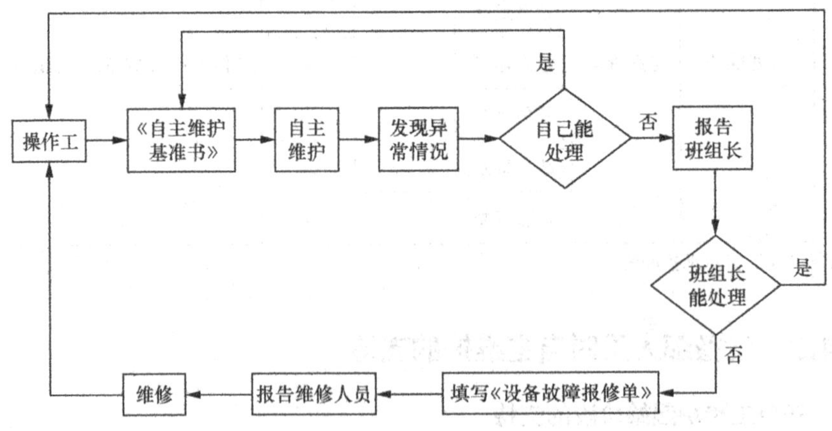

图 17-8　操作人员在自主维护中发现异常情况的处理流程

17.5 维修策略的应用

17.5.1 设备的分级管理

1. 对设备分级管理的目的

企业的人力、物力及财力是有限的，为了将企业有限的设备管理资源使用在刀刃上，即使用在对企业经营效益起关键作用的设备上，企业会根据设备重要程度的不同实行不同的管理方法，对不同的设备采用不同的管理措施。

2. 重点设备管理法

设备分级管理的方法有两种：重点设备管理法与效果系数法。企业一般采用重点设备管理法。重点设备管理法是按照设备在企业生产经营活动中的不同地位和作用把设备分为 4 个等级，即关键设备、重点设备、一般设备和次要设备，与之相对应的是 A、B、C、D 4 级。

3. 设备分级的评分方法

制造业企业非常关注 P、Q、C、S、D 及 M，对于设备分级的评分，它们也会从生产、质量、成本、安全 4 个方面予以考虑，另外再加上设备维修性的内容。企业不一样，设备分级的评分方法也不一样。×× 公司设备分级的评分标准见表 17-3。

表 17-3 ×× 公司设备分级的评分标准

序号	评分项目	评分子项	配分	标准
1	对生产的影响	生产班次	10	三班生产
			7	二班生产
			4	单班生产
			2	每天的生产时间不足一个班
		故障发生后的替代情况	10	没有替代的设备或工艺
			7	有临时替代的工艺，无替代设备
			4	有替代的设备，但生产效率及成品率低
			2	有替代的设备，可满足生产需要
		故障发生后对生产计划的影响	10	对整个企业的生产计划造成影响
			7	对整个车间的生产计划造成影响
			4	对班组的生产计划造成影响
			2	只对故障设备的生产计划造成影响

（续表）

序号	评分项目	评分子项	配分	标准
2	对质量的影响	设备精度与产品质量的关联性	10	对产品质量起决定性作用，一旦造成产品质量问题，产品就无法修复
			7	是重点管控的质量工序
			4	会对产品质量造成影响，但产品通过返修可以达到要求
			2	对产品质量的影响比较轻微
		产生的产品质量对客户的影响	10	对客户有重大影响，会导致客户投诉
			7	会导致客户投诉
			4	有影响，但不会导致客户投诉
			0	对客户没有影响
3	购买的成本	设备的购买价格	10	≥ 40 万元
			7	20 万～ 39 万元
			4	10 万～ 19 万元
			2	<10 万元
4	对安全的影响	对人身安全及环境污染的影响	10	非常严重
			7	比较严重
			4	有一定影响
			2	影响轻微
5	维修性方面	设备维修的复杂程度	10	维修非常困难，严重依赖设备供应商，维修费用非常高
			7	维修困难，依赖设备供应商，维修费用高
			4	有一定的维修难度，可以自己维修，维修费用一般
			2	容易维修
		备件供应情况	10	目前同类设备少，备件采购困难，供应周期长（3 个月以上）
			7	目前企业的同类设备较多，备件采购较容易，备件有一定的储量
		备件供应情况	4	备件采购周期为一个月以内，有些备件可以自制
			2	备件容易采购
		每月平均故障次数及故障停机时间	10	5 次以上，8 小时以上
			7	3 ~ 4 次，5 ~ 7 小时
			4	2 次，3 ~ 4 小时
			2	1 次，2 小时以下

×× 公司设备得分与设备级别的对应关系见表 17-4。

表 17-4　×× 公司设备得分与设备级别的对应关系

序号	得分	设备级别	设备的关键度	举例
1		A	关键设备	精度特别高的设备及特别稀有的设备
2		B	重要设备	主要生产设备、水电气供应设备、压缩空气产生设备、特种设备、环保设备等
3		C	一般设备	产品运输车辆（如手动叉车等）、食堂设备等
4		D	次要设备	路灯、车间照明灯、电动工具（如手电钻、冲击钻等）、插座、插头、维修间砂轮机、电焊机等

17.5.2　维修策略的应用之一

维修策略的应用之一是依据设备分级的情况确定整个企业设备的计划维修方式。×× 公司的设备级别与维修策略的对应情况见表 17-5。

表 17-5　×× 公司的设备级别与维修策略的对应情况

维修策略 / 设备级别	定期维修	状态监测	事后维修	改良维修	机会维修
A	√	√	√	√	√
B	√	√	√	√	√
C	×	×	√	×	×
D	×	×	√	×	×

注：符号“√”表示有，符号“×”表示无。

17.5.3　维修策略的应用之二

维修策略的应用之二是依据对设备内零件的分析确定设备计划维修的内容。×× 公司对自己的一台压铸机内零部件适用的设备维修策略进行分析，汇总后见表 17-6。

表 17-6　压铸机内零部件适用的设备维修策略分析表

车间名称：一车间；填表日期：201× 年 8 月 10 日；填写人：王 ××；审核人：李 ××

序号	设备名称	设备型号	资产编号	零件编号	零件名称	潜在故障	维修策略						
							事后维修	定期维修			状态监测	改良维修	机会维修
								定时维修	定量维修	检查定修			
1	压铸机	D-8S	101	310	热电偶	显示的铝液温度与实际有误差		√					
2	压铸机	D-8S	101	311	流量计	流量计漏水	√						
3	压铸机	D-8S	101	312	水雾泵	水雾泵堵塞	√						
4	压铸机	D-8S	101	313	导向杆	导向杆变形						√	
5	压铸机	D-8S	101	314	保温炉升降电磁阀	保温炉升降无动作			√				
6	压铸机	D-8S	101	315	液压油	油温过高					√		
7	压铸机	D-8S	101	316	冷却水管过滤网	冷却水管过滤网堵塞	√						
8	压铸机	D-8S	101	317	电磁阀	电磁阀动作不正常			√				
9	压铸机	D-8S	101	318	冷却泵及电机	冷却泵及电机无动作	√						
10	压铸机	D-8S	101	319	脱模缸	脱模缸漏油	√						
11	压铸机	D-8S	101	320	气控柜压力表	压力指示与实际有误差		√					
12	压铸机	D-8S	101	321	伺服电机	伺服电机温度偏高						√	
13	压铸机	D-8S	101	322	油泵	出口油压低于标准值				√			
14	压铸机	D-8S	101	323	配电柜空调	配电柜空调不制冷							√
15	压铸机	D-8S	101	324	液压轴	液压轴油位偏低							√

××公司依据这份分析表，再结合其他的一些情况，即可列出这台压铸机计划维修的内容。

一般而言，针对某台具体的设备，由维修策略形成计划维修内容的 PDCA 循环如图 17-9 所示。

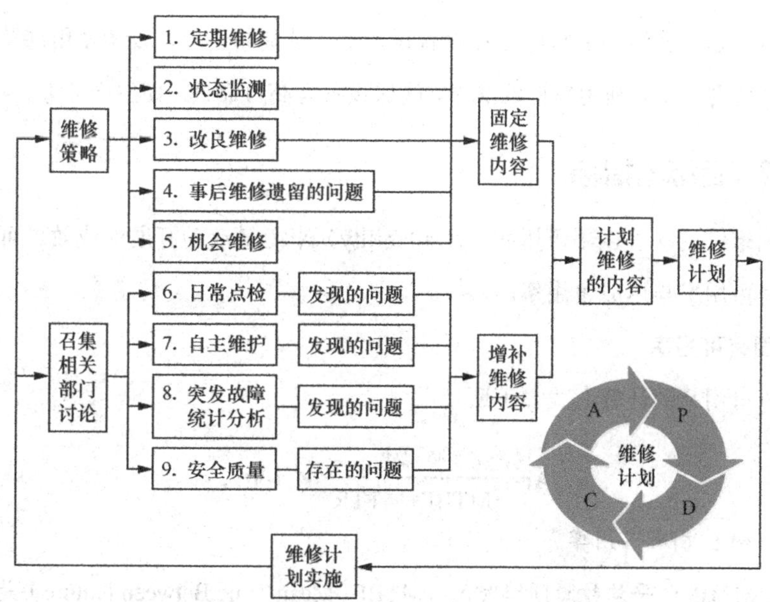

图 17-9　由维修策略形成计划维修内容的 PDCA 循环

17.5.4　维修计划实施的 PDCA 闭环

维修计划实施的 PDCA 闭环如图 17-10 所示。

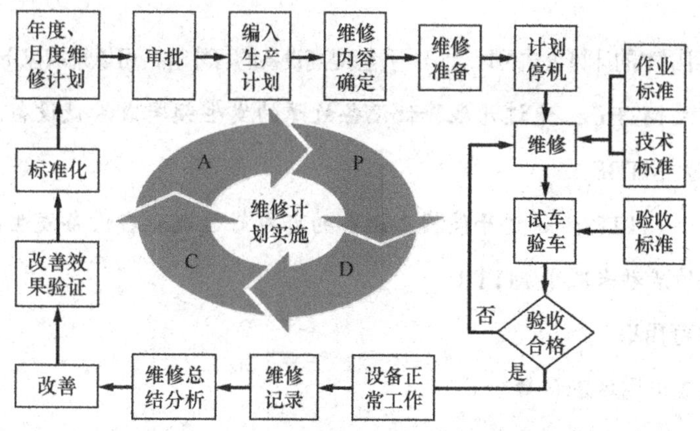

图 17-10　维修计划实施的 PDCA 闭环

17.6 开展计划维修活动的目标与指标

17.6.1 开展的目的

开展计划维修活动的目的是在设备设计部、设备制造部、设备使用部及设备管理部的共同努力下，利用较低的成本，确保设备有高可靠性，使生产计划如期完成。

17.6.2 目标与指标

计划维修活动可以用可用率（Availability）来衡量活动开展的成效。可用率可分为固有可用率与达成可用率。

1. 固有可用率

固有可用率的计算公式如下所示：

$$At=\frac{MTBF}{MTBF+MTTR}\times 100\%$$

（1）At：固有可用率。

（2）MTBF：平均故障间隔时间。MTBF（Mean Time Between Failure）是衡量设备可靠性的指标，指设备两次相邻故障之间的平均时间，单位为小时或分钟。

（3）MTTR：平均维修时间。MTTR（Mean Time To Repair）是衡量设备可维护性的指标，反映设备维修部的技能水平、反应速度、组织机构效率等，单位为小时或分钟。

由固有可用率的计算公式可以看出，要想提高设备的可靠性，可以采取以下两种方式。

（1）增大 MTBF：通过开展降低设备故障的发生频率或者使设备不发生故障的活动来增大 MTBF。

（2）减小 MTTR：通过开展提高设备的可维修性或者在设备发生故障后能使其快速修复的活动来减小 MTTR。

2. 达成可用率

（1）达成可用率的计算公式

达成可用率的计算公式如下所示：

$$Aa=\frac{MTBM}{MTBM+M}\times 100\%$$

① Aa：达成可用率。

② MTBM：平均维修间隔时间，单位为小时或分钟，包括计划维修的平均间隔时间（以下简写为“E”）和事后维修的平均间隔时间（以下简写为“F”），即：

$$MTBM = E + F$$

③ M：平均维修时间，单位为小时或分钟，包括计划维修的平均维修时间（以下简写为“G”）和事后维修的平均维修时间（以下简写为“H”），即：

$$M = G + H$$

（2）达成可用率的计算举例

达成可用率的计算举例如下所述：

××公司的一台关键设备以月为单位进行计划维修，每月停机维修一次，每次维修 8 小时，在 2019 年 6 月共出现停机故障 3 次，维修时间共 180 分钟，请计算该关键设备 2019 年 6 月的达成可用率。

注：2019 年 6 月共有 30 天。

计算过程如下所示：

① E=30（天）× 24（小时 / 天）× 60（分钟 / 小时）=43200（分钟）；

② F=30（天）× 24（小时 / 天）× 60（分钟 / 小时）÷ 3（次）=14400（分钟）；

③ G=8（小时 / 次）× 60（分钟 / 小时）× 1（次）=480（分钟）；

④ H=180（分钟）÷ 3=60（分钟）；

⑤ MTBM=E+F=43200+14400=57600（分钟）；

⑥ M=G+H=480+60=540（分钟）；

⑦ Aa=MTBM/（MTBM+M）× 100%=99.1%。

该关键设备 2019 年 6 月的达成可用率 Aa 为 99.1%。

由达成可用率的计算公式可以看出，要想提高设备的可靠性，可以采取以下两种方式。一是增大 MTBM，即通过开展延长二次计划维修之间的时间间隔的活动可以增大 MTBM。例如，××设备原来的计划维修时间间隔是 30 天，通过开展改善活动，现在的计划维修时间间隔是 45 天，MTBM 增加了 15 天，设备可以有更多的产出。二是降低 M，即通过开展减少平均维修时间的活动可以降低 M。

17.7 开展计划维修活动的种类

通过在“17.6.2 目标与指标”中对固有可用率（At）及达成可用率（Aa）的分析与总结，我们提炼出开展计划维修活动的种类，见表 17-7。

表 17-7 开展计划维修活动的种类

指标	目的	计划维修活动开展的种类	备注
提高设备的可用率，即提高设备的固有可用率（At）和达成可用率（Aa）	提高设备的可靠性	减少设备故障的发生频率	活动的焦点在“零故障”，它是“零不良”及“零灾害”的基础
		使设备不发生故障	
		设备发生故障后如何能快速修复（或减少故障维修所耗费的时间）	—
		延长二次计划维修之间的时间间隔	—
		减少每次计划维修所耗费的时间	—

第 18 章 备件管理

18.1 备件的定义

在维护和维修设备时，以下 4 种零部件被统称为备件：

（1）已磨损到不能使用的零部件的替换件；

（2）损坏零部件的新制件；

（3）损坏零部件的修复件；

（4）为了缩短设备维修的停歇时间，事先采购、制造和储备的零部件。

18.2 设备备件管理的目的

设备备件管理（以下简称“备件管理”）的目的如下所述：

（1）确保设备正常运行及按时完成生产计划；

（2）确保备件购买的计划性，缓解采购部的压力；

（3）确保备件购买计划的准确性，满足维修计划及生产计划的需要；

（4）确保备件按计划采购到位；

（5）杜绝有质量问题的备件进入企业；

（6）把设备突发故障的损失降到最低；

（7）有助于将维修费用降到最低；

（8）有助于将计划维修的时间缩到最短；

（9）备件库存资金处在合理的水平。

18.3 备件管理职责分配

一般企业的备件管理职责分配见表 18-1。

表 18-1 一般企业的备件管理职责分配

序号	部门名称	职责
1	设备管理部	审核工厂备件计划，申报技改项目及专项工程备件计划，采购零星紧急备件，入库验收备件，申报和实施备件报废，自制备件技术支持
2	备件需求部	提出备件需求计划，备件领用，反馈备件使用中存在的问题，监控备件寿命
3	仓储部	核对备件采购计划，申报补仓备件，入库验收通用标准件，办理出入库手续，存储管理备件，定期盘点备件
4	财务部	购买备件的付款，工厂报废备件的账务处理

18.4 备件业务流程管理模型

18.4.1 备件业务流程管理模型

笔者在企业里长期推行 CLTPM，把一般企业备件业务流程管理总结提炼成“备件业务流程管理模型”，即备件业务流程管理的 PDCA 闭环，如图 18-1 和图 18-2 所示。

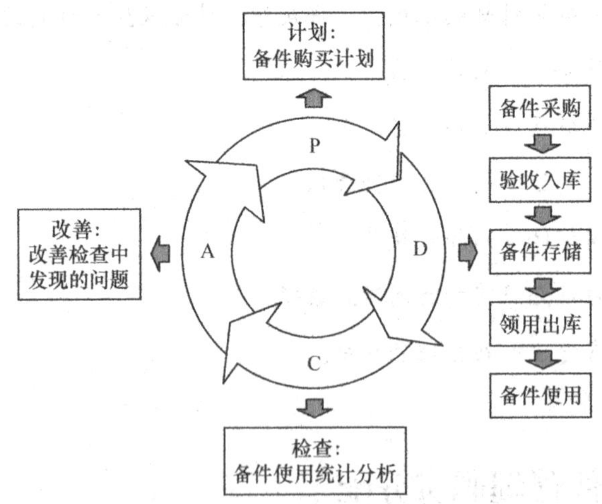

图 18-1 备件业务流程管理的 PDCA 闭环

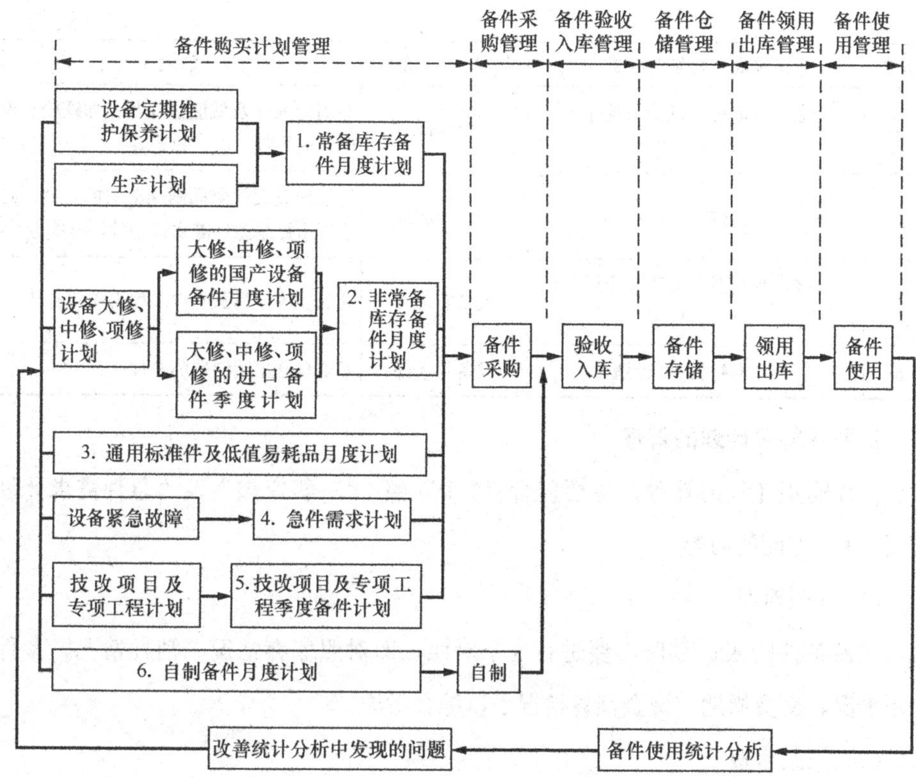

图 18-2　备件业务流程管理模型示意

18.4.2　备件购买计划管理

1. 备件购买计划的种类

一般企业的备件购买计划有 6 类，见表 18-2。

表 18-2　一般企业的备件购买计划

序号	备件购买计划的种类		申报计划的部门	说明
1	常备库存备件月度计划		备件需求部	1. 满足设备定期维护保养计划所需的备件，如润滑油脂、清洁剂、除锈剂等 2. 生产计划实施中的设备耗损件
2	非常备库存备件月度计划	大修、中修、项修的国产备件月度计划	设备管理部	为满足计划维修（大修、中修、项修）的需要而计划购买的备件
		大修、中修、项修的进口备件季度计划		

（续表）

序号	备件购买计划的种类	申报计划的部门	说明
3	通用标准件及低值易耗品月度计划	仓储部	通用标准件及低值易耗品，如螺栓、螺母、捆扎带、电工胶布等
4	急件需求计划	备件需求部	为处理突发故障而亟须购买的备件，必须严格控制急件需求计划的提报次数
5	技改项目及专项工程季度备件计划	设备管理部	满足技改项目及专项工程需要的备件
6	自制备件月度计划	设备管理部	需要自己出图制造的备件

2. 备件购买计划的管理

备件购买计划的管理，主要包含“5 个对照”“三级审核”及“急件需求计划控制”3 个方面的内容。

（1）5 个对照

在做备件购买计划时，要进行 5 个对照，即对照库存情况、消耗情况、备件在用情况、交货周期、资金预算情况予以综合考虑。

（2）三级审核

第一，备件需求部提报的备件购买计划必须经本部门领导、仓储部及设备管理部审核。

第二，设备管理部提报的备件购买计划，须经本部门领导、仓储部及公司级领导审核。

（3）急件需求计划控制

急件需求计划可以走急件流程办理。急件需求计划的提报次数必须被严格控制。

18.4.3 备件采购管理

1. 备件采购供应商的选择

为了确保备件采购的性价比，一般的企业会综合评价一批供应商，评价合格的供应商会被列入合格供应商目录中。备件采购供应商必须从合格供应商目录中选择。

2. 备件采购的原则

在备件采购过程中，按照比质、比价、比服务、比交货期的原则，选择质量好、交货及时、服务优、价格合理的供应商。

3. 三家报价

在合格供应商的目录中，选择 3 家供应商对备件进行报价，择优选择其中一家供应商供货，走审批流程。

18.4.4　备件验收入库管理

仓库管理员凭已经审批的计划单，对备件的品种、型号规格、数量等进行验收，若发现备件实物与计划单上的名称不符、型号规格对不上、质量有问题、数量短缺等异常情况，则应妥善保管好备件及相关凭证，不予收货入账，并将备件退还给供应商。备件质量验收由相关技术人员进行，他们发现质量问题后及时反馈给供应商处理。

仓库管理员及技术人员验收完毕后，及时将备件入账入库。

18.4.5　备件仓储管理

1. 备件储备的 5 种形式

备件储备的 5 种形式见表 18-3。

表 18-3　备件储备的 5 种形式

序号	储备形式	说明
1	储备成品	储备使用无问题的定型备件
2	储备半成品	需要时对备件的半成品按维修现场测定的尺寸进行加工
3	储备毛坯	储备事先难以确定加工尺寸的备件的毛坯，使用毛坯时按维修现场测定的尺寸进行加工
4	储备成套件	当备件之间的配合精度要求很高时，采用储备成套件的方式，成套件事先已经调校好，有故障时成套更换，确保设备精度及快速恢复生产
5	储备总成	有故障时更换整个总成，快速恢复生产，然后对有问题的总成进行维修

2. 备件储备的级别

有些大型的集团公司采用多级储备备件的方式。××煤矿集团由于体量庞大，各作业区之间的间距少则几十千米。针对作业区非常分散的情况，该集团采用四级备件储备方式，见表18-4。

表18-4 ××煤矿集团四级备件储备方式

序号	仓库级别	储备级别	储备的备件种类
1	一级仓库	集团公司级储备	计划检修使用的备件、各作业区都可以使用的通用备件等
2	二级仓库	车间级储备	该车间使用的专用备件、故障或事故抢修急用备件、车间通用备件等
3	三级仓库	工段级储备	该工段使用的专用备件、故障或事故抢修急用备件、工段通用备件等
4	四级仓库	机旁储备	备件损坏会立即导致机台停产必须马上更换的备件、小型通用且不容易丢失的备件、因体积或重量较大不容易运输的备件等

××煤矿集团的机旁备件储备箱如图18-3所示。

图18-3 ××煤矿集团的机旁备件储备箱

大多数中小企业一般只用一个备件仓库，只实行一个级别的备件储备。

3. 仓库备件储备的要点

仓库备件储备的要点如下所述：

（1）备件应尽量按类型归类集中放置，如将所有的轴承放置在一起、将所有

的皮带放置在一起等;

（2）不耐压力的物体不得重叠堆放;

（3）不宜挤压、弯曲的备件应放平、垫实;

（4）将重量大的备件放置在货架底部，将重量轻的备件放置在货架上部;

（5）对备件进行定期清扫、涂油与防锈;

（6）尽量五五码放，先进先出;

（7）备件易于进出;

（8）防火、防盗、防事故。

4. 备件报废

因设备淘汰、更新、改造等原因需要报废的备件，设备管理部组织对拟报废的备件进行技术鉴定，然后报上级审批。对已经获得批准的报废备件予以销账，并将实物下架做变卖处理。

5. 备件的定期盘点

必须对备件进行定期盘点，做到账、卡、物相符。

18.4.6 备件领用出库管理

1. 备件领用

备件领用人领用备件时，必须填写相关表格并获得上级的批准。

2. 备件的出库

仓库管理员核对发放备件的品种、规格型号、数量后销账，然后出库并核对余量。仓库管理员必须将当日发生的备件出库情况及时录入账目系统，做到日清日结，确保账目系统中的备件进出及结存数量正确无误。

18.4.7 备件的使用管理

1. 备件在使用过程中的效果验证

在备件的使用过程中，如果存在因备件质量问题不能满足设备正常运行的情况，则由备件使用部反馈给设备管理部。设备管理部将有质量问题的备件汇总后报采购部，然后由采购部联系供应商做更换或退货处理。

2. 关键备件寿命周期监控

一般企业确定关键设备中价值大的关键备件做寿命监控。对备件上机的时间、设备运行的时间做详细记录，判断备件是否在预定的寿命周期内，决定应该什么时候予以更换。

18.4.8 备件使用统计分析并改善发现的问题

1. 备件使用统计分析的目的

备件使用统计分析的目的有 3 个方面：

（1）对一些关键备件进行统计分析，待它们的使用寿命一到就选择恰当的时间将其换掉，这样不仅可以物尽其用，而且可以防止因突发故障停机的情况；

（2）通过统计分析上机使用备件的寿命数据监控备件的质量，然后将结果反馈给采购部，有助于采购到质量合格的备件；

（3）确定备件消耗的定额，防止备件的异常消耗，节约资金。

2. 备件使用统计分析的方法

备件使用统计分析的方法如下所述：

（1）对设备日常使用的备件进行排序，找出那些消耗量大、价值高、对生产影响大的备件进行统计分析；

（2）统计备件的上机时间、设备的运行时间、设备的负荷变化情况等数据。

3. 改善统计分析中发现的问题

在备件使用统计分析的基础上改善发现的问题。

18.5 备件的修旧利废

备件修旧利废的目的是充分利用修复的备件，减少新备件的购买，降低购置备件的费用，从而降低生产成本。

下面简单介绍 ×× 钢铁公司对零备件修旧利废的管理措施。

1. 明确零备件修旧利废的管理职责

明确设备管理部、各作业区及检修单位在零备件修旧利废管理中的职责。

2. 把废旧零备件分为 3 类

把废旧零备件分为 3 类，详见表 18-5。

表 18-5　废旧零备件归类

序号	类别	说明	举例
1	A	可以修复再利用	各类废旧阀门、油泵、管道备件、电机及仪器仪表、液压油缸等
2	B	在本公司无利用价值，但可出售	废旧电线电缆、从电机上更换下来的废铜线、废旧铜管及铝合金管、废旧钢铁、废轴承、废旧液压油等
3	C	可以填写报废单予以报废	各类废旧工器具、油管、电气元件、橡胶密封件等

3. A 类（可以修复再利用）零备件修复工作流程

A 类（可以修复再利用）零备件修复工作流程如图 18-4 所示。

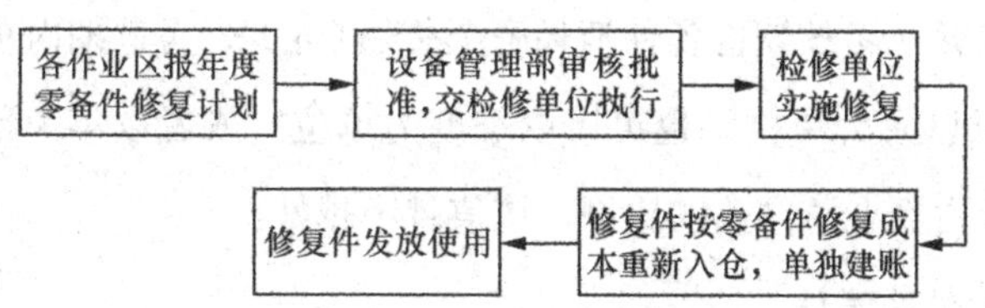

图 18-4　A 类（可以修复再利用）零备件修复工作流程

4. 零备件修复成本的计算方法

零备件修复成本的计算方法：

$$零备件修复成本 = 运输费用 + 材料费用 + 人工费 + 机具费$$

当零备件的修复成本超过零备件原值的 50% 时应放弃修复。

18.6 备件管理指标

备件管理指标有很多，如备件储备资金金额、备件资金占用率、千元产值备件消耗、单位产量备件消耗、备件资金周转率、单位产量备件消耗等，下面简单介绍企业常用的几个指标。

1. 年度备件资金周转率

年度备件资金周转率反映的是企业年度备件资金的周转快慢。

年度备件资金周转率的计算公式如下所示：

年度备件资金周转率=年消耗备件费用÷年均备件库存费用

年度备件资金周转率的最大值为1。该值越大，说明企业的呆滞备件越少，备件资金周转越快。

2. 月度备件资金周转率

月度备件资金周转率是以月为考核周期。

月度备件资金周转率的计算公式如下所示：

月度备件资金周转率 = 月消耗备件费用 ÷ 月均备件库存费用

该值反映月度企业呆滞备件的多少。该值越大，说明企业的呆滞备件越少。

3. 千元产值备件消耗

千元产值备件消耗是企业成本核算的一部分，其计算公式如下所示：

千元产值备件消耗 = 考核期内备件消耗资金总额（元）÷ 考核期内企业总产值（元）

考核期可以以月为单位，也可以以季度为单位，或者以年为单位。该指标反映备件消耗资金占企业总产值的比例，该值越小越好。

4. 单位产量备件消耗

单位产量备件消耗的计算公式如下所示：

单位产量备件消耗 = 考核期内备件消耗资金总额 ÷ 考核期内总产量

考核期可以是每月、每个季度或每年。

下面是 ×× 卷烟厂应用单位产量备件消耗指标的一个例子。

×× 省对 ×× 卷烟厂的总体零备件单箱消耗考核指标为 43 元 / 箱（含大修、中修、项修零备件消耗）。×× 卷烟厂结合历年零备件的使用情况，制订了各车间月度平均零备件单箱消耗考核指标：

（1）制丝车间 6 元 / 箱；

（2）卷包车间 22 元 / 箱；

（3）成型车间 1.8 元 / 箱；

（4）动力车间 2.1 元 / 箱（不含大修、中修、项修零备件消耗）。

×× 卷烟厂各车间针对本身的零备件消耗考核指标，对每个月的零备件消耗进行统计分析，及时发现异常消耗并予以改善。

18.7 备件 ABC 分类管理

1. 备件 ABC 分类管理的由来

将 ABC 分类法引入备件库存管理，形成备件 ABC 分类管理。Pareto（帕累托）图又称 ABC 分析图，是用于分析影响项目产品或服务质量的主要因素的方法。

图 18-5 所示的是 ×× 公司备件分类的 ABC 分析。从图中可以看出，A 类备件只占备件种类的 12%，但是 A 类备件的年消耗金额却占总消耗金额的 72%。因此，A 类备件消耗金额应该是 ×× 公司备件消耗总金额的主要影响因素，应该对 A 类备件予以重点管控。

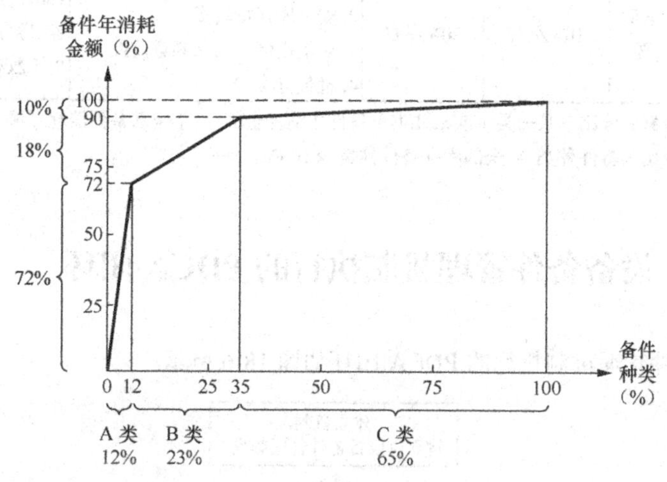

图 18-5　×× 公司备件分类的 ABC 分析

2. 备件 ABC 管理的目的

备件 ABC 管理的目的如下所述：

（1）依据备件的不同重要性，采取不同的管控措施，有助于企业将有限的人力、物力资源用在刀刃上；

（2）集中力量管理好种类少、消耗金额大的主要备件，有效减少储备，加速备件的资金周转。

3. 备件 ABC 分类方法及管控措施

备件 ABC 分类方法及管控措施见表 18-6。

表 18-6　备件 ABC 分类方法及管控措施

序号	类别	重要程度	年消耗金额百分比	种类百分比	管控措施	说明
1	A 类备件	特别重要	70% 左右	10% 左右	1. 重点管控的对象 2. 购买回来后及时上机使用，加快备件的资金周转 3. 库存可以压缩到最小 4. 对使用情况（如使用寿命）进行严格监控	指那些种类少、消耗金额占比大的备件
2	B 类备件	一般重要	20% 左右	20% 左右	1. 常规管控 2. 适当地进行储备 3. 有选择性地监控备件的使用情况 4. 低于安全库存就订货	介于 A 类与 C 类的备件是常规备件，如轴承、电磁阀、气缸、油缸、光电开关、继电器、齿轮、同步带等
3	C 类备件	不重要	10% 左右	70% 左右	1. 稍加管控 2. 安全库存量较多 3. 对使用情况无须刻意监控 4. 批量订货	标准件及通用件，如螺栓、螺母、垫片、生料带、电工胶布、管接头等

注：1. 年消耗金额百分比 = 某一类（或某几类）备件年消耗金额 ÷ 年全部备件消耗金额 ×100%。

2. 种类百分比 = 备件种类 ÷ 全部库存备件种类 ×100%。

18.8 设备备件管理机制执行的 PDCA 闭环

设备备件管理机制执行的 PDCA 闭环如图 18-6 所示。

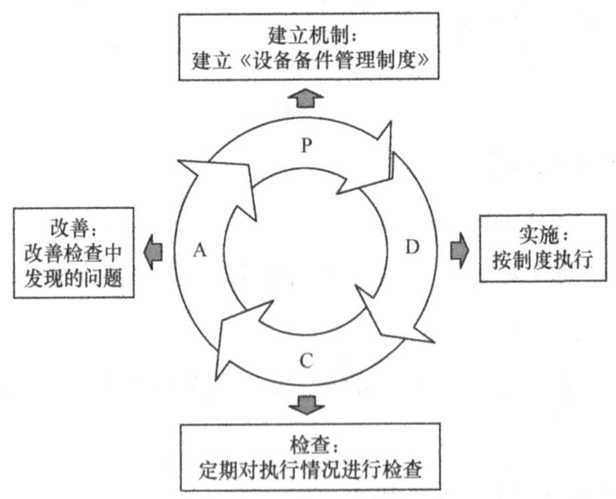

图 18-6　设备备件管理机制执行的 PDCA 闭环

第 19 章 改造管理

19.1 设备寿命周期的 3 个时期

故障率曲线（也称浴盆曲线）和磨损曲线是指设备在其整个寿命周期内故障率及磨损量的变化。故障率曲线和磨损曲线如图 19-1 所示。

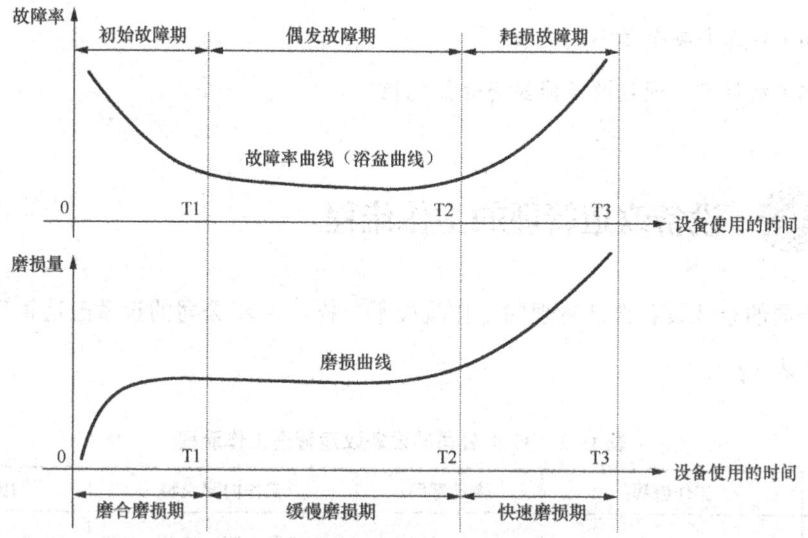

图 19–1　故障率曲线和磨损曲线

在图 19-1 中，故障率曲线包括初始故障期、偶发故障期和耗损故障期；磨损曲线包括磨合磨损期、缓慢磨损期和快速磨损期。故障率曲线和磨损曲线中 3 个时期的详细说明见表 19-1。

表 19-1　故障率曲线和磨损曲线中 3 个时期的详细说明

序号	时期		时间段	特征
1	第一个时期	初始故障期 / 磨合磨损期	设备安装调试完成到验收量产的阶段	设备处在磨合期，故障率较高，实际上是设备设计制造的延伸
2	第二个时期	偶发故障期 / 缓慢磨损期	设备正常使用运行的阶段	设备正常缓慢磨损，设备稳定运行，正常生产，故障率低
3	第三个时期	耗损故障期 / 快速磨损期	设备寿命周期的后期阶段	设备零部件老化，磨损加剧，故障率高，生产效能下降

需要改造的设备

如果设备存在以下任何一种不足，就要考虑进行改造。

（1）设备存在设计上的缺陷或者先天不足。

（2）设备处在快速磨损期（耗损故障期），若不改造大修，则达不到生产效率和产品质量的要求。

（3）在设备的使用运行中，存在重复出现故障的零部件。

（4）环保与安全达不到要求。

（5）能耗高，通过改造能显著降低能耗。

设备改造管理的工作流程

不同的企业设备改造管理的工作流程不一样。××公司的设备改造管理工作流程见表19-2。

表19-2 ××公司的设备改造管理工作流程

序号	工作流程	责任部门	工作内容说明	输出
1	提出对设备改造的意见	生产部	整理设备使用、运行、维修的状况，提出改造建议	《设备技改项目申请表》
2	初步规划设计	设备部	进行初步规划设计	
3	评估改造的成本与收益	设备部	评估改造的成本与投资回报	
4	准备技改投资计划及可行性方案	设备部	明确资金来源及可行性方案	
5	自己完成技改；委托外部专业的公司完成	设备部、采购部	明确内部完成改造还是外部专业的公司完成改造	—
6	组建技改小组；签订技术与商务合同	设备部、采购部	内部完成：成立小组 外部完成：签订合同	《设备改造合同》

（续表）

序号	工作流程	责任部门	工作内容说明	输出
7	编制（设计）实施方案	设备部或外部专业的公司	实施方案：技术上先进，经济上合理	《设备技改项目任务书》
8	方案实施	设备部或外部专业的公司	方案实施	
9	组织鉴定验收	设备部主导，生产部、采购部、品质部及技术部参与	鉴定验收	
10	验收合格（否：返回7；是：进入11）	—	—	—
11	投入使用	设备部、生产部	验收合格，交付使用	—
12	资料归档	设备部	资料整理存档	—

19.4 设备更新

1. 什么是设备更新

设备更新是指通过对设备进行评估，设备在技术、经济上已经不宜继续使用，对这样的设备可以进行原样更新（用同型号的新设备替代旧设备）或技术更新。技术更新就是用更先进的新设备替代旧设备。更先进的新设备是指那些产品质量更好、效率更高、能耗更少、更安全、更环保的设备。

一般来说，要优先更新存在下列问题的设备：

（1）设备磨损严重，陈旧老化，技术性能差，生产效率低，成品率低；

（2）设备存在设计缺陷；

（3）经过评估，大修后仍不能满足工艺技术要求的设备；

（4）花在设备维护、维修上的费用高过设备产出的价值；

（5）设备能耗高；

（6）环保及安全达不到要求。

2. 设备更新的实施过程

一般来说，企业设备更新的实施过程包括设备更新规划和实施设备更新规划。设备更新规划一般会被纳入企业的年度经营计划中。编制设备更新规划的依据如下所述：

（1）企业的经营计划；

（2）现有的生产能力，现有产品的品质技术水平；

（3）新设备从哪里获得；

（4）技术经济分析报告；

（5）资金来源；

（6）旧设备的处理意见。

19.5 设备改造管理的 PDCA 闭环

设备改造管理的 PDCA 闭环如图 19-2 所示。

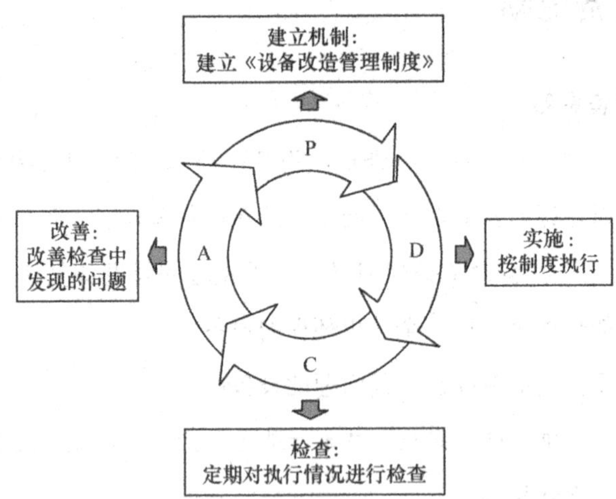

图 19-2　设备改造管理的 PDCA 闭环

第 20 章 后期管理

这里所说的后期管理包括设备封存管理、设备租赁管理以及设备报废管理 3 个部分的内容。

20.1 设备封存管理

企业对一些暂时闲置不用的设备应予以封存，对处在封存期的设备应予以妥善管理。

1. 设备封存管理工作流程

设备封存管理工作流程见表 20-1。

表 20-1 设备封存管理工作流程

序号	工作流程	责任部门	工作内容说明	输出
1	提出设备封存申请	生产部	提出设备封存申请	《设备封存申请表》
2	审核	设备部	审核	《设备封存申请表》
3	批准	公司级领导	批准	《设备封存申请表》
4	对设备进行检查与维护保养	设备部	对拟封存的设备进行检查与维护保养，例如清洁、润滑、防锈、防腐等	—
5	确定封存地点，张贴设备封存标识	设备部	将设备运送至封存地点并在显著位置张贴《设备封存申请表》，予以标记	—
6	暂停计提折旧	财务部	暂停计提折旧	—
7	对设备进行定期检查与维护保养	设备部	为封存设备建档，对在封存期间的设备进行定期检查与维护保养	—
8	设备启封	设备部	收到经过批准的《设备启用申请表》	《设备启用申请表》
9	设备投入使用	设备部、生产部	将设备运送至生产现场投入使用	—

2. 设备封存管理注意事项

设备封存管理应注意以下几点事项：

（1）闲置超过一定的时间（3 个月或更长时间）后仍须使用的设备才予以封存；

（2）封存设备必须是结构完整、技术状况良好、附件及附属装置齐全的设备；

（3）应有专人管理封存设备，不允许拆卸封存设备的零部件；

（4）要定期对封存设备进行检查及维护保养；

（5）在设备封存期间，财务部暂停折旧计提；

（6）做好封存设备的防尘、防潮、防水等工作。

20.2 设备租赁管理

企业为了充分发挥闲置设备的作用、提高闲置设备的利用率、增加经济收入，可以把闲置设备租赁给有需求的单位或个人。

1. 设备租赁管理工作流程

设备租赁管理工作流程见表 20-2。

表 20-2　设备租赁管理工作流程

序号	工作流程	责任部门	工作内容说明	输出
1	提出设备租赁申请	设备部	提出设备租赁申请	《设备租赁申请表》
2	审核	设备部	审核	《设备租赁申请表》
3	批准	公司级领导批准	批准	《设备租赁申请表》
4	商定详细租赁方案，签订租赁合同	设备部	与承租方商定详细的租赁方案，签订租赁合同	《设备租赁合同》
5	审核	设备部	审核	《设备租赁合同》
6	批准	公司级领导	批准	《设备租赁合同》

（续表）

序号	工作流程	责任部门	工作内容说明	输出
7	对设备进行检查维护保养	设备部	对拟出租的设备进行检查和维护保养	—
8	将设备运到租赁方的生产场地安装调试	设备部	将设备运到租赁方的生产场地安装调试	—
9	将设备办理交接手续后投入使用	设备部	将设备办理交接手续后投入使用	—
10	交付租金	设备部承租方	交付租金	—
11	更改设备台账	设备部	设备部更改设备台账	—
12	更改固定资产记录	财务部	财务部更改固定资产记录	—
13	将设备归还出租方	承租方	租约到期，将设备归还出租方	—
14	设备检查验收及维护保养	设备部	对设备进行检查验收及维护保养	—
15	更改设备台账	设备部	设备部更改设备台账	—
16	更改固定资产记录	财务部	财务部更改固定资产记录	—

2. 设备租赁管理注意事项

设备租赁管理应注意以下两点：

（1）闲置的设备才可租赁；

（2）出租方应该定期检查租出去的设备，及时掌握设备的动态。

20.3 设备报废管理

1. 设备报废的条件

企业的设备报废需要经过严格的评估。设备报废的条件如下所述：

（1）超过使用年限，设备老化，技术性能落后，能耗高，效率低，经济效益差；

（2）无出租、出借价值的；

（3）没有改造价值的；

（4）因工艺技术进步而遭淘汰的；

（5）维护保养及维修费用过大，经济上不合理的；

（6）严重污染环境的；

（7）危害人身安全与健康且无法改善的；

（8）国家明令禁止使用的。

2. 设备报废管理工作流程

设备报废管理工作流程见表 20-3。

表 20-3　设备报废管理工作流程

序号	工作流程	责任部门	工作内容说明	输出
1	提出设备报废申请	生产部	提出设备报废申请	《设备报废申请表》
2	审核	设备部	审核	《设备报废申请表》
3	成立鉴定小组	设备部、生产部、财务部	相关部门成立鉴定小组	《设备报废申请表》
4	现场鉴定	设备部	鉴定小组现场鉴定设备	—
5	出具鉴定意见	设备部	鉴定小组出具鉴定意见	《设备报废申请表》
6	批准	公司级领导	批准《设备报废申请表》	《设备报废申请表》
7	报废处理	设备部	拆下有价值的零备件备用，招标选定待报废设备购买商	—
8	收入上缴财务	设备部、生产部	收入上缴财务	—
9	更改设备台账	设备部	设备部更新设备台账	—
10	更改固定资产记录	财务部	财务部更改固定资产记录	—

3. 残值最大化

待报废设备的处理应遵循残值最大化的原则。处理部应该确认报废设备的利用方向并进行价值评估，按残值最大化的原则处理。例如，拆下有价值的零备件备用、通过招标选定待报备的购买商，都是使残值最大化的措施。

20.4 设备后期管理的 PDCA 闭环

设备后期管理的 PDCA 闭环如图 20-1 所示。

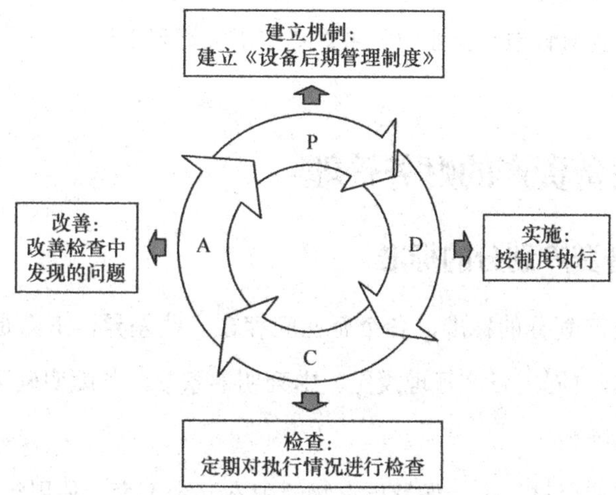

图 20-1　设备后期管理的 PDCA 闭环

第21章 资财管理

这里所说的资财管理包含两个方面的内容：一是指设备作为固定资产在财务方面的管理，包括设备资产划分的标准、计价、折旧及盘点；二是指设备管理与维修的费用预算管理，包括预算费用的分类，编制预算的步骤与流程，预算的执行、分析及考评等。资财管理是企业中一项重要的基础管理工作。

21.1 设备资产的财务管理

21.1.1 设备资产划分的标准

对于设备资产划分的标准，各个企业间存在一些差异。下面是从事机械加工的 ×× 公司在其《固定资产管理规定》中列明的条款，条款明确了设备是否被列为固定资产的标准。

第 1 条　在使用过程中，保持原有物质形态基本不变，使用年限在一年以上，一般设备单台价格在 0.5 万元以上，专用设备单台价格在 1 万元以上的。

第 2 条　从各类组织中无偿调入企业的设备，符合上述第 1 条规定的。

第 3 条　接受其他组织捐赠的设备，符合上述第 1 条规定的。

第 4 条　自制设备成本超过 1 万元以上的。

第 5 条　一般的工装夹具，例如，工具、刀具、模具、夹具及量具等，不列为固定资产，而列为低值易耗品进行管理。

第 6 条　成套设备的附件及辅助装置是主机的组成部分，随主机列为固定资产，不单独建账编号。

21.1.2 设备资产计价

×× 公司在其《固定资产管理规定》中以表格的形式列明了设备资产如何计价，详见表 21-1。

表 21-1　设备资产计价的方法

序号	设备资产类型	计价入账的方法	备注
1	购置的设备	按实际支付的全部支出计价	包括购置费、运杂费、保险费、安装调试费等
2	自制的设备	按制造过程发生的全部支出计价	包括材料费、外协加工费、运杂费等
3	改造后的设备	按原有设备账面原价减去改造中发生的变价收入，再加上由于改造而增加的支出计价	—
4	接受捐赠的设备	按同类型设备的市场价格计价	将捐赠过程中发生的费用计入设备资产价值
		按与捐赠设备相关的凭证资料计价	
5	无偿调入的设备	如果不能查明原来的价值，则按估价计价	—
6	盘盈的设备	按照重置完全价值计价	—
7	尚未办理使用移交手续但已经投入使用的设备	按估价计价	在设备转固确定实际价值后，再对计价进行修改
8	用外币进口的设备	将购买时的汇率折合成人民币金额，加上在国外产生的运杂费及其他费用，以及支付的关税、海关手续费等费用	—
9	融资租入的设备	依据租赁合同确定设备价款，再加上运杂费、安装调试费等	—

注：在购置设备的过程中产生的差旅费不得计入设备资产价值。

21.1.3　设备资产折旧

设备资产因长期使用造成的损耗会使其价值减少，因为损耗而减少的这部分价值在会计核算上称为设备资产折旧。

企业的财务部负责设备资产折旧的核算，生产部及设备部予以协助。财务部要根据工业企业财务制度确定的折旧年限，依照不同的计算方法（例如，平均年限法、工作量法等）进行计提。

21.1.4 设备资产盘点

1. 成立盘点小组

财务部、设备部及设备使用部（例如，生产部、品质部等）组成盘点小组。财务部起主导作用，确定盘点的时间及方式，其他部门提供支持。

2. 盘点的周期、方式及准备工作

盘点的周期分为季度盘点和年度盘点两种：季度盘点是根据设备资产的账册每季度抽查一次；年度盘点是进行实物盘点。盘点前要做好准备工作，例如，召开盘点会议、准备盘点所用的表单等。在现场进行实地盘点时，参与盘点的人员必须同时在场。

3. 盘盈盘亏的处理

盘盈盘亏的处理方式如下所述：

（1）设备部与设备使用部应该分析导致差异的原因，形成处理意见，明确责任人；

（2）财务部对盘盈盘亏的处理意见进行补充并审核确认，上交公司高层审批。

21.1.5 设备资财管理的 PDCA 闭环

设备资财管理的 PDCA 闭环如图 21-1 所示。

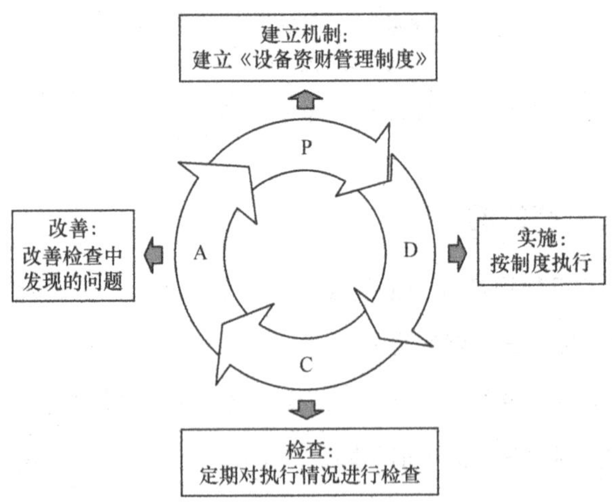

图 21-1 设备资财管理的 PDCA 闭环

21.2 设备管理与维修费用预算

21.2.1　设备管理与维修费用的预算管理

设备管理与维修费用的预算管理是在企业战略方针及经营目标的指引下，通过对设备管理与维修费用预算的编制、执行、控制、考评、激励等，对设备管理的各种资源进行合理分配，有效组织和协调设备的各项管理活动。其作用在于使企业可以持续发展，得到物质保障，实现既定的设备管理目标。

21.2.2　设备管理与维修费用的投入是投资

传统观念认为，设备管理与维修费用的投入是企业的成本。正确的观念应该是，设备管理与维修费用的投入是企业的投资。这种投资不断地补偿设备的磨损、变形、老化及性能劣化，不断地使设备恢复既定的性能。对于设备密集型企业而言，不是设备管理与维修费用越少越好，而是企业效益和设备管理与维修费用支出应该有一个合理的匹配点，如图 21-2 所示。关于这个合理匹配点，企业与企业之间各不相同。

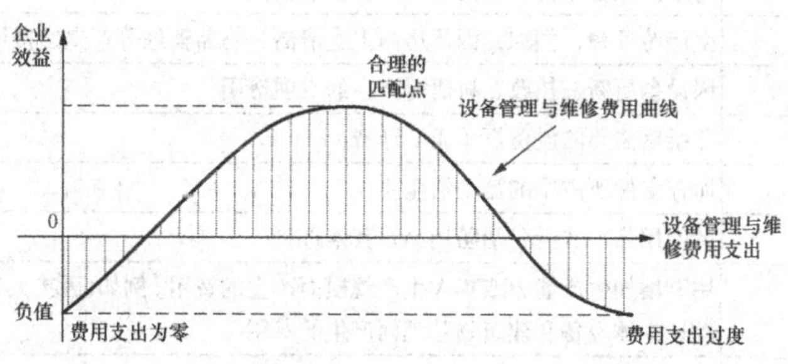

图 21-2　企业效益和设备管理与维修费用支出的合理匹配点

21.2.3　设备管理与维修费用的分类

设备管理与维修费用一般分为日常维修费用、大年修费用及人员费用 3 类，见表 21-2。

表 21-2 设备管理与维修费用的分类

序号	分类	细项	举例
1	日常维修费用	材料费	主材、辅材、油脂等
		备件费	备件、备件加工费等
		外协人工费	委外维修的费用
		零星修缮工程费	物料消耗费及外协人工费
		备件修理费	备件修复费等
		其他费用	车辆费、设计费等
2	大年修费用	备品备件费	大年修消耗的备品备件费
		材料费	大年修消耗的材料费
		人工费	企业外的施工单位的人工费用等
		运输费	大年修时所产生的运输费
		检测费	测试费、计量设备鉴定费等
		设计费	设计费、图纸资料费等
3	人员费用	工资	工资、福利等
		五险一金等	五险一金、加班费等

不属于设备管理与维修费用列支的范围见表 21-3。

表 21-3 不属于设备管理与维修费用列支的范围

序号	费用类别
1	生产消耗品的购置费及修复费
2	为维持设备正常运行而消耗的各种油脂费
3	生产劳务费，例如，因厂房内卫生清洁、物品整理等产生的费用
4	因设备更新、技改、科研等产生的专项费用
5	非维修需要的设备拆（搬）迁费
6	库存备件所占用的流动资金
7	劳保用品、非设备消防用品及其修理费
8	用于增加生产能力或扩大生产规模而产生的费用。例如，因扩大生产规模的需要，动迁主体设备和建筑物基础而产生的费用
9	新建或改造工程配套的项目费用
10	美化、绿化环境的费用，为迎接参观检查而产生的形象工程费用

21.2.4 预算的编制步骤

设备管理与维修费用预算的编制步骤分为以下 3 步。

（1）将设备分为 A、B、C 类，请详见“17.5.1　设备的分级管理”的内容。

（2）依据 A、B 类设备的运行状况、备品备件的消耗情况、维修记录等，参考上一年度的费用，编制 A、B 类设备的预算。

（3）C 类设备为辅助设备。一般按 A、B 类设备预算费用的一定比例确定 C 类设备的预算。

21.2.5　预算的编制、执行、分析及考评

1. 预算的编制流程

××公司设备管理与维修费用预算的编制流程如图 21-3 所示。

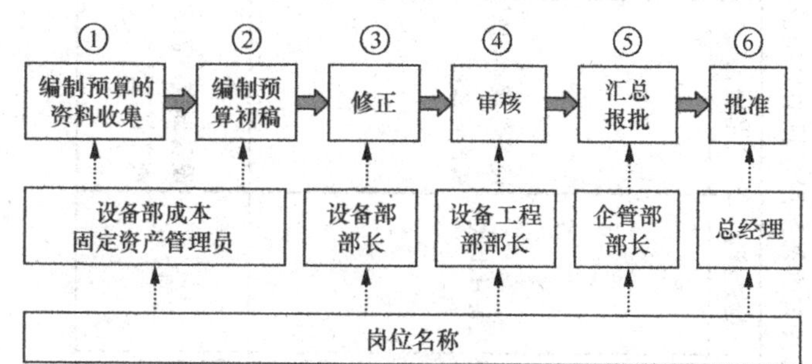

图 21-3　××公司设备管理与维修费用预算的编制流程

2. 预算的执行

××公司设备管理与维修费用预算的执行流程如图 21-4 所示。

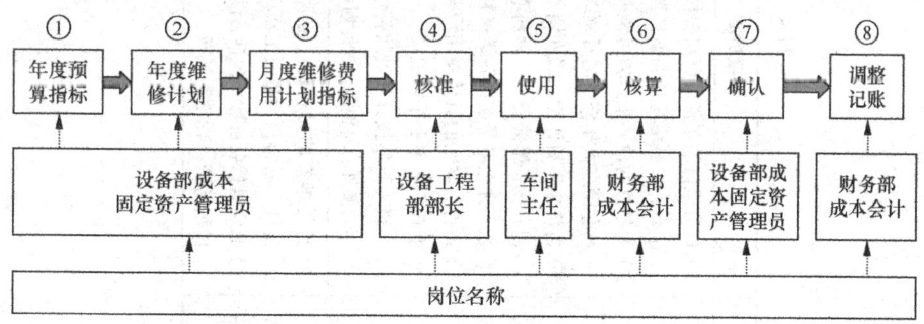

图 21-4　××公司设备管理与维修费用预算的执行流程

3. 预算的分析及考评

××公司设备管理与维修费用预算的分析及考评见表 21-4。

表 21-4　××公司设备管理与维修费用预算的分析及考评

序号	检查内容	检查标准	检查频次	检查人	处置
1	备件、材料控制使用	（1）日常维修的备件、材料要按规定科目进行出库记账，账目填写须完整且真实 （2）大年修的前一个月方可领取备件；大年修的材料必须在大年修的当月领取 （3）备件出库后作为二级库储备的，由管理责任人建立设备维修备件、材料消耗手工及电子明细账，并把电子明细转送材料员备案 （4）备件、材料的具体使用情况在维修备件、材料消耗的账单上予以记录 （5）一级库严格按计划发放备件、材料，非计划领用的备件、材料需经过计划审核人批准方可发放	每月 1 次	设备部成本固定资产管理员	每发现一个不符合项，扣除责任人绩效分数 10 分，并责令落实改善措施
2	备件、材料按规定科目进账	（1）日常维修的材料费：包括设备日常维修用的备件、材料、油脂及工器具损耗所产生的费用 （2）日常维修备件费：包括备件加工费、日常维修备件消耗费、轴承消耗费	每周 1 次	设备部成本固定资产管理员	每发现一个不符合项，扣除责任人绩效分数 10 分，并责令落实改善措施

（续表）

序号	检查内容	检查标准	检查频次	检查人	处置
3	设备管理与维修费用的使用分析	（1）事故（故障）分析：发生的原因分类、预防措施分析，重点分析重复发生的事故（故障） （2）数据统计分析：设备 OEE、设备利用率、故障率及点检实绩统计分析 （3）车间物料消耗统计分析：分析备件消耗量、储备量及维修费用 （4）关键备件使用寿命统计分析：主要针对未能达到预计使用寿命的关键备件予以监控分析 （5）设备的维修履历分析：分析设备故障修理的次数、时间及预防措施	每周 1 次	设备部成本固定资产管理员	每发现一个不符合项，扣除责任人绩效分数 10 分，并责令落实改善措施
4	K3 出库物资填写	有关使用部位及领料用途的记录是否完整、真实	每周 1 次	设备部成本固定资产管理员	若未填写或填写错误，则每项扣除责任人绩效分数 20 分，并责令落实改善措施
5	设备管理与维修费用的超欠	设备管理与维修费用预算	每月 1 次	设备部成本固定资产管理员	（1）维修实际费用超预算值，按超预算费用额度的 10% 考核各车间，并责令其落实改善措施 （2）维修费用超预算值 10 万元（含 10 万元），扣车间主任及设备员绩效各 100 分，并责令其落实改善措施 （3）每年 12 月末，各车间维修费用不超预算值，奖励车间主任及设备员绩效各 100 分

21.2.6 预算管理的 PDCA 闭环

设备管理与维修的费用预算管理的 PDCA 闭环如图 21-5 所示。

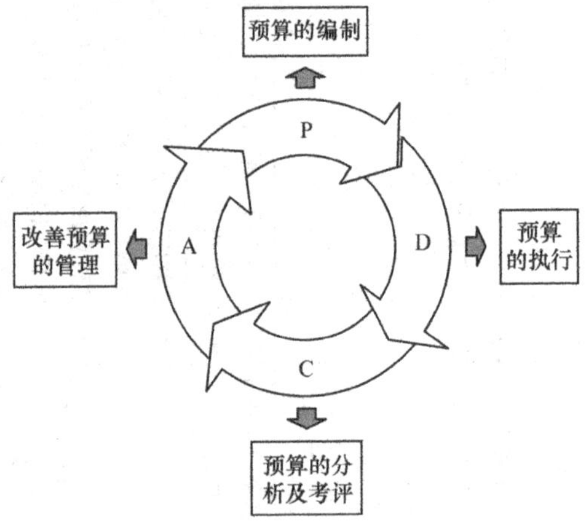

图 21-5 费用预算管理的 PDCA 闭环

第22章 团队成长

22.1 什么是 CLTPM 的团队成长

所谓 CLTPM 的团队成长，就是按照各层级人员的能力素质模型的要求，对各层级人员进行培训与训练，提升他们的素质与能力，打造出高水平的企业员工队伍。

22.2 各层级人员的能力素质模型及说明

各层级人员的能力素质模型如图 22-1 所示。

图 22-1 各层级人员的能力素质模型

对能力素质模型中的文化认同、业务能力、管理能力及改善能力的说明见表 22-1。

表 22-1 对能力素质模型的说明

文化认同	业务能力	管理能力	改善能力
1. 文化认同是通过培养与教导，使员工认同企业文化。这适用于企业的全体员工 2. 认可企业的愿景、使命、价值观，遵守企业的行为准则及规章制度	通过培训、教导，使员工精通岗位业务。例如，使从事财务工作的员工胜任财务专业工作，使从事机械设计的员工精通机械设计，使生产一线的员工胜任自己的业务工作等	1. 班组长以上的管理人员学习并实践领导力、有效沟通、问题解决、团队建设、员工激励、授权、时间管理、工作的策划与执行等管理方面的内容 2. 在具体的培训与训练中，对各层级管理人员（如一线班组长、主管及部门经理）管理能力的要求是不一样的	1. 学习并掌握丰田生产方式、精益生产管理、CLTPM、六西格玛等知识并在实践中应用 2. 不同层级的员工需要学习、掌握的改善知识与技能要求不一样

22.3 文化认同

22.3.1 企业文化的 3 个核心要素及 3 个层级

愿景、使命及核心价值观是企业文化的 3 个核心要素，是企业文化的核心和灵魂，如图 22-2 所示。

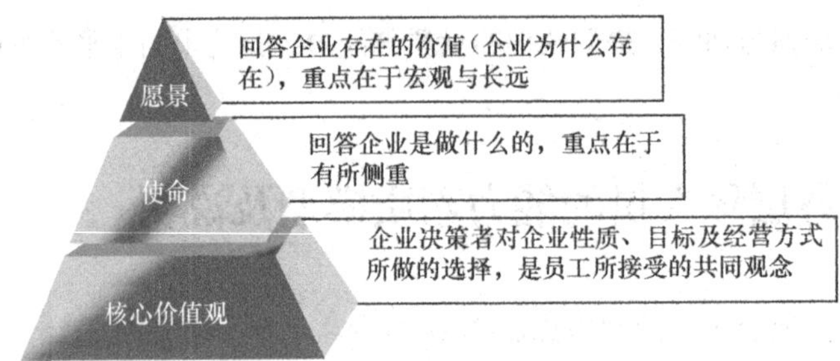

图 22-2 企业文化的 3 个核心要素

精神层、制度层及物质层是企业文化的 3 个层级，如图 22-3 所示。

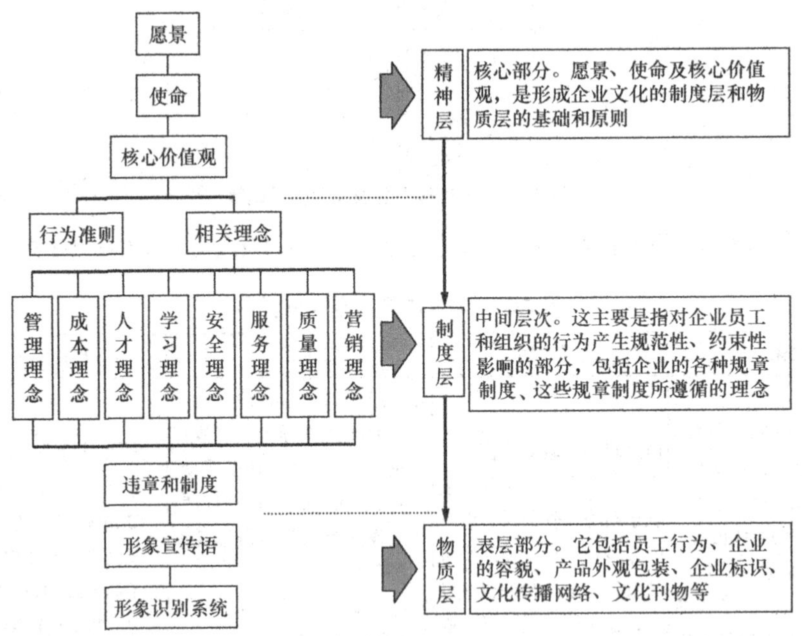

图 22-3 企业文化的 3 个层级

22.3.2　文化认同的本质

文化认同的本质就是通过培训、学习与教导，让员工了解企业文化，即了解企业的愿景、使命、价值观、行为准则、规章制度等。企业通过组织员工举行各种将文化落地的活动践行企业文化。文化认同适用于企业的全体员工。

×× 公司为了便于员工学习、了解企业文化编制了企业文化手册，如图 22-4 所示。

图 22-4　×× 公司的企业文化手册

22.4　业务能力

不同岗位的员工需要培训与教导的业务内容不同。我们以设备的教育训练为例来说明。

22.4.1　什么是设备的教育训练

设备的教育训练是指设备操作人员与设备维修人员在设备操作与维修方面的能力提升训练。企业通过对基层员工进行设备的教育训练，可以培养精通设备的操作人员与维修人员。

22.4.2 为什么要提升操作与维修能力

目前，企业普遍存在的情况是，生产部只专注于设备的生产，认为维护保养是设备部的工作。设备部的人忙于进行故障诊断与排除，没有时间去做设备维护、维修的技能训练。这种情况导致的结果是设备故障频发，设备部忙于“救火”，导致设备生产的产品数量及质量不稳定，从而影响产品的交期。

因此，在推行 CLTPM 的过程中，操作人员要想实现“我的设备我维护”的目标，就需要训练与提升其设备维护的能力。维修人员为了正确地指导操作人员进行自主维护，需要参加设备的教育训练，以提升其自身的维修及管理能力。

如果没有操作人员的设备维护技能的提升，没有维修人员的维修及管理能力的提升，CLTPM 的推进活动是不会取得成功的。

22.4.3 设备操作人员要具备的能力

设备操作人员要想做到“我的设备我维护”，即要想正确地操作、清扫、点检、润滑、紧固等，就必须具备以下 5 个方面的能力。

1. 能发现设备异常并对小故障进行排除

具体方法如下所述：

（1）当设备发生异常情况时，能识别到异常部位并做紧急处理；

（2）能正确清扫设备；

（3）能正确润滑设备；

（4）能消除现场的跑、冒、滴、漏故障；

（5）能排除设备的小故障。

2. 熟悉设备的功能与结构

具体方法如下所述：

（1）熟悉整机的功能及工作原理；

（2）了解设备的机、电、仪等系统的结构。

3. 了解设备与其所生产的产品的品质的关系

具体方法如下所述：

（1）知道设备生产产品时会出现哪些品质问题，知道怎么预防品质问题的产生；

（2）了解设备的精度要求，并且会检查设备精度。

4. 可以配合设备维修人员对设备进行各种维修

具体方法如下所述：

（1）能跟踪关键零部件的使用寿命；

（2）可以支援维修人员对设备进行大修、中修与项修。

5. 与其他部门的同事合作完成设备技改课题

（1）能与其他部门的同事合作，对自己所在的岗位存在的浪费（如换模、换刀的时间太长）加以改善；

（2）能改善短暂停机（小停机）的问题；

（3）能改善作业安全。

从以上对操作人员的能力要求中可以看出，推行 CLTPM 中的一项重要工作就是要培养精通设备的操作人员。

22.4.4 设备维修人员要具备的能力

维修人员要具备以下 6 个方面的能力，以确保设备的生产效率，确保所生产产品的品质及其安全运行。

（1）能正确指导操作人员进行自主维护；

（2）能判断设备是否正常，对设备的异常情况进行修复；

（3）能延长关键零部件的使用寿命；

（4）能对设备进行备件更换，能快速修复设备故障；

（5）能确保设备的运行效率；

（6）能进行设备的预防性维修，如按计划进行设备的大修、中修与项修。

从以上对维修人员的能力要求中可以看出，推行 CLTPM 的另一项重要工作就是要培养精通设备的维修人员。

22.4.5 开展教育训练活动的步骤

1. 开展活动的方针目标

××公司拟定的开展 CLTPM 教育训练活动的方针及目标如下所述。

（1）活动方针

改善人的体质，提升操作人员与维修人员的个人能力，更好地为企业服务。

（2）活动的目标

通过教育训练活动，培养精通设备的操作人员与维修人员。

2. 开展活动的重点方案

开展活动的重点方案如下所述。

（1）建立 CLTPM 道场：在 CLTPM 道场中设置机械传动、电气控制、温度控制、气动回路、液压回路、真空获得系统等作为培训道具。图 22-5、图 22-6、图 22-7、图 22-8 分别为 CLTPM 道场里的电气控制培训道具、减速箱换油培训道具、机械传动培训道具及润滑培训道具。

图 22-5　电气控制培训道具

图 22-6　减速箱换油培训道具

图 22-7　机械传动培训道具

图 22-8　润滑培训道具

（2）设备基础知识的培训主要在CLTPM道场完成。

（3）操作人员岗位专门技能培训以工作现场培训为主，即OJT（On The Job Training），其过程是说给你听、做给你看、你做我看、点评改进。

（4）培养能讲课的操作人员、维修人员及设备工程师，负责对操作人员和维修人员进行培训。

（5）给维修人员安排一定的外部技术培训。

（6）设计技能提升通道及激励机制。

表22-2所示的是××公司的操作人员技能提升通道及津贴激励制度。

表22-2　××公司的操作人员技能提升通道及津贴激励制度

员工等级	技能等级	最低工作年限	技能目标	课程设置	津贴（元/月）
一级	高级	4年	具备班组长的技能，作为储备的班组长	高级班 1. 自我管理类 （1）班组长角色认知训练；（2）沟通技巧训练与运用；（3）班组建设；（4）礼仪训练与应用；（5）情绪与压力管理训练；（6）沟通与情绪管控；（7）团队激励技巧训练与应用；（8）异常与问题管理训练；（9）执行力训练 2. 管理能力类 （1）书面表达训练与应用；（2）目标管理训练与应用；（3）时间管理与应用；（4）精益、CLTPM训练与应用；（5）寻宝活动；（6）早会管理训练与应用；（7）员工激励管理与应用；（8）现场观摩、交流及总结；（9）毕业典礼	150
二级	中级	3年	1. 可以处理小故障； 2. 可以完成岗位的日常改善工作； 3. 可以指导基础级及初级员工	中级班 专业技能类： （1）报表制作训练与应用；（2）数据意识训练与应用；（3）新人上岗管理要点；（4）工序巡视训练与应用；（5）工序点检训练与应用；（6）生产进度管理与应用；（7）交接班管理与应用；（8）月末盘点要点与应用；（9）产品切换管理与应用	100

（续表）

员工等级	技能等级	最低工作年限	技能目标	课程设置	津贴（元/月）
三级	初级	2年	可以熟练完成岗位工作，包括熟练完成自主维护	初级班 专业技能类： （1）不良品分析及对策处置；（2）5M变更控制要点；（3）开线前准备管理与应用；（4）异常与问题管理案例；（5）自主维护现场实操训练	50
四级	基础级	1年	在确保安全的基础上，可以依赖老员工的指示完成工作	基础班 专业技能类： （1）产品基本知识，岗位基本知识；（2）原件插入、外观检查训练与应用；（3）烙铁、电批管理与应用；（4）体系知识管理与应用；（5）异常联络处置	20

表22-3所示的是××公司的维修人员技能提升通道及津贴激励制度。

表22-3　××公司的维修人员技能提升通道及津贴激励制度

员工等级	技能等级	最低工作年限	技能目标	课程设置	津贴（元/月）
一级	高级	4年	具备班组长及技术员的技能，作为储备的班组长或技术员	高级班 1. 自我管理类 （1）班组长角色认知训练；（2）沟通技巧训练与应用；（3）班组建设；（4）礼仪训练与应用；（5）情绪与压力管理训练；（6）沟通与情绪管控；（7）团队激励技巧训练与应用；（8）异常与问题管理训练；（9）执行力训练 2. 管理能力类 （1）书面表达训练与应用；（2）目标管理训练与应用；（3）时间管理与应用；（4）精益、CLTPM训练与应用；（5）寻宝活动；（6）早会管理训练与应用；（7）员工激励管理与应用；（8）现场观摩、交流及总结；（9）毕业典礼	200
二级	中级	3年	1. 可以完成岗位的改善工作 2. 可以指导基础级及初级员工	中级班 1. 钳工专业技能类 （1）AutoCAD绘图；（2）机械设计 2. 电工专业技能类 （1）可编程序控制器的程序编制；（2）数字电路基本知识	150

（续表）

员工等级	技能等级	最低工作年限	技能目标	课程设置	津贴（元 / 月）
三级	初级	2 年	熟练完成岗位工作，包括指导操作人员完成自主维护	初级班 1. 钳工专业技能类 （1）机械传动；（2）气路控制系统；（3）液压控制系统；（4）真空获得系统；（5）润滑管理 2. 电工专业技能类 高低压配电系统	100
四级	基础级	1 年	在确保安全的基础上，可以依赖老员工的指示完成工作	基础班 专业技能类： （1）产品基本知识，岗位基本知识；（2）设备的原理与结构；（3）取得国家认可的专业资格证书（如钳工证、电工证等），须外训；（4）体系知识管理与应用；（5）异常联络处置	50

22.5 管理能力

通过对班组长以上的管理人员进行培训与训练，提升管理人员的素质与能力，打造企业的管理团队。

在具体的培训与训练当中，对各层级管理人员（如一线班组长、主管及部门经理）管理能力的要求不一样，培训的内容也不同，如 ×× 日企组织一线班组长开展督导人员训练（Training Within Industry，TWI）培训，组织主管、经理等中高层管理人员开展管理培训项目（Management Training Program，MTP）的培训。

22.6 改善能力

下面以 CLTPM 与精益生产管理的教育培训为例来说明如何帮助员工改善能力。企业针对不同层级的人员，通过对他们培训不同的内容，为 CLTPM 及精益生产管理在企业的推行奠定坚实的基础。

22.6.1 CLTPM 的教育培训

为了扎实地推行 CLTPM，开展多层次、持续性的有关 CLTPM 的教育培训是有必要的。针对企业不同层级的人员，CLTPM 教育培训的目标及内容见表 22-4。

表 22-4 CLTPM 教育培训的目标及内容

序号	岗位	培训的目标	培训的内容
1	高层管理人员	1. 理解推行 CLTPM 对实现企业长期战略目标及年度经营目标的重要性 2. 如何让 CLTPM 作为企业转型升级及管理提升的抓手	1. CLTPM 的历史与发展 2. 推行 CLTPM 的目的、意义、案例等，从技术面与人员面认识推行的重要性 3. 推行 CLTPM 的路线与里程碑 4. 推行 CLTPM 需要的资源配置 5. 其他企业实地参观考察、国外游学等
2	推进 CLTPM 的人员	1. 为领导做好参谋 2. 能组织和策划推进 CLTPM 的活动 3. 成为推进 CLTPM 的骨干，掌握 CLTPM 各工具与的应用技能，指导各部门推进 CLTPM	1. CLTPM 的方法论 2. CLTPM 各个工具（如零故障开展、可视化管理、快速换线等）的应用 3. 推进 CLTPM 整体策划及项目的实施与管理 4. 推行 CLTPM 的方法与步骤 5. 设备及生产管理的现场诊断
3	中基层管理人员	1. 作为 CLTPM 的实施者，理解 CLTPM 的宗旨、目的及意义 2. 理解 CLTPM 各个工具的作用 3. 能将 CLTPM 的推进与本部门的业务工作结合起来	1. CLTPM 的基础知识 2. CLTPM 各个工具的应用 3. 推行 CLTPM 的方法与步骤 4. 项目的实施与管理
4	基层员工	1. 意识改变，心态改变 2. 改变旧的观念，树立“我的设备我维护，我的区域我负责”的意识 3. 知道怎么做自主维护 4. 能发现问题，能做提案改善	1. TPM 的基础知识及自主维护的基础知识 2. 设备的结构、操作、清扫、点检、维护、调整等内容 3. 提案改善机制 4. 八大浪费及现场寻宝活动

22.6.2 ×× 公司对精益生产管理的教育培训

对于技术通道与管理通道两个不同层级的人员，×× 公司要求他们在晋升时学习不同的精益生产管理培训课程，如图 22-9 所示。

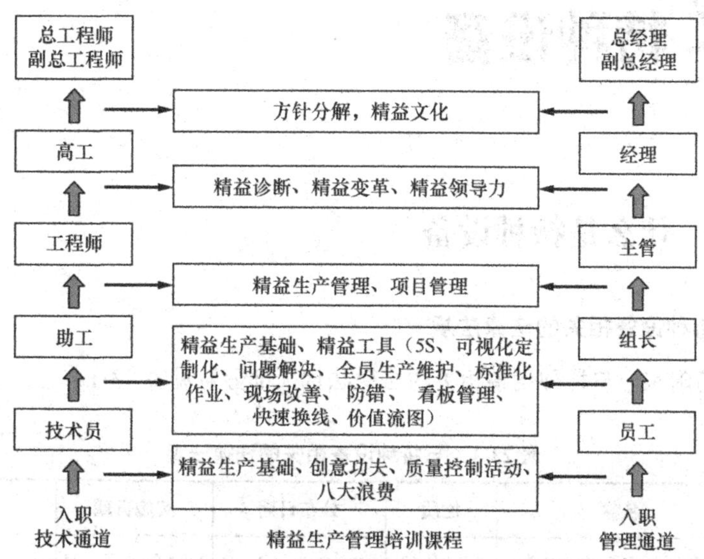

图 22-9　××公司要求不同层级的人员在晋升时学习不同的精益培训课程

第23章 特种设备

23.1 什么是特种设备

1. 与特种设备相关的法律法规

在我们国家，与特种设备相关的法律法规（部分）见表23-1。

表23-1 与特种设备相关的法律法规

序号	名称	性质	公布日期	实施日期	备注
1	《特种设备安全监察条例》	行政法规	2003年3月11日	2003年6月1日	—
2	《特种设备安全监察条例》	行政法规	2009年1月24日	2009年5月1日	在2003年版本的基础上修改而成
3	《中华人民共和国特种设备安全法》	法律	2013年6月29日	2014年1月1日	正在实施

2. 什么是特种设备

2014年1月1日起实施的《中华人民共和国特种设备安全法》中定义的特种设备是指对人身和财产安全有较大危险性的锅炉、压力容器（含气瓶）、压力管道、电梯、起重机械、客运索道、大型游乐设施、场（厂）内专用机动车辆，以及法律、行政法规规定适用本法的其他特种设备。

3. 特种设备安全管理的重要性

特种设备的安全管理之所以重要，是基于以下两个方面的原因：

（1）特种设备无论是对人身安全还是财产安全，都有较大的危险性；

（2）特种设备不但对企业的生产效率、经济效益有影响，而且对企业的社会效益也有影响。

特种设备的管理既有普通设备管理的共性，也有特别的管理要求。所以，企业对特种设备的管理要做好以下3个方面的工作：

（1）制订符合国家法律法规的特种设备管理制度和规范；

（2）建立相应的特种设备管理组织架构；

（3）要安排专门的安全管理人员和使用操作人员。

23.2 特种设备管理的职责分配

特种设备管理的职责分配见表 23-2。

表 23-2　特种设备管理的职责分配

序号	部门	职责
1	县级质量技术监督局	1. 负责所管辖区域特种设备的安全监察工作 2. 受理企业有关特种设备的施工告知 3. 负责特种设备使用登记和对特种设备操作人员颁发证书的工作 4. 负责对特种设备生产、使用和检验检测单位进行监察及检查 5. 受理有关特种设备生产、使用和检验检测的违法违规举报，对特种设备的违法违规行为进行查处 6. 负责所管辖区域内特种设备事故的上报和调查处理
2	企业法人	1. 是企业特种设备管理的法定负责人，全面负责企业特种设备的安全管理工作 2. 明确企业特种设备安全管理的责任部门，要以书面授权的形式授权责任部门进行特种设备的安全管理 3. 依据特种设备的拥有量等实际情况，安排专职或兼职的特种设备安全管理人员并明确他们的工作职责
3	企业设备管理部	1. 依据企业的发展规划，负责特种设备的规划、采购及合同管理等前期管理方面的工作 2. 对新购的特种设备，满足水、电、压缩空气等的供应 3. 具体负责特种设备的安全管理工作，即负责安装、调试、验收、使用、维护、维修、改造、事故预防、事故调查处理、报废等方面的管理工作
4	企业特种设备使用部	1. 对新购的特种设备，负责安装、调试、试运行等各项准备工作 2. 支持设备管理部做好特种设备的使用管理、事故调查处理、事故预防等方面的工作 3. 依据特种设备操作规程的要求，正确地操作特种设备
5	企业安全管理部	1. 与设备管理部一起，做好特种设备的事故调查处理、事故预防等方面的工作 2. 对特种设备的安全管理履行监督检查的职责

23.3 特种设备管理的目标指标

1. 目标

特种设备管理的目标如下所述：

（1）依法进行特种设备的制造、安装、使用、维护、维修、改造、报废等方面的管理；

（2）依法进行特种设备事故预防和调查处理的管理，保障特种设备安全有效地运行。

2. 指标

特种设备使用单位的管理指标包括但不限于以下6个：

（1）特种设备的使用登记率（以下简称“使用登记率”）；

（2）特种设备定期检验的合格率（以下简称“定期检验合格率”）；

（3）特种设备作业人员的持证上岗率（以下简称“持证上岗率”）；

（4）特种设备安全附件送检合格率（以下简称“安全附件送检合格率”）；

（5）特种设备整改项目完成率（以下简称“整改项目完成率”）；

（6）特种设备事故结案率（以下简称“事故结案率”）。

这6个指标的计算公司及考核要求见表23-3。

表23-3　指标的计算公式及考核要求

序号	指标名称	计算公式	考核要求
1	使用登记率	使用登记率＝取得使用登记证的特种设备数量÷特种设备总数量×100%	使用登记率为100%
2	定期检验合格率	定期检验合格率＝取得定期检验合格证的特种设备数量÷需要进行定期检验的特种设备数量×100%	定期检验合格率为100%
3	持证上岗率	持证上岗率＝持有操作证的特种设备操作人员数量÷实际操作特种设备的人员数量×100%	持证上岗率为100%
4	安全附件送检合格率	安全附件送检合格率＝取得检验合格证书的安全附件数量÷需要送检的特种设备安全附件数量×100%	安全附件年送检率为100%
5	整改项目完成率	整改项目完成率＝已完成整改的项目数量÷要求整改的项目数量×100%	整改项目完成率为100%
6	事故结案率	事故结案率＝已经结案的事故件数÷特种设备事故总件数×100%	事故结案率为100%

23.4 特种设备管理的工作流程

企业特种设备管理的工作流程见表 23-4。

表 23-4　特种设备管理的工作流程

序号	工作流程	责任部门	工作内容说明	输出
1	指定特种设备安全管理部和责任人	企业法人	指定特种设备安全管理部和责任人，协助自己做好特种设备的安全管理工作	《特种设备安全管理任命书》
2	选择特种设备的制造单位	企业设备部	依据国家有关法律法规，选择有资质的特种设备制造单位	—
3	签订特种设备的购买合同	企业设备部，企业法人	签订特种设备购买合同	《特种设备购买合同》
4	选择特种设备的安装、改造及维修单位	企业设备部	选择有资质的特种设备安装、改造及维修单位	—
5	签订特种设备安装、改造及维修合同	企业设备部，企业法人	签订特种设备安装、改造及维修合同	《特种设备安装、改造及维修合同》
6	申请特种设备的安装、改造及维修验收	企业设备部，企业特种设备使用部	申请特种设备的安装、改造及维修验收	《特种设备安装、改造及维修的验收记录》
7	验收合格（否：返回6；是：进入8）	—	—	—
8	特种设备的日常使用管理	企业设备部，企业特种设备使用部	使用登记，凭证使用操作，按要求进行日常的检查及维护保养	使用登记证、操作证、检查及维护保养记录等
9	特种设备的事故预防和调查处理的管理	企业设备部，企业特种设备使用部	制订事故应急专项预案，定期进行事故应急演练	事故应急专项预案，事故应急演练记录等

 特种设备的日常管理

企业应遵循《中华人民共和国特种设备安全法》的要求，做好特种设备的日常管理工作。

1. 操作人员必须持证上岗

特种设备的操作人员应当按照国家的有关规定，经特种设备安全监督管理部培训并考核合格、取得特种作业人员证书后才能从事特种设备的使用和操作工作。特种设备操作人员的管理要遵循《特种设备作业人员监督管理办法》等国家法规的要求。

2. 管理人员必须持证上岗

特种设备的安全管理人员取得资格证书后方可从事特种设备的安全管理工作。

3. 办理聘任手续

特种设备的操作人员及安全管理人员必须与企业办理聘任手续并到质监部备案。

4. 要做好日常管理工作

特种设备的操作人员及安全管理人员依据《中华人民共和国特种设备安全法》的要求，做好以下 6 个方面的特种设备管理工作：

（1）特种设备的制造、安装、改造及维修；

（2）特种设备的使用；

（3）特种设备的检验检测；

（4）特种设备的事故预防和调查处理；

（5）特种设备的行政许可变更；

（6）其他与特种设备管理相关的工作。

第 24 章 档案管理

24.1 什么是设备档案

企业从外部购置的设备，在其规划、购置、开箱验收、安装调试、验收移交、使用、运行、维护、维修、事故处理、改造、报废等全部过程中形成的具有保护利用价值的文字、图表、声像载体材料、磁盘、随机附件等均属于设备档案。

企业自制的设备在其前期调研、方案论证、图纸设计、组装、安装调试、验收移交、使用、运行、维护、维修、事故处理、改造、报废等全部过程中所形成的各种资料也属于设备档案。

24.2 设备档案的归档范围

1. 外购设备需要归档的材料

外购设备需要归档的材料如下所述：

（1）采购申请书；

（2）与设备供应商往来形成的各种文件及资料；

（3）设备购买的合同及其附件；

（4）设备到货时所附的装箱单、设备制造检验合格证、设备使用说明书、各种声像载体材料及磁盘等；

（5）设备各零部件的使用说明书，如减速箱、变频器等的使用说明书；

（6）设备安装调试及验收移交阶段形成的资料，如安装调试记录、试运行记录、验收移交报告、培训记录等；

（7）设备在使用、运行、维护、计划维修、故障维修、事故处理、改造、报废处理等过程中形成的资料。

2. 自制设备需要归档的材料

自制设备需要归档的材料如下所述：

（1）在前期调研、方案论证、图纸设计等过程中形成的资料；

（2）在设备组装、现场安装调试、试运行、验收移交等过程中形成的资料；

（3）在设备的使用、运行、维护、计划维修、故障维修、事故处理、改造、报废处理等过程中形成的资料。

24.3 设备档案管理的职责分配

1. 档案室

档案室的职能体现在以下 4 个方面：

（1）建立档案管理机制并组织执行；

（2）档案室设专人负责企业档案（包括设备档案）的管理，参与设备寿命周期内各个过程中形成的档案资料的收集管理工作；

（3）负责对档案进行分类及编号存放保管；

（4）负责档案的查询及借阅管理。

2. 设备部

设备部是设备档案材料形成、积累及汇总的部门。设备部必须有兼职或专职的档案管理人员管理设备档案，并定期向档案室移交档案。

3. 设备使用部

设备使用部要配有兼职或专职的档案管理人员负责收集和管理设备使用、运行等过程中形成的档案资料，并定期向档案室移交档案。

24.4 设备档案管理的工作流程

设备档案管理的工作流程见表 24-1。

表 24-1 设备档案管理的工作流程

序号	工作流程	责任部门	工作内容说明	输出
1	建立《设备档案管理规定》	档案室	制订《设备档案管理规定》	《设备档案管理规定》
2	设备档案资料的形成、积累和汇总	设备部、生产部、技术部、品质部	设备文件、记录等资料的形成、积累和汇总	—
3	提交档案室	设备部、生产部、技术部、品质部	各部门将资料提交档案室，档案室负责接收	—
4	整理、分类及编号存放	档案室	整理档案资料，进行分类及编号存放	—
5	档案的查询与借阅	各部门	档案的查询与借阅	《设备档案借阅登记表》
6	查询与借阅登记	档案室	按规定登记查询与借阅	《设备档案借阅登记表》
7	档案归还	各部门	按约定的时间归还档案	《设备档案借阅登记表》

24.5 设备档案的保管、查询与借阅

设备档案是整个企业档案的一部分，设备档案的保管、查询与借阅遵照《设备档案管理规定》的要求执行。

1. 保管

（1）当同种类的设备档案有多套时，档案室保存一套，其余由设备部保管；当设备档案只有一套时，档案室保存设备档案的原件，设备部及设备使用部使用设备档案的复印件。

（2）设备档案应该被整理、分类、编号及编制目录后存放。

（3）设备报废后，外购设备的档案由设备部负责销毁；自制设备档案无须销毁，可长期保存。

2. 查询与借阅

查询档案时，查询人要先登记，并且只能在档案室阅读档案。借阅档案时，借阅人要经过其所在部门的负责人同意，并在档案室办理一定的借阅手续后方可借阅。借阅的设备档案不得损坏、丢失和缺页，借阅人必须按约定的时间归还档案。

24.6 设备档案管理的PDCA闭环

设备档案管理的 PDCA 闭环如图 24-1 所示。

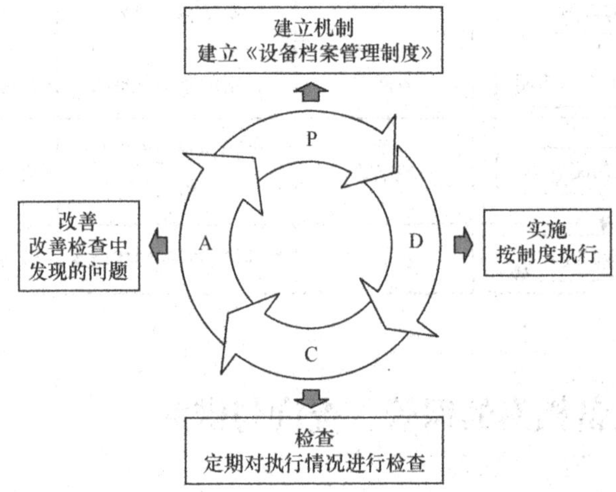

图 24-1 设备档案管理的 PDCA 闭环

第 25 章 知识管理

25.1 显性知识与隐性知识

知识分为显性知识与隐性知识：显性知识是指以文字、符号、图形等方式记录在书本上、网络上、CD 上及文件上的知识或资讯；隐性知识是指没有以文字、符号、图形记录的储存在人的大脑中的经验、体会等。知识是企业的资产之一，企业应该对知识、知识的创造过程和知识的应用采取系统性的管理措施。

25.2 知识管理

知识管理是指在企业中建立管理机制，将知识或资讯的获得、创造、分享、整合、记录、存取、更新、创新等活动与过程纳入管理，目的是提高企业的创新能力、反应能力、工作效率及员工的技能素质。知识管理是企业管理的一项重要内容。设备管理与维修的知识管理是企业知识管理的一部分。

25.3 知识产品

企业中知识的基本类型包括研发知识、人事知识、市场知识、服务知识、运营知识，这 5 类知识支持企业各职能部门的业务运行。知识的表现形式是各种指南、模板、资料、文件、文章、报告、教材、程序、档案等。知识通过各种表现形式表现出来后被称为知识产品，如企业的标准作业流程（Standard Operation Procedure，SOP）文件就是一种知识产品。

知识产品管理委员会

一般，企业会成立知识产品管理委员会对知识产品进行管理。×× 公司的知识产品管理委员会如图 25-1 所示。

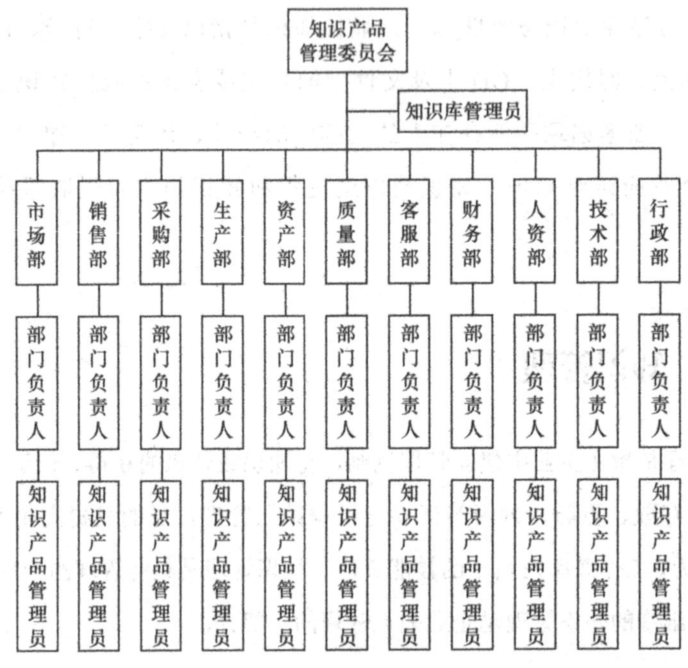

图 25-1　×× 公司的知识产品管理委员会

在图 25-1 中，×× 公司的总经理与副总经理是知识产品管理委员会的负责人，各部门负责人及部门的知识产品管理员是知识产品管理委员会的成员。图 25-1 中的各岗位在知识产品管理中的职责需要明确。

知识产品进入知识库的流程

下面举例说明知识产品进入知识库的流程。×× 公司的知识产品进入知识库的流程见表 25-1。

表 25-1 ×× 公司的知识产品进入知识库的流程

序号	工作流程	责任部门	工作内容说明	输出
1	知识产品	各职能部门的员工	各职能部门的员工将知识产品整理成文字、图片等形式，提交给自己所在部门的知识产品管理员	知识产品
2	归纳整理	各职能部门的知识产品管理员	知识产品管理员对知识产品进行归纳整理并将其编辑成电子版本	知识产品
3	预审	各职能部门的负责人	各职能部门的负责人对知识产品进行预审，确保知识产品是正确有效的	知识产品
4	评审	知识产品管理委员会	知识产品管理委员会每个季度组织一次评审，从以下 4 个方面来评审知识产品：（1）质量；（2）创新性；（3）效益；（4）不足	知识产品
5	知识库	知识管理员	经评审通过的知识产品会被知识库管理员录入公司的知识库	知识产品
6	奖励	知识产品管理委员会	奖励提供知识产品的员工	—

25.6 知识产品的开发

对于企业有重要意义的知识产品，企业应立项组织开发。×× 公司知识产品立项开发的流程见表 25-2。

表 25-2 ×× 公司知识产品立项开发的流程

序号	工作流程	责任部门	工作内容说明	输出
1	知识产品立项开发通知	知识产品管理委员会	知识产品管理委员会在年初将知识产品立项开发通知发到各职能部门	知识产品立项开发通知
2	拟定部门知识产品年度开发项目计划	各职能部门的知识产品管理员	知识产品管理员组织本部门员工讨论拟定知识产品的开发立项计划	知识产品年度开发项目计划
3	审核	各职能部门的负责人	各职能部门的负责人审核本部门的知识产品年度开发项目计划	知识产品年度开发项目计划

（续表）

序号	工作流程	责任部门	工作内容说明	输出
4	上报	各职能部门的知识产品管理员	各职能部门的知识产品管理员将知识产品年度开发项目计划上报至知识产品管理委员会	知识产品年度开发项目计划
5	审批	知识产品管理委员会	知识产品管理委员会组织审批各部门的知识产品年度开发项目计划	知识产品年度开发项目计划
6	实施计划	各职能部门	各职能部门负责组织实施知识产品年度开发项目计划	知识产品
7	季度审核批准	知识产品管理委员会	知识产品管理委员会组织各职能部门每个季度检讨一次知识产品年度开发项目计划的实施情况，对已经完成的知识产品项目予以审核批准，将知识产品录入知识库	知识产品
8	半年度奖励	知识产品管理委员会	知识产品管理委员会每半年举行一次颁奖大会，表彰奖励知识产品开发的先进部门与个人	—

25.7 编制车床设备常见故障代码

下面以编制规格型号为 C6136CX750 的车床（以下简称“车床”）的常见故障代码为例说明知识产品的立项开发过程。

1. 项目整体情况

编制车床常见故障代码项目的整体情况见表 25-3。

表 25-3 编制车床常见故障代码项目的整体情况

项目名称	目的	完成时间	负责人	参与人员	项目输出
编制车床常见故障代码	编制车床常见故障代码，为设备故障信息化管理做准备	202× 年 3 月至 202× 年 4 月（一个月）	负责管理车床的工程师王 ××	负责维修车床的维修人员李 ××、顾 ××	车床常见故障代码

2. 故障代码的表示方法

故障代码的表示方法如图 25-2 所示。

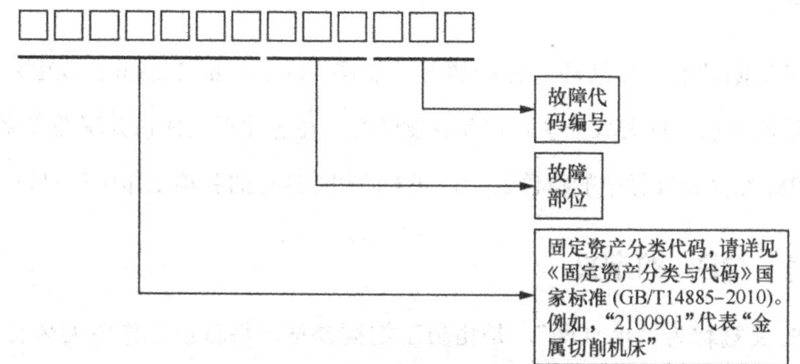

图 25-2　故障代码的表示方法

3. 完成编制的故障代码

我们以编制完成的故障代码“2100901001000”为例说明它的含义，如图 25-3 所示。

故障代码　2 1 0 0 9 0 1 0 0 1 0 0 0

故障代码“2100901001000”包含的信息如下所示：

设备编号	设备名称	设备规格型号	故障部位	故障代码编号	故障现象	故障原因	故障处理方法	更换零部件名称	更换零部件规格型号	更换零部件数量	费用（元）	工时（分钟）
2100901	车床	C6136CX750	001	000	主轴不转，主轴电机有异常响声	接触器一相触头熔断，导致主轴电机缺相	更换接触器	接触器	CJ20-25，线圈电压：交流 220 伏	1	200	100

图 25-3　故障代码“2100901001000”包含的信息

25.8 知识产品的使用

全部知识产品以电子档案的形式储存在知识库中。知识产品管理委员会确定访问知识库的权限，知识库管理员具体负责权限的设定与维护。员工按权限随时访问知识库。

知识产品应该按照机密程度设定保密级别，按照企业的保密制度实施管理。

25.9 隐性知识显性化的主要手段 OPL

将员工隐性的工作技巧与经验通过一点课（One Point Lesson，OPL）的方式转变为显性知识，供大家分享和相互启发学习，在企业形成知识分享的文化。OPL是 CLTPM 在企业推行中的特色之一，在 CLTPM 推行的各项工作中都可以应用。

25.9.1 OPL 的定义

OPL 又被称为“单点课”，是由员工挖掘题材，将自己工作中的体会或经验编写成简短的内容，即一页 A4 纸左右的教材，经评审后向自己的同事进行讲解或对其进行培训，并将培训过的教材登记后予以公开展示，便于更多的人学习参考，最后定期将 OPL 编辑成册、统一管理、纳入知识库的课程。OPL 可以理解为群众性的、简单便捷的知识与经验的分享模式。×× 公司汇编成册的 OPL 如图 25-4 所示。

图 25-4　×× 公司汇编成册的 OPL

25.9.2 开展 OPL 活动的流程

×× 公司开展 OPL 活动的流程如图 25-5 所示。

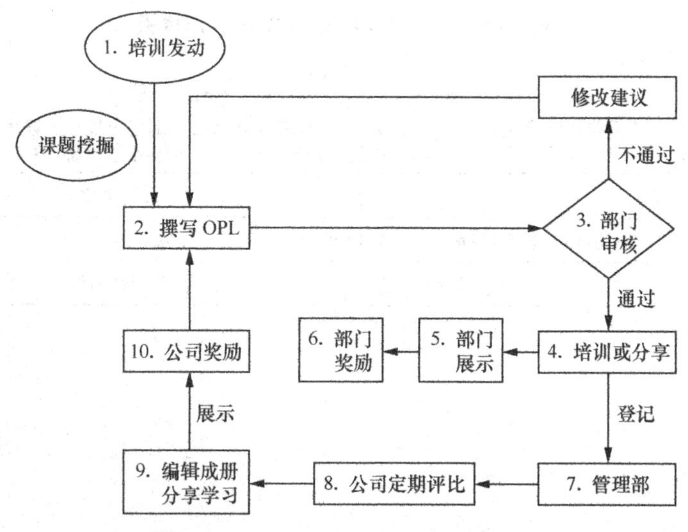

图 25-5 ×× 公司开展 OPL 活动的流程

25.9.3 可编写成 OPL 的素材

1. 可编写成 OPL 的素材

设备操作技巧，设备维护、维修经验，设备调整经验，小故障的处理方法，某种产品缺陷的防范经验，危险隐患处理经验，小工具的制作经验，提高工效的小方法，减轻工作疲劳的做法，防止设备跑、冒、滴、漏的经验等都可以被编写成 OPL。

2. 编写 OPL 的注意事项

编写 OPL 应该注意以下事项：

（1）编写时应该尽可能地做到深入浅出、主题明确、简单易懂，便于其他人学习和实践；

（2）涉及原理、理论的内容以简单够用为主，避免长篇大论的理论阐述；

（3）OPL 虽然短小精悍，但尽量体现 5W2H；

（4）如果员工不善于总结或表述，班组长或技术人员可以帮员工总结并形成 OPL。

25.9.4 编写 OPL 的标准模板

×× 公司编写 OPL 的标准模板见表 25-4。员工通过填写这个标准模板即可编写 OPL。

表 25-4　××公司编写 OPL 的标准模板

一点课

编写日期：____年__月__日　　编号（部门代码 + 年 + 序号）：□□.□□.□□□

表单传递的流程：员工编写－班组长审核－交给部门 CLTPM 联络员－部门审批－反馈审核结果－班组长安排培训时间－培训－展示－奖励－纸质原件部门存档－将电子文档传给管理部存档。

<table>
<tr><td>题 目</td><td colspan="3"></td><td>编写者姓名</td><td></td></tr>
<tr><td>所属类别</td><td colspan="5">○现场 ○工艺 ○ 质量 ○设备 ○安全 ○成本 ○其他</td></tr>
<tr><td>部门（车间）</td><td></td><td>班组名称</td><td></td><td>岗位名称</td><td></td></tr>
<tr><td colspan="6"></td></tr>
<tr><td>审核及批准</td><td colspan="5">审核意见：　　审核人：　　日期：____年__月__日
审批意见：　　审批人：　　日期：____年__月__日</td></tr>
<tr><td>适合培训的岗位</td><td colspan="2"></td><td>培训方式</td><td>○面授 ○传阅
○观看视频</td><td>讲师</td></tr>
<tr><td>受训者签名</td><td colspan="5">（提示：位置不足时请在背面签名并注明日期）
____年__月__日</td></tr>
</table>

25.10 交互式电子维修手册

交互式电子手册（Interactive Electronic Technical Manual，IETM）最早应用于美国军事装备，用于将军事装备（如舰艇、飞机等）的技术手册（如工程图纸、设计说明书、制造工艺卡、使用手册、培训手册、维护手册等）数字化，实现人—机交互，如动画演示出维修人员如何保养、检查和更换某个部件，可以向专家远程请教不懂的问题并通过专家远程指导实施维修。

IETM 使军事装备的技术手册不再以纸为存储介质，纸质技术手册的缺点是重量大、造价高、编制周期长、更新与使用不便。

使用 IETM 可以大幅节省装备的维修时间，减少士兵的训练时间。尤其是对那些有一定流动性及服役期短的新战士而言，通过 IETM 交互对话，按照 IETM 的动画演示进行部件的检查、拆卸、更换、安装及调整，可快速掌握装备的结构维护保养与维修要领，实现快速战损抢修。

设备密集型企业可以利用 IETM 技术扩展一般的设备技术手册所不包含的内容，强化知识资产管理，使设备技术手册电子化、数字化，提高设备保障的信息化与智能化水平，这是设备密集型企业进行设备维修管理创新的主要方向之一。

第 26 章 智能运维 4.0

26.1 设备管理信息化

因为设备管理的专业性较强，设备管理信息化成功的关键在于软件开发人员对设备管理业务的准确理解。现实中普遍存在的问题是，设备管理软件的开发人员对设备管理工作的特性掌握得不够深入，设备管理人员欠缺对计算机软件的开发能力，这就要求设备软件开发人员与设备管理人员密切合作，从而开发出适用的设备管理信息系统。

目前，为了提高企业设备资产管理的安全性、可靠性及规范性，市场上已经有一些专业公司设计出较为成熟的设备资产管理信息化系统，对企业设备的全寿命周期管理起到了辅助作用。图 26-1 所示的是 ×× 公司开发的设备资产管理信息系统功能模块。这些功能模块覆盖了企业设备全寿命周期管理的内容，能为设备使用的经济性、可靠性及成本提供实时的数据信息。

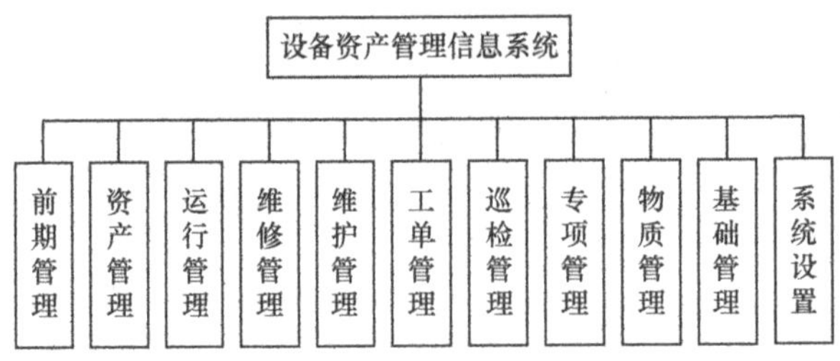

图 26-1　×× 公司开发的设备资产管理信息系统功能模块

×× 公司开发的设备资产管理信息系统中的管理制度查询界面如图 26-2 所示。

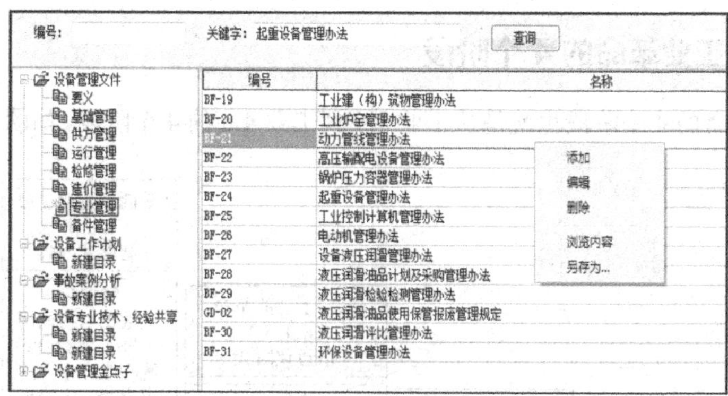

图 26-2　管理制度查询界面

26.2 什么是工业 4.0

26.2.1　工业 4.0 的基本概念

工业 4.0 的基本概念见表 26-1。

表 26-1　工业 4.0 的基本概念

概念名称	提出者	概念内容	时间	目的	计划概况	备注
工业 4.0	德国政府	利用信息物理系统（Cyber Physical System，CPS）将生产中的供应、制造及销售信息数据化、智能化，最后实现快速、有效的服务及个性化的产品供应	在 2013 年的汉诺威工业博览会上正式推出	1. 提高德国工业的竞争力，使德国在新一轮的工业革命中抢占先机 2. 提升制造业的智能化水平，建立具有适应性、资源效率及人机工程学的智能工厂，在商业流程及价值流程中整合资源（客户及商业伙伴）	1. 工业 4.0 是一个高技术战略计划，是《德国 2020 高技术战略》中提出的十大未来项目之一 2. 工业 4.0 计划由德国联邦教育局及研究部和联邦经济技术部联合资助，投资预计达 2 亿欧元 3. 工业 4.0 的技术基础是网络实体系统及物联网	1. 在 2014 年中德双方签署的《中德合作行动纲要：共塑创新》中，有关工业 4.0 合作的内容共有 4 条，第一条就明确提出工业生产的数字化，强调了工业 4.0 对于未来中德经济发展具有重大意义。中德双方认为，两国政府应为企业参与该进程提供政策支持 2. 美国的工业互联网、先进制造业回归计划可以理解为美国版的工业 4.0

26.2.2 工业革命的 4 个阶段

工业革命的 4 个阶段也就是从工业 1.0 到工业 4.0 的 4 个阶段，如图 26-3 所示。

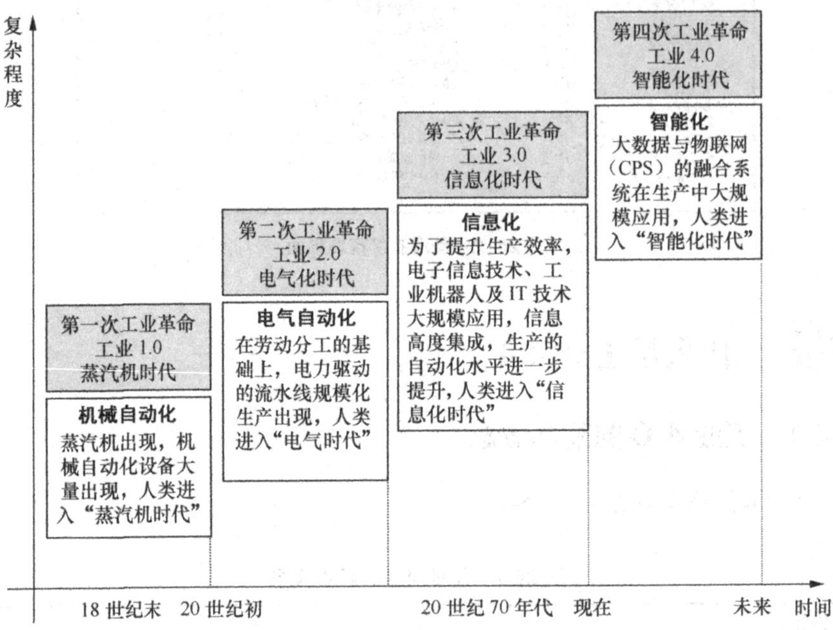

图 26-3 工业 1.0 到工业 4.0 的 4 个阶段

26.3 工业 4.0 计划的三大主题

工业 4.0 计划有三大主题：智能工厂、智能制造、智能物流。工业 4.0 与传统工业模式的比较见表 26-2。

表 26-2 工业 4.0 与传统工业模式的比较

序号	工业 4.0		传统工业模式	
1	智能工厂	1. 采用智能化生产系统及网络化分布式生产 2. 设备全智能化。各工序之间彼此连贯，设备之间、设备与网络之间、设备与人之间互联互通	1. 全自动化加工设备覆盖率低，工序之间有断点、不连贯 2. 各个工序的生产信息彼此间不能连接与互通 3. 生产信息（如计划、设备、品质等）的获得以人工统计为主	传统的工厂

（续表）

序号	工业 4.0		传统工业模式	
2	智能制造	1. 涉及整个企业的生产物流管理、人一机互动、3D 技术在工业生产过程中的应用等 2. 信息在决策层、管理层及执行层之间是透明的，车间信息透明、可视化 3. 生产系统的各环节之间有信息共享平台 4. 智能机器自动检验并处理不合格产品，杜绝不合格产品流入下一道工序，质量管控全程可追溯	1. 信息存在断层，信息在决策层、管理层及执行层之间不透明，车间管理不透明 2. 生产系统的各环节(供应、制造、装配、质量、设备、仓储、安全等）是信息“孤岛”，管理人员将大量的时间花在了信息沟通与工作协调方面 3. 质检过程依靠人工或简单的检测仪器仪表，缺乏先进手段，准确率及效率低 4. 装配依靠手工或半机械化装置（如吊车），等待耗时	传统的制造
3	智能物流	1. 智能物流是工业 4.0 的基础 2. 通过互联网、物联网及物流网整合物流资源，充分发挥现有物流资源的作用 3. 需求方能够快速获得服务匹配，得到物流支持	1. 传统物流：（1）工厂内部的物流供应，如原材料上线、成品下线等；（2）产品出厂后的包装、运输、装卸、仓储及发货、货运、客户收货等 2. 传统物流信息不对称、资源不共享、系统不协同，物流体系不能互联互通，带来严重的资源浪费	传统的物流

26.4 智能运维 4.0 的基础知识

26.4.1　什么是智能运维 4.0

智能运维 4.0 与工业 4.0 的智能制造相适应，以智能化的手段赋能传统设备管理，将人、设备与网络相互关联，确保设备可以安全、稳定、可靠、低成本地运行，使设备为企业及相关方最大化地创造价值。

智能运维 4.0 有以下 5 个方面的特征：

（1）设备之间、设备与网络之间、设备与人之间互联互通；

（2）大量应用设备状态监测的先进技术、元件（如智能传感器）与装置，监控设备运行的各种数据，把握设备状态的变化趋势，对设备实行异常数据报警、故障预警、状态预知、寿命预测并进行智能诊断决策；设备运行指标（如故障率、利用率、OEE 等）自动汇总分析；

（3）人工智能（Artificial Intelligence，AI）技术与大数据技术的应用；

（4）拥有智能运维 4.0 平台、专家系统及标准化体系；

（5）对设备进行全寿命周期管理。

26.4.2 CLTPM 的未来发展方向：智能运维 4.0

工业 4.0 中的智能工厂、智能制造和智能物流将使整个企业呈现高度的自动化、高度的信息化和高度的网络化，设备的重要性相比以前得到大幅度的提升，这对工业 4.0 环境下的设备管理提出了更高的要求。面对工业 4.0 的环境，CLTPM 与时俱进并创新发展，CLTPM 的未来发展方向就是智能运维 4.0。

26.4.3 传统运维决策与智能运维 4.0 决策

1. 传统运维决策

传统运维是以人为核心的人工决策设备维修管理模式。以人为核心的人工决策设备维修管理模式流程示意如图 26-4 所示。

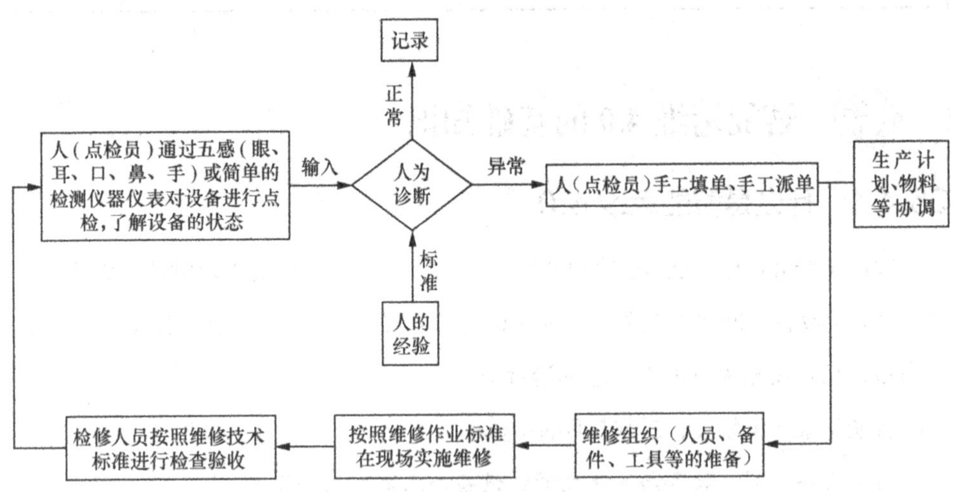

图 26-4 以人为核心的人工决策设备维修管理模式流程示意

2. 智能运维 4.0 决策

智能运维 4.0 决策是以数据为核心的智能决策设备维修管理模式。以数据为核心的智能决策设备维修管理模式流程如图 26-5 所示。

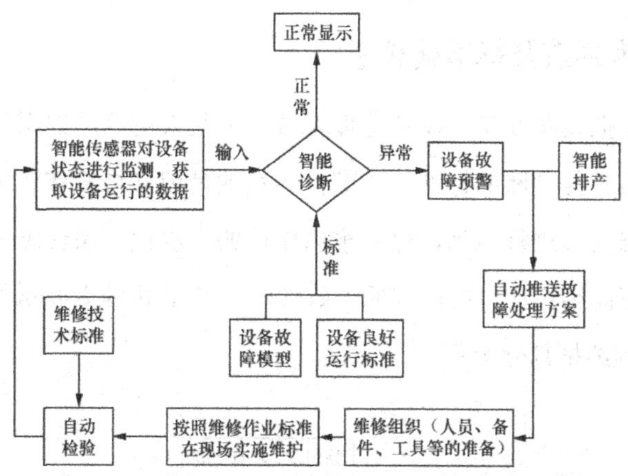

图 26-5　以数据为核心的智能决策设备维修管理模式流程

26.4.4　智能运维 4.0 平台

智能运维 4.0 平台是一个供企业各层级的管理人员及技术人员共同使用的、通用的工作平台，是实现智能运维 4.0 的工具和手段。×× 公司的智能运维平台架构如图 26-6 所示。

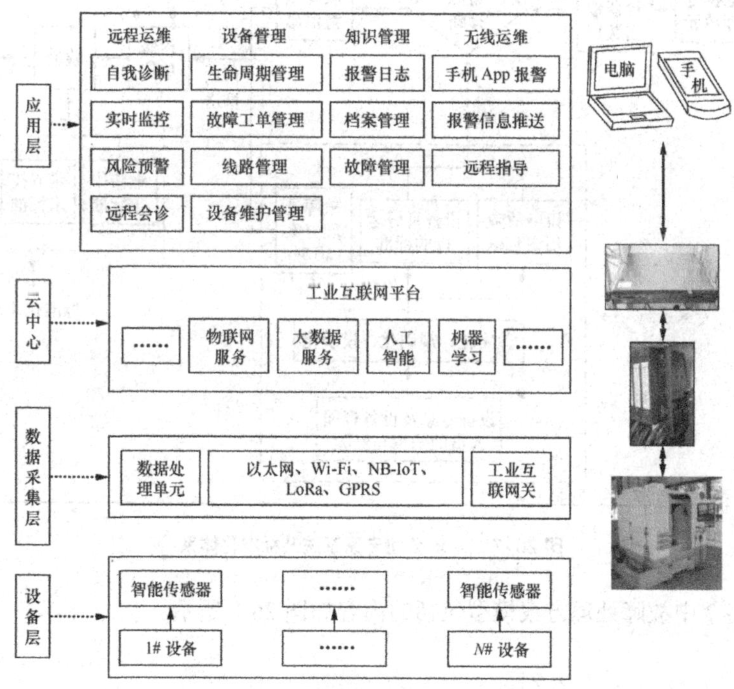

图 26-6　×× 公司的智能运维平台架构

26.4.5 专家系统及标准化体系

专家系统是把设备专家、设备管理人员、工艺人员等的知识与经验提炼成规则或模型，作为智能判断的标准。标准化体系就是建立维修作业标准、维修技术标准等，对检修人员进行培训，保证维修作业的一次性，保证维修服务与质量的一致性，即保证向客户交付的内容的一致性。××公司的专家系统及标准化体系如图 26-7 中的虚线框部分所示。

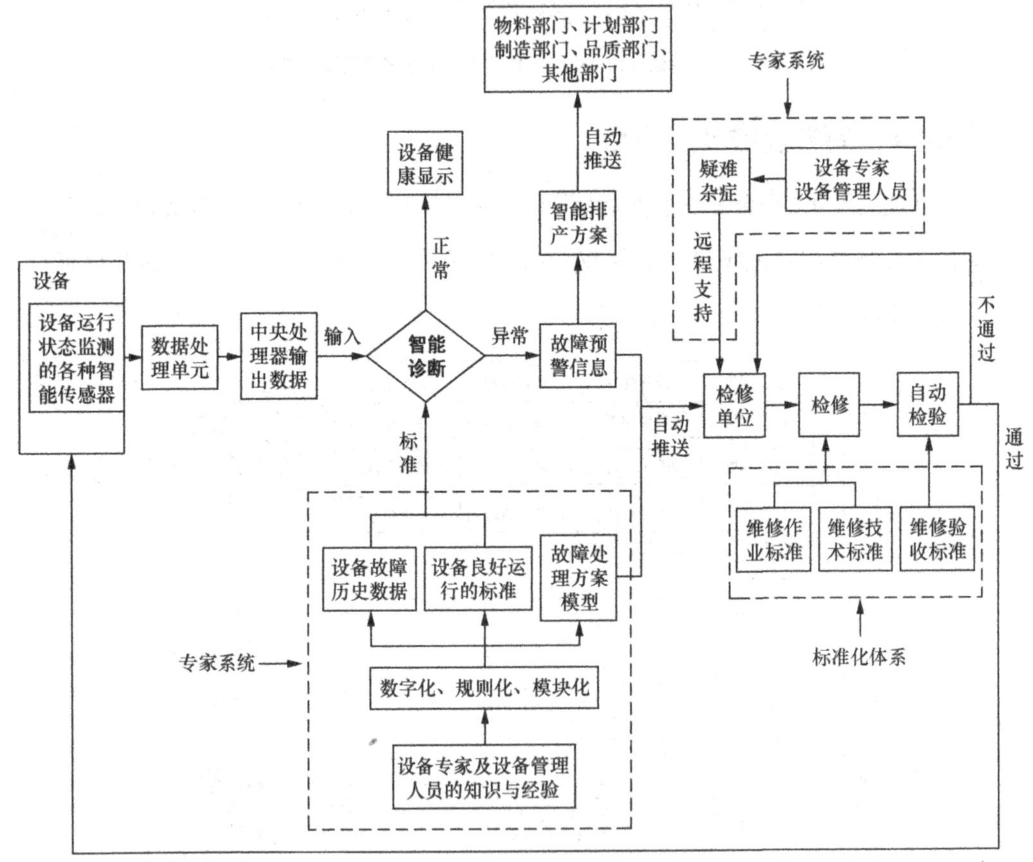

图 26-7 ××公司专家系统及标准化体系

图 26-7 中故障处理方案模型包括的内容如图 26-8 所示。

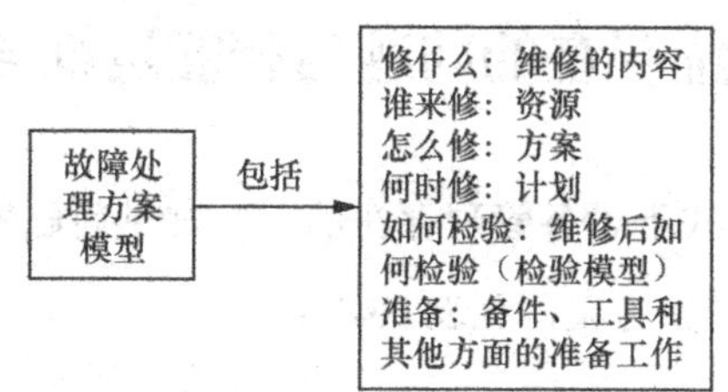

图 26-8　故障处理方案模型包括的内容

26.4.6　设备远程智能运维中心

设备远程智能运维中心即设备远程智能监控中心，可以实时集中监控企业的生产线设备，也可作为企业调度指挥中心。××公司的设备远程集中监控系统及设备远程智能运维中心如图 26-9 所示。

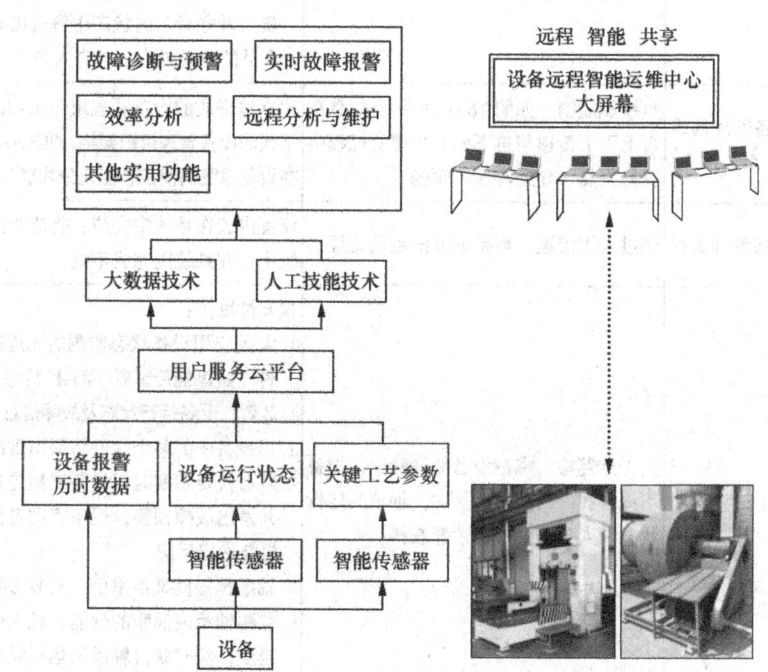

图 26-9　设备远程集中监控系统及设备远程智能运维中心

在设备远程智能运维中心，设备运行状态、故障信息及生产系统信息一目了然。通过设备远程智能运维中心，故障处理准确及时，减少了运维人员的频繁流动，提高了运维人员的工作效率，能快速服务各生产区域，减少了备品备件的库存。

 26.5 传统运维存在的问题与智能运维 4.0 的解决方案

我们把传统工业模式下设备管理存在的一些常见问题罗列出来，同时列出在智能运维 4.0 条件下的解决方案，见表 26-3。

表 26-3 传统运维存在的问题与智能运维 4.0 的解决方案

序号	名称	传统运维存在的问题	智能运维 4.0 的解决方案
1	人与机器的关系	1. 自动化设备取代工人，从而降低成本。人监控设备运行或操作设备进行生产，人是设备的“看守者” 2. 发生异常情况时不会自动停机	1. 设备具有人的智慧，能够监测到异常情况并自动停机，防止不合格品流到下一道工序，迫使工作人员查明原因并防止异常情况再次发生 2. 人机分离，一人管理多台设备或多条生产线，甚至是完全无人值守，把人从设备“看守者”的状态中解脱出来，降低人员的劳动强度，减省人员
2	设备管理的组织架构	直线职能制，如图 26-10 所示，信息在自上而下传递与自下而上传递的过程中容易失真，导致沟通不顺畅	建立扁平式的设备管理组织架构：建立扁平式的设备管理组织架构，如图 26-11 所示，在设备系统内使信息能充分共享
3	设备管理流程	经过人工传递、审批的方法走完流程	流程内置在系统中完成：将流程内置在系统中，在系统内完成审批
4	预知性维护	人工点巡检，掌握设备故障状况，设备不能自我诊断故障。例如，轴承的运行状态须人工定期检查才能获得	预知性维护： 1. 大量应用设备状态监测的先进技术、元件（如智能传感器、Wi-Fi 传感器等）与装置，设备运行状态及故障信息一目了然 2. 当设备中的某个部件将要出现故障或其寿命快要到期时，设备能预先自我诊断并发出故障预警，设备管理者依据预警提前做出反应 3. 轴承预知性维护举例。安装传感器实时监测轴承内油脂的性能、轴承的振动及温度，实时获得轴承的运行状况，轴承异常时能发出预警
5	设备运行数据	1. 采用表格人工填写的方式收集设备运行数据，如设备故障率、设备利用率、OEE 等，收集难以持续，数据容易失真 2. 设备运行数据共享性差，别的部门无访问困难	设备运行数据自动生成： 1. 设备运行数据（如设备故障率、设备利用率及 OEE 等），全部由设备自动生成，设备管理与技术人员只需查阅、分析与利用 2. 数据实时共享到企业中所有的相关部门

（续表）

序号	名称	传统运维存在的问题	智能运维4.0的解决方案
6	设备健康管理	设备运行状态不能做到可视化，管理者（车间主任、设备经理等）不能实时掌握设备运行状况	设备中的主要电气部件、机械部件及其他易磨损部件的健康情况一目了然，三维仿真实时显示设备的总体状况、单台设备的实时运行情况及设备的各类健康指标，管理人员能及时做出管理决策
7	设备故障报修	1. 设备故障报修后，设备部响应的时间长 2. 无法对维修人员发出服务申请的提示	故障服务提示，快速响应维修需求：设置时间段，不满足条件则逐级上报。如果设备在15分钟内没有恢复，则故障信息自动到达设备主管；如果设备在30分钟内没有恢复，则故障信息自动到达设备经理；如果设备在1小时内没有恢复，则故障信息自动到达生产副总
8	人员教育训练	训练操作人员掌握设备自主维护的知识与技能，训练维修人员掌握与设备有关的机械、电气技术	以更高的要求对操作人员及维修人员进行教育训练： 1. 在原有教育训练的基础上增加有关信息化、网络化、设备智能控制等教育训练的内容 2. 训练培养高级诊断技术人才
9	维修知识经验积累	手动记录、保存维修知识、经验等效率低、不全面，大家不愿意记录，记录好的信息也容易缺失	维修知识经验积累智能化： 1. 设备供应商提供的设备控制系统自带维护知识及维修案例库，供维修人员学习与现场维修实时调用 2. 平时维修人员补充完善维护知识及案例库
10	设备网络安全	由于设备与网络之间、设备与设备之间及设备与人之间的交互性差，因此对设备网络的安全性要求较低	需加强管控设备网络的安全性：工厂的网络化和信息化程度极高，有更高的开放性，有可能导致企业资料被外界窃取泄密或遭受外界的恶意攻击。加强设备网络安全管控，保证这些系统不能被非法入侵，数据不能被非法访问和采集。如果遭受非法入侵，则要对入侵源和入侵路径进行反追踪，找出系统存在的漏洞并予以修复
11	跨系统互联性	跨系统互联性差	设备信息跨系统互联互通：设备管理系统与物料管理系统、能源管理系统、品质管理系统、采购管理系统、仓管管理系统、设备供应商管理系统等互联互通
12	设备可靠性对整体的影响	设备单机相互分离，单台设备的可靠性对生产系统的整体影响相对较小	确保单台设备高的可靠性：在工业4.0条件下，设备之间形成环环相扣的设备物联网，如果某台设备的可靠性差或某台设备有小故障，其影响会被迅速放大，产生连锁反应，影响整个生产系统的运作。因此要确保每台设备的可靠性

（续表）

序号	名称	传统运维存在的问题	智能运维 4.0 的解决方案
13	远程在线检测与故障诊断	1. 设备出问题后电话联系，派人现场检查维修，服务周期长，效率低，成本高 2. 简单的视频分享等方式为远程的故障设备提供诊断服务	远程在线检测与故障诊断：实行设备的运行数据（如油温、转速等）在线检测并接入互联网，在屏幕上显示设备的正常、异常状况，远程指导故障诊断并恢复设备故障
14	设备能耗管理	建立能源管理体系	智能能耗管理： 1. 主要能耗的动态管理使高峰期能耗降低 2. 传感器实时监测能源消耗和主要能耗，在用电高峰时优化部分设备的使用 3. 储能装置在白天的用能高峰时释放储存的能量，在夜晚时储能，使用便宜的能源

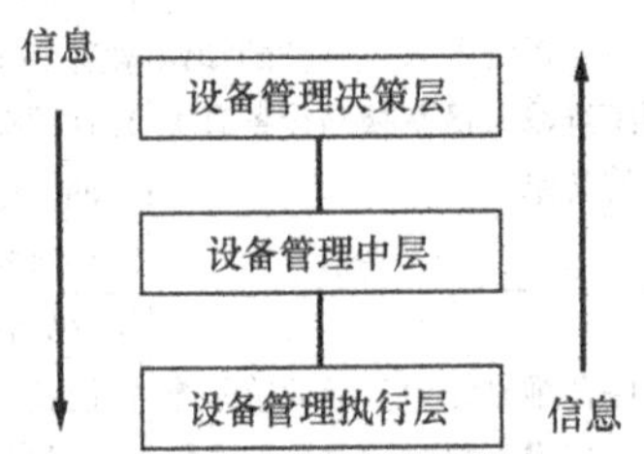

图 26–10　直线职能制设备管理组织架构

图 26–11　扁平化设备管理组织架构共享信息

26.6 智能运维 4.0 的成果

在传统运维的基础上逐步实现智能运维维 4.0，能使设备管理水平实现质的飞跃。×× 公司增大投入，在 3 年多的时间内在原料、烧结、高炉等关键工序接入近 2000 台设备用于智能运维的建设，数据监测点超过 12000 多个，建立了设备状态监测、数据采集、智能诊断、设备故障预警、检修方案推送、维修计划与生产计划自动结合、自动校验、设备远程智能监控中心等智能运维系统。

通过 3 ～ 4 年的智能运维建设，×× 公司的突发故障率下降 60%，生产线故障停机时间下降 70%，维修成本投入下降 50%，点检负荷下降 80%，减少了点检员及检修人员，减少了备品备件的库存，延长了设备有效运行的时间，提高了设备有效运行的效率、设备管理与维修人员的工作效率以及生产制造的服务质量。

第 4 篇

管理成熟度评价及 CLTPM 的推行

第 27 章 管理成熟度评价

27.1 没有度量，就没有管理

管理大师彼得·德鲁克说过：“没有度量，就没有管理。”这强调的是评价在管理中的重要作用。换句话说，要想有效管理，就必须先做好评价工作。CLTPM 的管理成熟度评价可以使企业清楚地了解其自身的设备管理水平、改进的方向以及如何实施改善。

27.2 CLTPM 的管理成熟度评价框架

27.2.1 评价框架

CLTPM 的管理成熟度评价框架如图 27-1 所示。

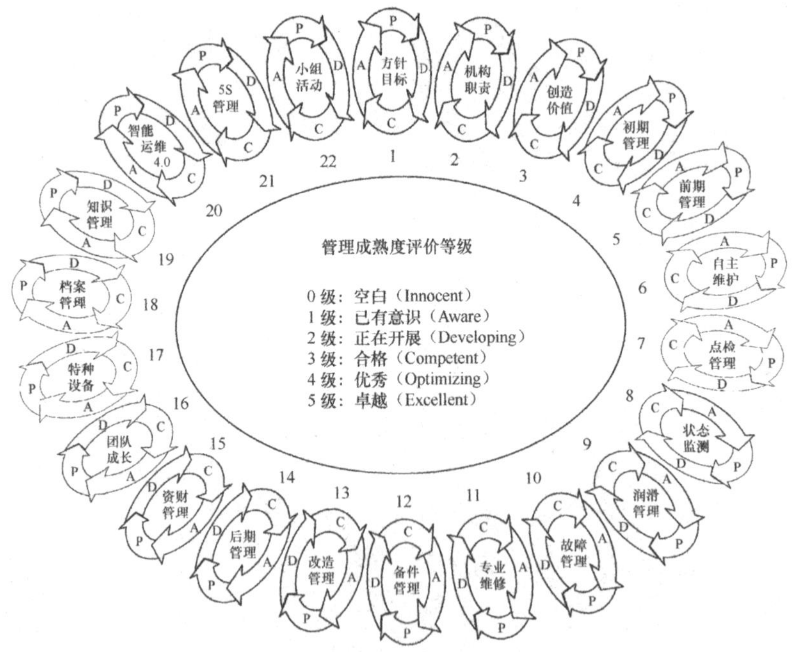

图 27-1 CLTPM 的管理成熟度评价框架

CLTPM 管理成熟度评价相当于 C（检查）及 A（改善）的过程。

在从“方针目标”到“小组活动”的 22 项管理活动的 PDCA 闭环中，CLTPM 的管理成熟度评价相当于 PDCA 闭环的 C（检查）及 A（改善）的过程，就是先进行评价（检查）再指导改善。

1. 检查

检查即依据 CLTPM 的管理成熟度评价标准，评价各项管理活动“有没有”“做没做”及“做得怎么样”。各项管理活动的“有没有”是指有没有相应的管理机制，包括管理目标、管理工作如何开展、开展的计划等。各项管理活动的“做没做”是指其是否已经按照管理机制落实。各项管理活动“做得怎么样”是指管理机制的落实程度如何。实际上，检查的过程也就是评价各项管理活动是否“说、写、做”一致的过程，如图 27-2 所示。

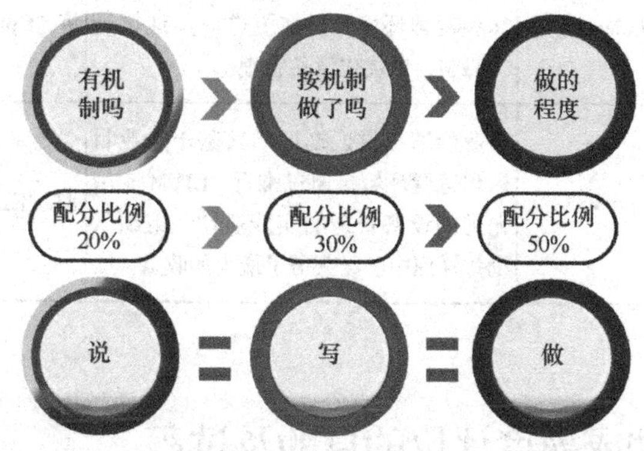

图 27-2　评价各项管理活动是否“说、写、做”一致

2. 改善

通过定期（评价的频次根据实际情况可以是半年一次或一年一次）的 CLTPM 管理成熟度评价写出系统性的评价报告，分析和总结设备寿命周期管理，肯定和推广取得的成果，解决发现的问题，跟踪改进的结果并将改善的结果标准化。

27.2.2　评价结果分为 6 个等级

评价的结果用 0 ～ 5 级表示，分别代表设备管理水平的空白、已有意识、正在开展、合格、优秀及卓越，见表 27-1。

表 27-1　评价的等级及含义

等级		含义	备注
0 级	空白（Innocent）	企业没有意识到推行 CLTPM 的必要性，或者没有证据显示其已经推行了 CLTPM	—
1 级	已有意识（Aware）	企业已经意识到推行 CLTPM 的必要性，有证据证明其打算推行	—
2 级	正在开展（Developing）	企业已经全面、系统地了解了 CLTPM 的含义与要求，可将投入的资源与实施的计划作为证据，证明其正在推行 CLTPM 并取得了进步	—
3 级	合格（Competent）	企业能够提供证据证明其已经系统、全面地实施了 CLTPM 要求的相关内容	将“Competent”译为“合格”
4 级	优秀（Optimizing）	企业能够提供证据证明其基于组织目标和运营环境，正在更进一步地推行 CLTPM，以优化设备管理	将“Optimizing”译为“优秀”
5 级	卓越（Excellent）	企业能够提供证据证明其基于企业目标和运营环境，通过推行 CLTPM 实施先进的设备管理的实践活动，组织从设备管理中已经获得了最大的收益	将“Excellent”译为“卓越”

27.3 管理成熟度评价的目的及过程

1. 评价的目的

在 CLTPM 的推行中建立管理成熟度评价机制，是为了让企业实现以下 5 个方面的目的。

（1）了解设备的管理水平。

（2）了解设备能为企业及相关方创造多大的价值。

（3）了解改进的方向。

（4）知道如何改善。

（5）推动设备管理持续进步（由 0 级到 5 级），如图 27-3 所示。

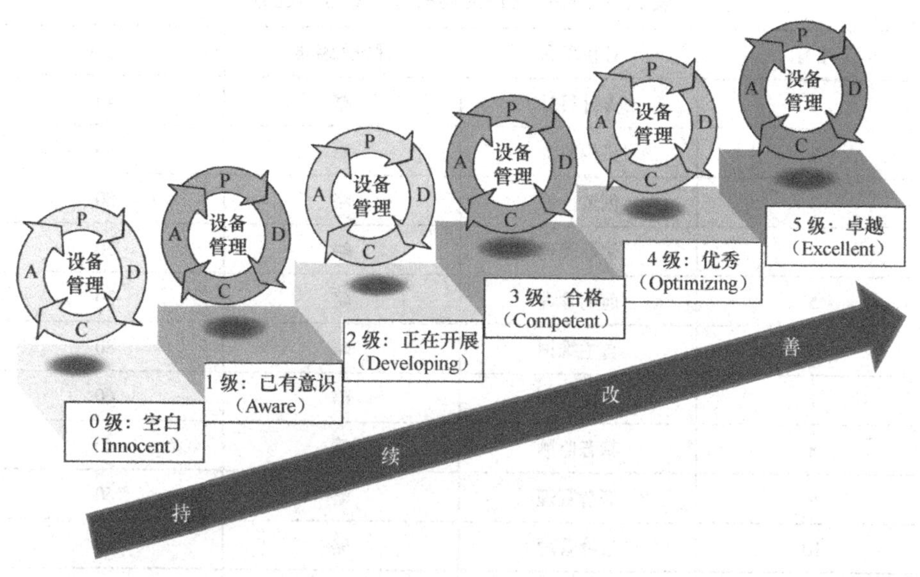

图 27-3　设备管理持续进步的过程

2. 评价的过程

CLTPM 的管理成熟度评价过程简单地说就是，评价人员依据评价标准对现场进行评价，写出诊断报告，提出改善建议，指导改善落地并检查改善的效果。管理成熟度评价的过程如图 27-4 所示。

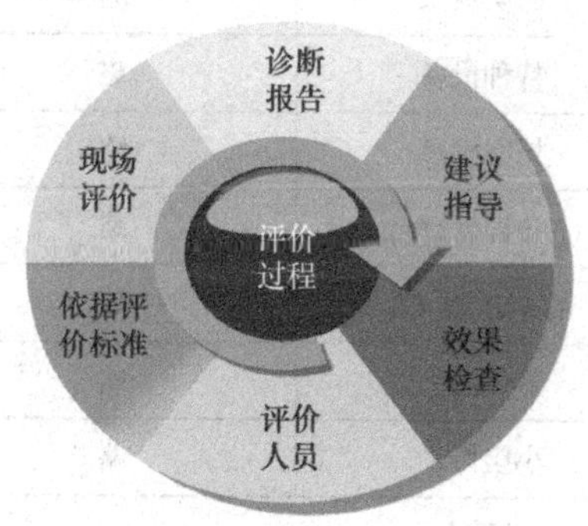

图 27-4　管理成熟度评价的过程

27.4 评价的标准与配分

各项管理活动的评价标准与配分见表 27-2。

表 27-2　各项管理活动的评价标准与配分

序号	评价项目	评价的标准	配分
1	方针目标	略	40
2	机构职责	略	40
3	创造价值	略	80
4	初期管理	略	30
5	前期管理	略	30
6	自主维护	略	80
7	点检管理	略	60
8	状态监测	略	40
9	润滑管理	略	60
10	故障管理	略	70
11	专业维修	略	80
12	备件管理	略	50
13	改造管理	略	30
14	后期管理	略	30
15	资财管理	略	30
16	团队成长	略	60
17	特种设备	略	30
18	档案管理	略	30
19	知识管理	略	30
20	智能运维 4.0	略	40
21	5S 管理	略	30
22	小组活动	略	30
总配分			1000

27.5 评价得分与等级对应

评价得分与等级对应见表 27-3。

表 27-3　评价得分与等级对应

评价得分	等级	
200 分以下	0 级	空白（Innocent）
201 ～ 400 分	1 级	已有意识（Aware）
401 ～ 600 分	2 级	正在开展（Developing）
601 ～ 750 分	3 级	合格（Competent）
751 ～ 900 分	4 级	优秀（Optimizing）
901 ～ 1000 分	5 级	卓越（Excellent）

27.6 由谁来实施评价

CLTPM 的管理成熟度评价可有外部评价及内部评价两种。

1. 外部评价

CLTPM 的管理成熟度评价由独立于企业的第三方进行，称为外部评价。在进行外部评价时，CLTPM 管理成熟度评价委员会的组成如图 27-5 所示。在进行外部评价时，评价委员会完成现场评价工作的流程如图 27-6 所示。

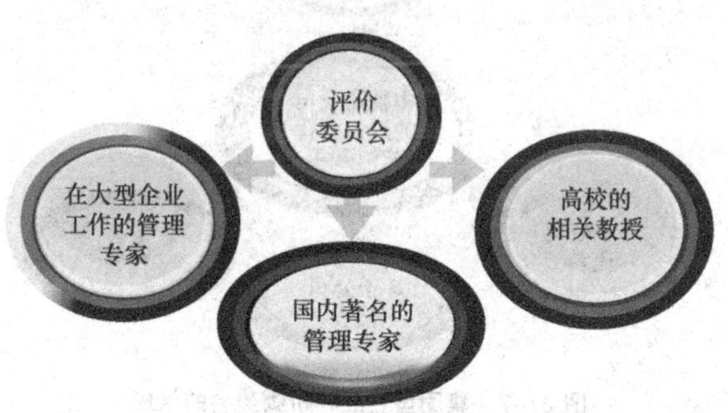

图 27–5　外部评价委员会的组成

2. 内部评价

我们以集团型企业内部评价为例来简单说明内部评价的过程。

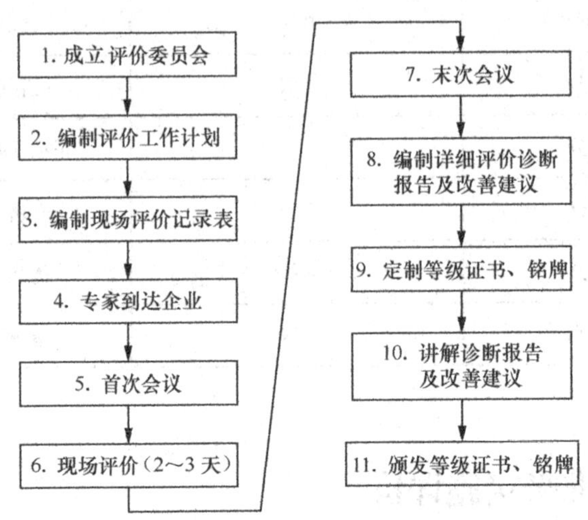

图 27-6 外部评价的工作流程

“集团 CLTPM 管理成熟度等级评价委员会”是由集团公司的设备主管部门牵头，由各子公司抽调 1 人组成的对各子公司推行 CLTPM 的情况进行等级评价的组织，如图 27-7 所示。

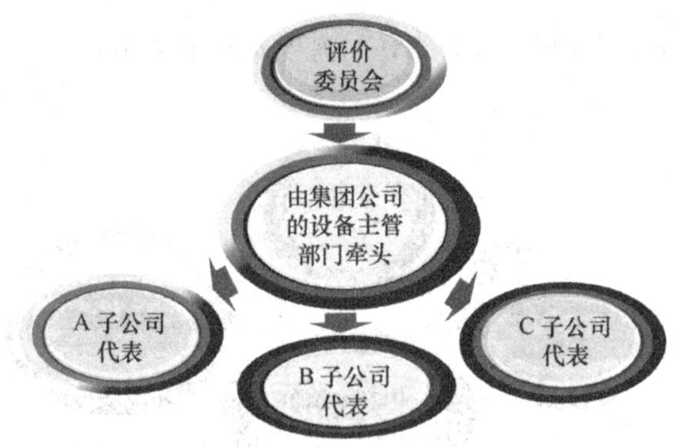

图 27-7 集团型企业评价委员会的组成

当评价到自己所在的子公司时，该子公司的评价师不参与评价，应予以回避。在进行内部评价时，集团 CLTPM 管理成熟度等级评价委员会完成现场评价工作的流程如图 27-8 所示。

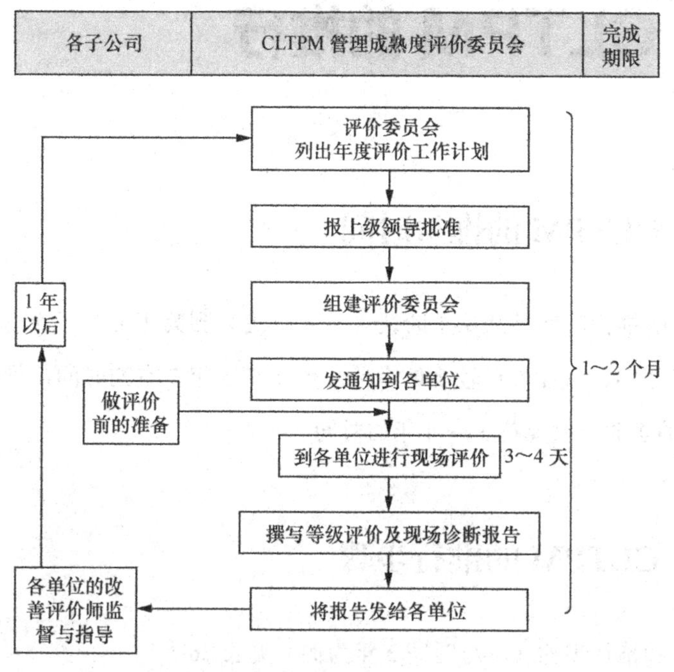

图 27-8　内部评价工作流程

27.7 评价的频度

1. 外部评价

外部评价因为评价非常专业、全面并且问题挖掘得比较深入，评价后企业改善的工作量往往非常大，需要一定的时间才能完成，所以一般建议每年进行一次。

2. 内部评价

内部评价建议每半年进行一次，一年评价两次。如果存在的问题较多时，可以增加评价的频次，改为每季度评价一次。

第 28 章 CLTPM 的推行

28.1 CLTPM 的推行时间

CLTPM 的推行时间是从第 1 阶段（导入阶段）到第 4 阶段（管理成熟度评价阶段），规模较小、从业人员较少的企业一般要花 3 年左右的时间，规模较大、从业人员较多的企业一般要花 3 ～ 4 年的时间。

28.2 CLTPM 的推行步骤

CLTPM 的推行步骤（以总时间 3 年为例）见表 28-1。

表 28-1　CLTPM 的推行步骤

序号	阶段	步骤	要点	时间段	总时间
1	导入阶段	1.1 高层管理人员决定导入	1. 推行 CLTPM 的成败，关键在于高层管理的意志与决心 2. 推行 CLTPM 要花费人力与财力，企业应该有相应的预算	2 个月	36 个月（3 年）
		1.2 确定导入阶段工作负责人员	1. 确定导入阶段的工作负责人 2. 如果自身的能力和经验欠缺，可以聘请外部专家指导		
		1.3 CLTPM 导入培训	1. 对 TPM 及 CLTPM 的历史与发展、内容与范围、作用与目的、推行的技巧与经验等进行培训，让全员达成共识 2. 对班组长及各个基层管理人员进行培训，内容侧重于实践与案例方面 3. 对企业高层及中层管理人员进行培训，内容侧重于理论与案例方面		
		1.4 营造氛围	通过看板、标语、横幅、简报等宣传手段宣传 CLTPM 的知识与项目推进的情况		

（续表）

序号	阶段	步骤	要点	时间段	总时间
1	导入阶段	1.5 企业内外部环境分析	请详见“第 7 章　方针目标”的相关内容	2 个月	36 个月（3 年）
		1.6 找出要改善的问题点			
		1.7 拟定推行 CLTPM 的方针			
		1.8 拟定推进的项目及要达到的目标指标			
		1.9 建立推进组织并明确各岗位职责	请详见“6.2　以组织架构为基础建立各级推进小组”的相关内容		
		1.10 制订推进项目管理机制及奖惩措施	明确项目推进的例会机制、奖惩措施等的内容		
		1.11 确定推进主计划	明确 3 年规划与当年主计划的内容		
		1.12 召开启动大会	邀请客户、供应商及相关的厂商参加		
2	设备寿命周期管理全面改善阶段	2.1 方针目标	明确设备寿命周期管理的方针目标	15 个月	
		2.2 机构职责	优化企业设备管理组织及岗位职责		
		2.3 初期管理	建立设备初期的闭环管理机制		
		2.4 前期管理	建立设备前期的闭环管理机制		
		2.5 自主维护	建立我的设备我维护、我的区域我负责的闭环管理机制，是 CLTPM 的重点推行工作之一		
		2.6 点检管理	建立设备点检的闭环管理机制，是 CLTPM 的重点推行工作之一		
		2.7 状态监测	建立设备状态监测的闭环管理机制		
		2.8 润滑管理	建立设备润滑寿命周期闭环管理机制，是 CLTPM 的重点推行工作之一		
		2.9 故障管理	建立零故障闭环管理机制，是 CLTPM 的重点推行工作之一		
		2.10 专业维修	优化企业维修资源的配置，依据不同的维修策略建立计划维修闭环管理机制是 CLTPM 的重点推行工作之一		
		2.11 备件管理	依据备件业务流程管理模型建立备件闭环管理机制		
		2.12 改造管理	建立设备改造闭环管理机制		
		2.13 后期管理	建立设备后期闭环管理机制		

（续表）

序号	阶段	步骤	要点	时间段	总时间
2	设备寿命周期管理全面改善阶段	2.14 资财管理	建立设备资财闭环管理机制	15 个月	36 个月（3 年）
		2.15 教育训练	培养精通设备的操作人员及维修人员，建立教育训练的闭环管理机制		
		2.16 特种设备	依据《中华人民共和国特种设备安全法》对特种设备进行管理，杜绝特种设备安全事故，建立特种设备闭环管理机制		
		2.17 档案管理	建立设备档案闭环管理机制		
		2.18 智能运维 4.0	引导企业实施设备寿命周期管理的信息化，引导企业实施智能运维，使设备更加安全、稳定、可靠、低成本地运行		
		2.19 5S 管理	打造井然有序、洁净、舒适、安全的工作环境，提升员工素质，提升企业及客户的满意度		
		2.20 小组活动	以小组的形式开展 CLTPM 活动，全员参与		
3	设备为企业及相关方最大化地创造价值的改善阶段	3.1 以消除七大损失为切入点的创造价值的改善活动	通过消除七大损失，使设备 OEE 最大化	17 个月	
		3.2 以消除八大浪费为切入点的创造价值的改善活动	通过消除八大浪费，全面改善企业的 P、Q、C、S、D、M		
4	管理成熟度评价阶段	4.1 对照 CLTPM 管理成熟度评价标准，进行 0 级到 5 级的评价	评价人员依据评价标准进行评价，写出诊断报告，提出改善建议，指导改善落地并对改善的效果进行检查	2 个月	
		4.2 拟定下一步的工作计划	拟定下一个 3 年工作规划，向更高的目标挑战		

28.3 企业推行 CLTPM 的 3 年工作规划案例

在实际指导企业推行 CLTPM 时，我们一般会为企业制订为期 3 年的工作规划。我们为 ×× 水务公司制订的推行 CLTPM 的 3 年工作规划如图 28-1 所示。

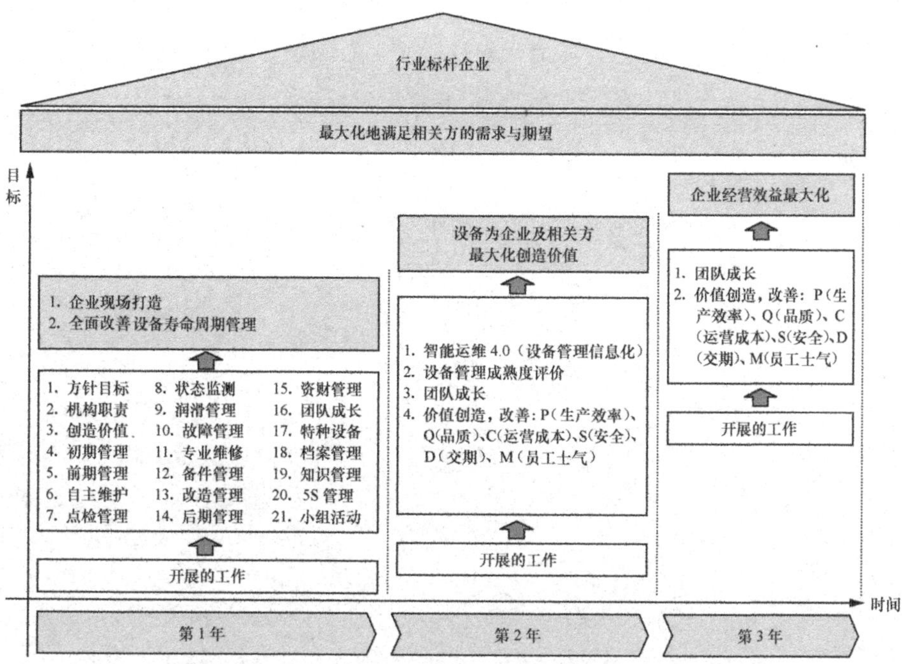

图 28-1 为 ×× 水务公司制订的推行 CLTPM 的 3 年工作规划

参考文献

[1] 日本设备维护协会 . 新 TPM 加工组立篇 [M]. 中卫发展中心，译 . 台北：财团法人中卫发展中心，中华民国八十五年 .

[2] 李葆文，徐保强 . 全面规范化生产维护——从理念到实践 [M]. 3 版 . 北京：冶金工业出版社，2018.

[3] 中国国家标准化管理委员会. 资产管理综述、原则和术语: GB/T 33172—2016 / ISO55000:2014[S]. 北京：中国标准出版社，2016.

[4] 杨建宏，殷卫民，黄华. 精益生产实战应用 [M]. 北京：经济管理出版社，2010.

[5] Chris LIOyd. 资产管理：实物资产全寿命周期管理 [M]. 胡庆辉，田洪迅，齐立忠 等，译 . 北京：中国电力出版社，2018.

[6] 魏大鹏，李晓宇 . 准时化生产体系与实践 [M]. 北京：机械工业出版社，2012.

[7] 李葆文 . 现代设备资产管理 [M]. 北京：机械工业出版社，2006.

[8] 李长宏 . 工厂设备精细化管理手册 [M]. 2 版 . 北京：人民邮电出版社，2014.

[9] 李葆文，徐保强，孙兆强. 人机系统精细化管理手册 [M]. 北京：机械工业出版社，2014.

[10] 李葆文，徐保强. 规范化的设备维修管理——SOON[M]. 北京：机械工业出版社，2006.

[11] John Woodhouse.ISO 55000 Asset Management: What to do and why [M]. Switzerland:ISO,2016.

参考文献